普通高等教育“十一五”国家级规划教材

现代市场营销系列教材 SMMT

SELLING

现代推销学

第3版

刘志超 主编

广东高等教育出版社
Guangdong Higher Education Press
广州

图书在版编目（CIP）数据

现代推销学/刘志超主编. —3版. —广州：广东高等教育出版社，2016.12（2020.8重印）

现代市场营销系列教材

ISBN 978-7-5361-5750-7

Ⅰ. ①现… Ⅱ. ①刘… Ⅲ. ①推销-高等学校-教材 Ⅳ. ①F713.3

中国版本图书馆CIP数据核字（2016）第234726号

广东高等教育出版社出版发行

地址：广州市天河区林和西横路

邮编：510500 电话：87551597 87551163

网址：http://www.gdgjs.com.cn

佛山市浩文彩色印刷有限公司印刷

开本：787 mm×1 092 mm 1/16 印张：16.25 字数：416千字

2016年12月第3版 2020年8月第11次印刷

定价：36.00元

总 序

“长江后浪推前浪”，“江山代有才人出”，都是后生可畏的喻语。当今由于科学的昌明，科技变革步伐的加快，更是“人才辈出，科目有人”的盛世。现在呈现在读者面前的这套《现代市场营销系列教材》便是市场营销学领域“科目有人”“代有才人出”的实证。虽然市场营销学（市场学）系列课程在我国内地的重新引进只有25年，但其前进步伐之速确可称得上是“无与伦比”的。因为在这四分之一世纪的弹指一挥间，我国内地市场营销学的重新引进，很快就完成了由启蒙阶段、普及阶段向提高阶段，甚至成熟阶段的过渡。

在这一过渡中，我国广大青年市场营销学家始终与前辈同行并立潮头，殚精竭虑，为本学科及其教材的建设奋战不已，获得一项又一项令人瞩目的成果。我们这样说绝不是取悦青年学者，因为包括这套《现代市场营销系列教材》中的一些作者在内的许多市场营销科研、教学工作者，他们参与我国市场营销学早期的引进及最早的学会组建时，都正处年轻有为、才华横溢的“风华正茂”之期。接着在本学科的普及、提高乃至成熟阶段，我国营销教学科研队伍更由于补充了大量青年营销学者而得到不断壮大。而且由于他们思维敏捷，接受教育的知识面更新更广，这几个阶段中不断推出的入之愈深、见之愈奇的营销新教材更多出自这些青年或昔日的青年而如今已步入中年的营销学者之手。这套系列教材的作者队伍，也正是由这两种类型的专业教师所组成。而且他们都是来自广州地区享誉最高的七八所高等教育名校，这些院校都属全国开设市场营销系列课程最早、开课（专业）面最广的院校之一，具有很深的营销学科教学、科研底蕴及广泛的学术流派代表性，这就为保障这套系列教材的质量提供了首要条件。

当然更重要的还是本系列教材的实际设计思路及写作水平。现在从本系列教材已写成的书稿来看，这套教材的设计思路、特点及写作水平是与当今我国市场营销学教材建设已进入成熟阶段的要求相吻合的。

首先，本系列教材编委会提出的以“突出当地化，兼顾国际化”为系列教材编写的指导思想是精辟而得当的。这是因为在今天我国市场营销学教材建设已渐臻完善，全国市场营销学教材已出版了数百种的情况下，完全有条件和必要，厚积薄发，编写一些论述更专、入之更深、见之更奇、细分更细的个性化教材。从广东的情况来看，突出广东的实际也是明智的选择。因为广东无论在理论上还是实践上为市场营销学的应用和推广都曾居全国之先，起了积极的拓荒作用。早在20世纪80年代初，广东的经济学界前辈便提出了“商品经济就是市场经济”的卓见；1988年广东经济学界还在“社会主义初级阶段市场经济讨论会”的总名目下，召开了6次相关的会议，作出了我国可能选择的经济方式将是社会主义市场经济的统一认识。这就为在广东推广、应用市场营销理念和市场营销策略方法等奠定了理论基础和依据。在实践上，广东也于20世纪80年代初，先于全国逐渐放开市场商品价格，以及逐渐开展企业自主经营的尝试，这就为市场营销学的应用提供了用武之地。加上广东是最早对外开放的地区之一，涉外的“三来一补”企业遍地开花，固有的国营、集体企业的对外联系也日渐增多，内部生产经营上的旧束缚有所松动，因而不少企业开始接受、应用现代营销理念和营销管理方法。随着我国市场经济的确立和发展，广东的企业更快而普遍地接纳、采用了现代市场营销管理的原则和方法，并创造、积累了大量的营销新经验。因而突出当地化，进一步总结广东丰富的营销经验，将其升华到更高的、更具普遍意义的管理理论自应是顺理成章的事。

至于“兼顾国际化”也是不可或缺的。一段时期以来经济全球化已是不争的事实，而且其步伐正在加速。尤其是我国加入世界贸易组织后，无论是一般企业，还是涉外企业，都与国际市场有着千丝万缕的联系，都有必要掌握国际市场营销方面的某些知识和技能，以及不同国家的市场营销环境状况。另外从我国市场营销教材建设本身来看，吸收国外现代市场营销方面的新理论、新技术、新经验仍是非常必要的。鲁迅曾说过“没有拿来的，人不能成为新人”，教材建设亦当如斯。现在有一种倾向，认为建设本国化的教材，似乎应全部应用自己创建的理论和经验，歌德对这种类似的认识早就明确指出：“聪明的年轻人以为，如果承认已经被别人承认过的真理，就会使自己丧失独特性，这是最大的错误。”

其次，这套系列教材所具有的不少特点也是值得推崇的。

一是注重基本理论的掌握与运用。一个时期以来，在我国市场营销教材建设中，曾出现过两种偏颇。一种偏颇是认为市场营销学科是应用学科，教材建设和教学工作的重心是市场营销策略方法的应用，从而忽视打基础的工作，其缺陷或危害是显而易见的。即使早在久远的年代，我国的先贤就已一针见血地指出：“不广其基而增其高者，覆。”[①] 同时基础不深，也很难培养出高超、娴熟的有用技能。“水之积也不厚，则其负大舟也无力”[②]，讲的正是这个道理。在过去市场营销教材建设中曾出现的另一种偏颇是，只强调基本理论的培育而忽视理论的运用与创新，其弊端同样是人所共见的。正如我国宋代的朱熹所指出，虽然“论先后，知为先”，但“论轻重，行为重”。明代的王阳明也曾进一步指出：“知而不行，只是未知。”列夫·托尔斯泰更语重心长地指出：“如果学生在学校里学习的结果是使自己什么也不会创造，那他的一生将永远是模仿和抄袭。”这套系列教材的内容，特别强调要突出基本理论的传授、运用和发展，在讲透基本市场营销理论的基础上，通过相应的营销事例和案例来启发学生的思维和发挥他们的创造性，这就切实克服了上述市场营销教材建设中的两种偏颇。

二是善于处理继承与创新的关系。在过去一段时期乃至当前我国市场营销教材建设中，还出现过另一种双向偏颇，即过分强调“原汁原味”的继承，尤其是在早期的市场营销学科引进中，原汁原味，一字不动“拿来”的主张就曾略占上风；也有些人虽然口头上不同意这种观点，但实际上写出来的东西还是简单的“拿来”。在当时诸多局限因素制约下，这样做是常人可容，甚至还有一定道理的，但在当今市场营销学科教学及教材建设的提高和成熟阶段，仍原封不动地固守全部原来的内容，或对其进行改头换面的剽掇，以不变应万变，当更张而不更张，势必如“执旧方以医变症，药既不对，病必加危”[③]，对现代市场营销管

① 西汉·《淮南子》。
② 先秦·《庄子》。
③ 近代·康有为。

理和实务，只能添乱或造成损害。“虽有扁鹊，不能以一药已众疾”① 所表达的哲理也就在于此。这套市场营销系列教材在处理这两者的关系上都较为得宜，凡在有涉及继承与创新关系内容之处，无不以“不因不生，不革不成”② 的历史唯物主义观为指导思想，做出“可则因，否则革”③ 的明智选择。既避免了历史虚无主义的偏颇，又摆脱了食古不化的腐板，使整套系列教材的基本理论既显得源远流长，根底深厚，又显得“谓有源头活水来”，充满清新活跃的气息，使学生可获得更丰富、全面、有用的知识。

三是严格划分创新与狂怪雕镂的界线。一个时期以来，在强调教材必须创新的过程中，也出现过一种过度标新立异的倾向。有些人为说明自己有大胆创新、勇于探索的精神，几乎要把原有市场营销学科教材中的主要名词和概念统统推翻。笔者前两年为某高校的社科版学报审稿时，曾接触过一篇建议对市场营销学进行大改革的稿件，该稿作者对许多约定俗成，甚至被人们长期使用的毫无疑义的基本市场营销概念和名词，都提出强词夺理的质疑，并相应提出一些狂怪雕镂、神头鬼面的“新词”来取代。这些词语既与原来相应的市场营销学名词、概念所要表达的意思在形、音、义上毫无内外在联系，而且在文字上，也佶屈聱牙，极其晦涩。当然这种错把神奇荒怪当创新的做法，还比较常见地表现在巴三览四、硬凑诸如“XP”、“XC”，强增各种概念层次及杜撰某些市场营销英文略缩语上，既给市场营销学的名词、概念造成混乱，也污染了祖国的文字。这套系列教材如前款所述，从结构、格局到内容上都不乏创新之处，但这些创新都是有因、有则、有革、有化的，既令教材有“总章无常曲，大庖无定味”④ 的活力和灵活性，又令教材能以一丝不苟的严谨精神教育青年学子做学问和做人的正确途径，否则“一事苟，则无不苟矣”⑤。

这就是本系列教材的主要特点，还有一些其他的特点，因篇幅所限，不再赘述。

当然，尽管本系列教材及其年轻作者们具有许多过人之处，但“夫学何尽之有？善中又有善焉，至善之中，又有至善焉”⑥，“无所不能者，有大不能；无所不知者，有大不知”⑦，本系列教材仍难免会存在一些不足甚至谬误。但“过误之失，常人所容”⑧，无损于这套系列教材是较成熟并值得推荐的好教材。

何永祺

2003 年 8 月于暨南园

何永祺：中国市场学会顾问（原副会长）、中国高等院校市场学研究会顾问（原会长）、暨南大学管理学院教授。

---

① 东汉·王符。

②③ 西汉·扬雄。

④ 晋·葛洪。

⑤ 宋·程颐。

⑥ 明·陈确。

⑦ 五代·《化书》。

⑧《东观汉纪·钟离意传》。

第三版前言

《现代推销学》第一版获得了极大的成功，获得了教育部“十一五”国家级规划教材的荣誉，获得了第一届广东省图书奖的优秀教材奖；很多学校采用本书作为教材，很多老师与我积极沟通讨论使用的感受。这些既使我们感动万分，感谢赞美和高度的认同；又使我们更加努力，希望努力创造更好的东西回馈给各位老师和同学。

第三版的修改、建设是在慕课建设大力兴起的背景下完成的，比较之前的优质互联网络资源，教学方式也在发生变化，这些变化可能非常重要，对我们的教师授课和学生学习都可能带来很大的不同。为了更好地适应这些变化，我们在第三版的设计方面加强了如下的内容：

第一，重新梳理了现代推销学的理论架构，加入了顾问式销售的理论，取消了爱德帕销售模式。顾问式销售作为一种新的销售概念与销售模式，受到了推销学界的广泛关注。特别是在互联网广泛应用于各行各业之后，顾问式销售显得异常重要。顾问式销售起源于20世纪90年代，具有丰富的内涵以及清晰的实践性。

第二，每章增设了课堂自测题和延伸阅读。学习完每章后，可以通过自测题进行复习，检测和巩固知识，并通过扫描二维码迅速找到参考答案。这样的做法也是慕课所推广的形式之一。自测题主要包括选择题和判断题，可以快速作答，便于检测。也可以通过延伸阅读扩充自己的知识点。

第三，修订课堂讨论题，把课堂讨论题和部分实训题改为角色扮演项目。这种方式在面向专业推销人员的训练中，使用较为广泛，训练效果好，我们把它引入到教材中来，能够更好地适应慕课建设和翻转课堂的要求。

第四，重新修订每章的案例分析。依据我们的多年教学经验，把使用效果好的教学案例充实进来，把使用效果不好的案例剔除出去，更好地提升教学效果。

参加第三版修订和建设的人员主要有刘志超、雷雪、杨菲菲、卢周伟、凌嘉慧、郑宇、黄泓棱、杨晨、白静、关志坤、周兆晴。其中，刘志超负责第一章、第七章的修订，以及全文的校正；雷雪负责第二章、第十一章的修订；杨菲菲负责第三章、第十二章的修订；卢周伟、凌嘉慧负责第四章、第五章的修订；郑宇、杨晨负责第六章、第八章的修订；黄泓棱、白静负责第九章、第十章的修订；关志坤、周兆晴负责第十三章、第十四章的修订。在此，特别感谢大家的辛勤劳动和智慧奉献。

刘志超

2016年10月

前 言

人的一生是奋斗的一生，也是推销的一生。不管你采用什么方法、什么手段，不管你经过多少努力，要让别人知道你的成绩，你的努力工作过程，你所取得的成果，进而还要让别人理解你、尊重你，这就需要你向别人去推销。

推销行业也是个锻炼人的行业。全世界大大小小的企业家、厂长、经理，他们之中的大部分人都是从推销工作开始的，通过推销工作，锻炼了自己的才能，积累了宝贵的经验，为他们日后从事更高层次的工作打下了良好的基础。

推销是一门学问，它有一套系统的理论和方法。作为一门学问、一门科学，它是推销实践经验积累的结晶，这些有益的知识是可以通过学习得到的，因此很多企业都非常重视对推销人员的培养训练。推销也是一门艺术，推销之中有技巧，如何应用这些技巧，还需要广大的推销员在推销实践中摸索，灵活运用。

在演艺界，我们称一般的演艺工作者为演员，演员演得多了，有了些名气，称之为名演员，而对于那些演得非常好的，受人尊敬和钦佩的则称之为表演艺术家。成为一个“家”是不容易的。各个行业的人都想“成名成家”，这就需要艰苦的努力。推销这个行业也是一样，由送货员、推销员，向推销专家努力，这是每一个从事推销工作的人员都应该树立的目标。

现代推销学是市场营销、工商管理专业的一门重要的主干课程。它以工商企业的营销活动为主体，以根据企业从事推销活动过程为研究对象。重点研究推销的过程、推销人员的素质要求和推销技巧等。

本书以当今世界最先进的推销理论为基础，结合广东企业从事推销工作的最新实践，在阐述推销活动的基本知识和基本理论的基础上，以推销过程为主线，详细地介绍了推销活动各个阶段的实用技巧和相关策略，具有较强的实用性。

本书采用现代国际上流行的结构形式，每章设有学习目标、本章小结、复习思考题、案例分析。内容丰富、案例生动。有些章节中还设有推销小知识、相关链接和互动情景等栏目，既适合于自学，又适合于教师根据教学时数灵活组织教学。

本书于2004年2月出版以来，受到学生与任课教师的欢迎，并入选普通高等教育“十一五”国家级规划教材，荣获第一届广东省优秀出版奖（教材奖）。在第二版的修订中，我们在每章后面增加了“网页搜索”栏目，目的是使学生通过利用优质的网络资源扩充自己的知识面，自觉增加学习的深度。为了进行立体化教材建设的探索，我们在QQ空间上设置了教材博客“销售太空站”，希望借此建立起更广泛的教师与教师、教师与学生、学生与学生之间的交流，销售太空站的网址是：http://272812930. qzone. qq. com/。

本书是“现代市场营销系列教材”之一，主要面向大专院校经管类的本科、专科学生，以满足教学需要为主，兼顾社会的培训需求和营销管理干部自学的需要。

本书集合广东省高等院校有关该门课程的主要教师和部分企业界从事推销管理工作的专业人士集体编写。各章作者如下：第1章、第4章由刘志超编写，第2章、第7章由林红菱编写，第3章、第8章由杨宇帆编写，第5章由王小燕编写，第6章由曾思求编写，第9章由梁文光、刘志超编写，第10章由叶育旺编写，第11章由刘志超、何明光编写，第12章、第13章由周兆晴编写，第14章由黄卓龄编写。全书由刘志超负责统编定稿。

作为主编，本人衷心感谢各位参编者的信任和支持，也非常重视通过本书的编写而建立起来的友谊和合作；非常感谢广东高等教育出版社领导和编辑的大力支持；非常感谢广东高校从事有关市场营销课程研究的各位前辈们的关怀；非常感谢华南理工大学工商管理学院的王少彬、张泽钦、周迎、王文海几位同学，他们在排版和资料收集等方面做了大量工作；非常感谢华南理工大学工商管理学院市场营销系的李业、龚振、沙振权、雷鸣、陈明、贾建忠、黄文彦、黄卓龄、赵翔等同仁。在与你们的长期共事合作中建立了很好的友谊，与你们平时的交流和相互学习所积累的成果，为本书的形成打下了良好的基础。在此，更要感谢在本书中提到的和未能提到的各种参考文献和资料的作者们，没有你们的支持，本书就不会这么丰富。在第二版的修订过程中，吴小节、汪秀琼、周鹤、洒聪敏参与了部分内容的修订工作，在此一并表示感谢。最后，还要感谢本书的各位读者，通过本书，我们有了某种联系，也衷心希望你们能够为本书提供宝贵意见，以便再版时修改完善。谢谢你们！

刘志超
bmzcliu@ scut. edu. cn
2011年4月于华南理工大学

目　录

第 1 章

现代推销概述

“推销有成则人生有成。”

——刘穆远

学习目标

◇理解推销的概念和特征
◇掌握推销的三个要素
◇了解推销与市场营销组合各因素的关系
◇了解推销的主要步骤

引　例

李明的新机遇

李明在大学学的是机械制造专业。在学习期间，他还辅修了工商管理学院工商管理专业的课程。毕业时，李明选择了一家国内较有名气的彩电公司工作。入职一个月内，他接受了公司人力资源部组织的入职培训，内容主要是公司的发展历史、规章制度、员工守则等方面的教育。培训结束后，人力资源部部长与李明谈话，希望他到销售部去，主要是到下面的区域做推销工作。

李明觉得心里特别没底，虽然在大学期间选修了工商管理专业，学习了经济学、管理学、营销学等方面的课程，但是没有学习推销学方面的课程，对于什么是推销都不知道的李明来说，马上就要去做推销的工作，实在是太难了。他想，早知道这样，在大学期间，选修一下推销学的课程就好了。

没有办法，李明还是回到省城，来到购书中心，买了很多有关推销的书籍，准备好好学习一番。

市场营销的核心是交换。对于企业来说，顺利地实现产品销售已成为企业最为关切的目标之一。推销是企业十分重要的销售手段，在企业经营活动中起着举足轻重的作用。推销作为产品生产者和经营者参与竞争、占领市场的有力武器，不仅能为企业扩大销售，还有助于树立企业形象，宣传企业文化。为此，每一个企业都应十分重视对推销的研究与运用。

1.1　什么是推销

推销是一个十分古老而又有生命力的概念。它虽历史悠久，却依然具有蓬勃的活力，在市场经济条件下推销现象随时、随处可见，只有准确把握推销的真实内涵，才能充分发挥它所具有的内在功能与作用。

1.1.1 推销的定义

什么是推销呢？我们可以从广义与狭义两个方面来解释。

广义推销是指推销主动发起者，采用一定的技巧，传递有关信息，刺激推销对象，使其接受并实施推销内容的活动与过程。推销的主动发起者是首先发起、策划、组织推销活动的人或组织；推销的对象是推销的目标人群或目标组织，也就是推销活动的接受者；推销内容是指推销者希望推销对象接受的标的物，如产品、服务、思想、观点，以及形象或权利等。推销是一种说服、暗示，也是一种沟通、要求，从这个角度看，当今社会充满推销，生活中处处存在推销现象，每个人时时刻刻都在推销。

狭义推销是指推销员以满足双方利益或需求为出发点，主动运用各种技巧，向推销对象传递产品或劳务的相关信息，使推销对象接受并购买相关产品或劳务的活动过程。换言之，推销就是运用一切可能的方法把产品或服务提供给顾客，使其接受或购买。媒体求职广告栏上刊登的业务员、业务代表、营业员、销售员、访问员、调查员、销售工程师等，都是靠推销来谋生的推销员。因此，狭义的推销是以企业或推销员为推销的主动发起者，以产品或劳务为推销内容，以目标市场的购买者为推销对象。

本书所阐述的推销理论就是建立在狭义的推销定义基础上的，主要从狭义推销的角度来介绍现代企业推销人员的工作技巧和对推销的组织管理工作。如没有特别说明，所使用的"推销"一词都指狭义的推销，但其中许多原理和方法却可相应地应用于我们每个人生活中的许多方面，亦即可应用于广义的推销中。

1.1.2 推销的基本特征

与其他相比，推销具有以下几个主要特征。了解这些特征，不仅有助于理解推销的内涵，而且有助于更好地掌握推销的基本规律。

1. 推销的中心问题是说服

推销人员的任务就是要说服推销对象，要让推销对象接受推销人员所推销的观点、产品或劳务，要让他人接受自己的思想并按照这种思想办事。从这个意义上讲，推销是说服的艺术。如何说服别人是推销的一个重要技巧，也是推销的中心。

2. 推销活动具有双重目的

推销同时要满足推销主体双方即推销人员和购买人员的需要，但双方的目的是不同的。推销人员总是希望以尽可能有利于卖方的条件销售商品，实现商品的价值；顾客则需要获得商品的使用价值或实际利益。所谓双重目的，主要表现在以下几个方面：

（1）推销是一种互惠互利的活动。

现代推销是一种互惠互利的活动，必须同时满足推销人员和购买人员双方的不同需要，解决各自不同的问题，而不能片面地推销，不能只考虑其中一方的利益，只有双方的利益都能得到满足，推销过程才会顺利进行。

（2）推销是一种促成买卖双方均达目的的活动。

在整个推销过程中，推销人员要尽量把买卖双方的目的统一起来。买卖双方总是首先考虑自己的利益，在维持己方利益的前提下，才会考虑对方的利益。优秀的推销人员在考虑自己任务的同时，也要注意考虑购买人员的购买目的和购买动机，并能在适当的时机以适当的方式做一些妥协，使交易在互相妥协中达成，从而把推销引向成功。

(3) 推销主体目的的双重性。

推销日的的双重性来源于商品交换活动本身所固有的矛盾。推销人员要实现商品的价值，就必须出让其使用价值；购买者要获得商品的使用价值，就必须支付相应的价值。由此可见，参加商品交换活动的双方有着不同的目的。推销的双重性决定了推销人员要赢利，顾客要获得商品的使用价值。

1.1.3　推销三要素

推销人员、推销对象、推销客体是现代推销活动中的三个基本要素，也是推销活动得以实现的必要因素。

1. 推销人员

推销人员是指主动向别人推销的推销主体。这里主要指专门从事商业性推销的职业推销人员。推销人员的主要任务是通过走访顾客，了解顾客的困难与问题，为顾客提供服务，说服顾客购买企业的产品或劳务。因此，在推销活动中，推销人员要成功地推销产品或劳务，首先要成功地推销自己，使顾客在乐意接受推销人员的基础上接受推销人员所推销的产品。

推销人员作为企业与顾客间的纽带与桥梁，肩负着为企业推销商品或劳务、为顾客提供服务的双重任务。企业的营销工作离不开推销人员，顾客的购买也离不开推销人员。推销员是推销活动的主体，其行为是否合理、有效，决定着推销过程的最终结果。他们不仅是推销活动的主动发起者，而且是整个推销过程的推动者和控制者，推销活动的最大特征在于推销人员主动满足客户的需求。

2. 推销对象

推销对象又称顾客或购买者，是指接受推销人员推销的推销主体，包括各类顾客和购买决策人等。没有推销对象就不会有推销活动，推销对象是推销人员推销活动的目标，是说服的对象。从现代推销学的意义上讲，所谓顾客和购买人员，是指具有购买决策权或者具有影响购买决策力量并且直接参与购买过程的有关人员，包括各类采购人员、购买决策人以及其他方面的有关人员。购买者不仅包括年龄、教育水平、收入水平和性格各异的个人购买者，也包括不同规模、不同经营范围的中间商，他们为转卖或加工后转卖而购买商品，还包括各种各样的生产企业，它们为生产或管理的需要而购买生产设备、原材料和辅助材料。此外，各种非营利组织如政府机关、学校、社团等也属于购买者。所有上述个人和组织，都可能成为推销的对象。

在现代推销环境里，推销对象不仅以购买人员的身份参与推销过程，许多还以生产决策人的身份参与推销过程，成为名副其实的推销主体。现代企业都十分注意发展顾客关系。据美国某大学研究机构统计，最近几十年里，美国各公司制造出来的产品，尤其是尖端技术产品，有80%以上是在顾客的启发下或者完全根据用户的要求设计出来的，有些产品设计方案就是由用户提供的，生产人员变成了顾客的服务人员。总之，顾客在生产和推销活动中的地位和作用愈来愈重要。而随着推销环境的不断变化，购买活动本身的技术要求越来越高，各行各业的大批专家直接参与购买活动，制定购买决策，甚至直接参加推销洽谈，选购推销品，形成一种专家购买的局面，这是对传统推销方式的挑战。

3. **推销客体**

推销客体是指被推销的目标，也称推销品。现代推销客体主要包括商品、服务和观念。事实上，这三者是密不可分的，推销产品、服务的同时，也在推销着一种观念。作为推销活动的一个基本要素，推销客体必然会影响推销活动的各个方面和环节，如推销品的性质、质量、技术性强弱、体积大小等，都关系到推销活动的具体方式、难易程度等。研究推销客体的目的在于了解推销客体，掌握推销品方面的有关知识。在实际商品交换过程中，不了解推销品的特性、用途乃至维修保养方面的知识，就无法胜任推销工作。

商品推销的过程，是各推销要素之间的运动过程。推销人员通过向推销对象提供所需要的推销客体；推销对象通过洽谈和购买，从推销人员那里获取推销客体；推销客体要通过推销人员的作用，实现由推销人员向推销对象的转移，不断循环上升。

推销小知识

专业销售人的五个必备条件

（1）正确的态度：自信、销售时的热忱、乐观态度、关心您的客户、Open - Mindedness、勤奋工作、能被人接受、诚恳。

（2）产品及市场知识：满足客户需求的产品知识，解决客户问题的产品知识及应用，了解市场状况、竞争产品、销售区域。

（3）好的销售技巧：基础销售技巧、提升销售技巧。

（4）自我驱策：彻底访问销售区域，迅速处理客户意愿，对刁难的客户保持和蔼的态度，决不放过任何机会维持及扩大人际关系，自动自发、不断学习。

（5）履行职务：了解公司方针以及销售目标，做好销售计划，记录销售报表，遵循业务管理规定，了解各种合约。

1.1.4 推销的作用

1. **推销对社会的作用**

推销可以加速社会再生产过程。社会再生产过程包括生产、分配、交换和消费四个环节。交换要发挥其在再生产过程中的桥梁和纽带作用，必须借助于各种各样的推销活动，才能把生产和消费联结起来，实现商品从生产领域向流通领域的转移，加速商品流通，促进社会再生产过程的良性循环。从这个角度看，可以说推销是整个社会经济的原动力。

推销能促进社会的进步。先进的技术和产品不会自动为市场接受，正是通过推销工作，把现代文明快速地推广到社会的各个角落，从而提高了人民的生活水平，加快了社会前进的步伐。

2. **推销对企业的作用**

没有推销就没有企业的发展。对大多数企业来说，如果企业的产品卖不出去，再好的设备、再先进的技术、再完善的管理都是毫无意义的。有效的推销可以改善企业的经营管理，提高企业的竞争能力和经济效益。通过推销，可以及时地了解顾客对产品的意见、要求，了解市场状况和竞争者的情况，促使企业改善经营管理，提高产品质量，加强售后服务，从而提高其竞争能力；通过推销，可以激发顾客的购买欲望，促使其采取购买行为，从而加快企业产品价值的实现，加速资金的周转，提高企业的经济效益。

3. **推销对个人的作用**

许多成功人士相信，推销作为自己职业生涯的起点是非常值得庆幸的事情。因为推销至少给他们提供了如下优越条件：①推销提供了大量的工作机会；②推销工作使推销人员在时间管理上具有更大的自由度；③推销具有挑战性；④推销给人们提供更多的提升机会；⑤推销的报酬一般较为丰厚。推销能力深深影响每一个人一生的成败，也就是说，擅长推销者，更能成大功、立大业。

1.1.5 推销的“三步曲”

依据现代的推销观念，结合推销的实际过程，一些成功的推销人员提出了十分有趣而又非常重要的推销“三步曲”。他们认为，推销人员在推销过程中，首先推销的是自己，其次是推销商品的功能，最后才是推销商品本身。

推销是一种人与人直接打交道的过程。要想让别人接纳你所推销的商品，首先就要让别人接纳你自己，推销界的名言之一就是，推销产品之前先推销自己。试想，一个服装不整、油腔滑调、满嘴胡言的推销员，他能让顾客接受其产品？这恐怕是难以办到的。顾客看着你就不舒服，唯一的愿望可能只是想早点打发你走，他是绝不会想成全你的！因此，推销员要想推销掉自己的产品，就绝不能忽视自身的被接受。要记住顾客在尚未接受或认定一个推销员时，他是不会真正接受其推销的产品的。

在自己已为顾客接受之后，接下来应该怎么办呢？这时应避免直接进入产品，片面强调产品的本身如质量、外观等，因为消费者之所以购买，并不是因为产品质量好，外观漂亮，而是因为他有着某种需求。因此，这时应重点推销核心产品部分，即推销产品的功能，要强调消费者购买你这一产品后所能得到的满足，这样才能引起顾客的注意和兴趣，激起他的购买欲望，为最终成交打基础。有些企业现在十分重视这一点。如有个化妆品公司就要求其推销员接受“我们在工厂中生产的是化妆品，但我们推销的是美貌”这一观念，这就是在教导他们推销时要注重产品的功能推销，要从产品功能与需求满足这方面来寻求推销的突破口。

完成了第二个步骤，才可开始第三步，即进行商品本身的推销。这时所推销的实际上才是形式产品和附加产品。在这一阶段中，要实事求是地向客户介绍自己产品的性能及自己的服务水平，让他们感到自己所提供的产品或服务的优良之处，从消费需求发展的过程来看，一旦消费者确定了某种需求，他就会去寻找能最好地满足他这一需求的产品，此时形式产品和附加产品就至关重要了。不同的质量、外观、服务条件等，都会给顾客以不同的感觉，并直接影响着他们的选择。不过许多消费者在购买时，都属非专家购买，对其所购的商品了解不多，且他们对商品的感觉，常常很容易受外界的诱导。因此，这就要求推销员能深入地了解产品的特点，并把它们完完全全地展示在客户的面前，让消费者信服。只有这样，才能与前两步的努力相配合，使消费者最终接受你的产品。

可见，在现代推销中，绝不仅仅只是就产品来论产品，它包括更丰富的内容。因此，推销人员必须对推销本身有更深刻的理解，在此基础上，树立现代的推销观念，掌握推销技巧，才能取得成功。

1.2 现代推销与市场营销

早期的市场营销与推销几乎是同义词。如第二次世界大战前的英文词典即曾将Marketing释义为“推销”或“销售”，以致迄今国内外仍存在营销即推销的误解。实际上，市场营销是一个含义比推销更广的概念。

推销小知识

推销与市场营销

菲利普·科特勒认为，推销不是市场营销的最重要部分。推销只是“市场营销冰山”的尖端。推销是企业的市场营销人员的职能之一，但不是其最重要的职能。

菲利普·科特勒还认为，如果企业的市场营销人员搞好市场营销研究，了解购买者的需要，按照购买者的需要来设计和生产适销对路的产品，同时合理定价，搞好分销、促销等市场营销工作，那么这些产品就能轻而易举地推销出去。正因为如此，彼得·德鲁克说，市场营销的目的在于使推销成为多余的。

市场营销是引导产品从生产者到达消费者所实施的一切企业活动，亦即是为适应消费者的需要而综合运用产品、价格、分销和促销等营销策略组合，最终获得最大利润的企业整体经营活动。现代企业的市场营销活动，包括市场营销调研、选定目标市场、产品开发、定价、分销、促销，以及售后服务等等。推销仅是市场营销活动的一部分，图1-1可以清楚地说明推销与市场营销组合的每一项因素都有密切的关系。

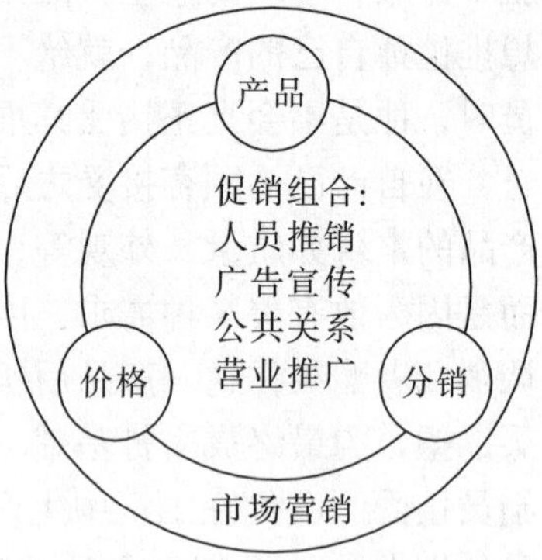

图1-1 推销与市场营销的关系

1.2.1 推销与促销

人员推销是促销组合的一个重要组成部分，其他部分还有广告宣传和营业推广等，推销必须与其他促销活动协调一致。推销员必须充分了解和熟悉本企业的广告宣传和营业推广的内容、时间和实质，这样，他们才能了解推销对象对产品的感知程度，并在推销过程中有效地运用，将其作为推销工作中的常规武器。

广告宣传是由企业支付费用给报刊、电台、电视台及其他公共媒介，把产品特性与利益告知准顾客，以激起他们对需求的认识的沟通方式。广告必须针对最需要这一产品的人或组织。为求更有效，广告活动还必须与推销活动互相配合一致。推销员了解广告的内容，就能知道准顾客曾看到和听到过什么，就可以利用准顾客对所推销产品的感知程度来进行进一步的说服。如果推销员不知道广告活动的内容及准顾客的感知程度，他的推销说明的可靠性就会有被破坏的可能。

公共关系是在企业没有支付费用，而由报刊、电台、电视台及其他公共媒介发布商业性新闻或有关企业和产品情况的报道。宣传报道属于公共关系的范畴，媒介是否报道某一企业或产品，决定权不在企业自身，且宣传报道既有正面宣传，亦有反面宣传。公关宣传对准顾客的影响较之广告对准顾客的影响更加强烈，因为它往往带有第三者公正评判的性质。所以，作为一个推销员同样应注意宣传报道造成准顾客心理的变化，利用宣传报道进行产品认知的强化及消除因反面宣传而产生的准顾客的顾忌和疑虑。

营业推广也叫销售促进，是一种促成准顾客对某一产品进行购买的短期性激励方法。营业推广的方法包括有对消费者的推广，如样品、赠券、赠品、优惠、抽奖、展览和表演活动等；有对中间商的推广，如批量折价、销售津贴、合作广告、订货会、联谊会和销售竞赛等；还有对推销员的推广，如特别奖励和额外津贴等。推广可被视为协助推销的一种催化剂，从头到尾都有助于推销，推销员了解企业所举办的各种推广活动，并利用这些推广活动作为推销的工具，特别是可以作为促成交易的工具。

总而言之，促销组合的各项活动都应是互相协调一致的，其共同的目的是要增加销售。可以说，广告、宣传和推广等促销活动都是要帮助推销员进行工作，共同为推销做铺垫。

1.2.2　推销与产品

产品是我们要推销的实体，但产品的含义是非常广泛的，整体概念不单包括实体本身，还包括实体具有的可见属性之外的不可见属性。对购买者而言，产品是一组能满足其需要的利益集合。作为产品整体概念的构成，菲利普·科特勒早期把它分为三个层次，现在又把它分为五个层次，说明随着市场竞争的加剧，产品的整体概念又发展了。在此我们仍然以产品概念的三个层次为主，进行介绍（见图1－2）。第一个层次是最基本的层次，称为核心产品，这是购买者真正购买的东西，即产品的核心利益或使用价值。前面，我们已讨论过产品的使用价值这个问题，在此要再次强调，每一种产品都是要解决购买者的某种需要问题。如女人购买唇膏，不是因为它能涂抹出颜色，而是它能带给她美；工厂要买钻孔机，不是因为它能高速运转，而是它能钻出需要的孔。推销员就要能发掘隐藏在产品后面的可能满足顾客的需要，并将产品的好处卖给顾客，而不仅仅是销售产品本身。第二个层次则是由核心产品决定的产品实体或形式，称为形式产品或实体。一个形式产品具有六种特征：质量、功能、式样、品牌、特性和包装。第三个层次是在实际产品上的附加利益，称为附加产品，它包括服务、安装、信誉和保证等方面的内容。

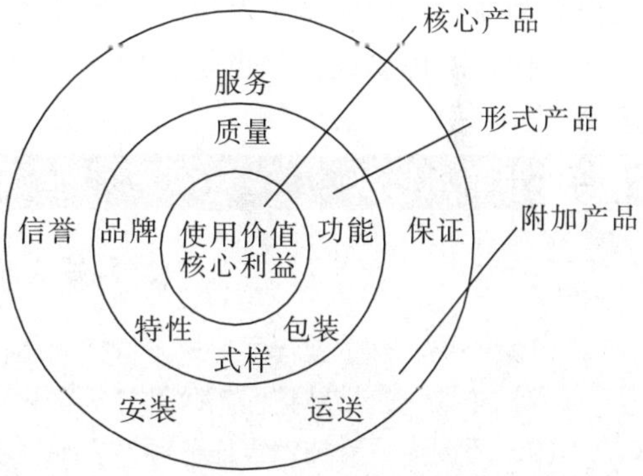

图1－2　产品的整体概念

不同的产品对推销有不同的要求。工业用品，尤其是技术性或结构复杂的产品通常比大多数消费品更需要人员推销。消费品中的高档产品又比一般产品更需要人员推销，如电器零售商店里的电视机售货员在销售时就要帮助购买者了解电视机的性能和使用方法等，以便他们进行选择，因而需要做大量的推销工作。而对像牙膏这一类产品，零售商店的售货员就无需进行那么多的推销工作，因为说服人们购买某种牙膏的推销工作实际上已多由广告、宣传和推广等促销活动去承担了。新产品比现有产品更需要大力推销，因为准顾客对新产品的特性与使用通常都不大熟悉。企业也会将大量的推销力量放在新产品推销上，尤其是在企业不大为人们所知时，新产品的推销可让准顾客对该企业增加更多的认识。

1.2.3 推销与价格

根据价格需求理论，需求以及满足需求的购买力通常都受制于价格。我们在推销产品的过程中势必会利用到价格这一手段。以什么样的价格与顾客成交，是推销员必须考虑的问题。不同价格的产品在准顾客的心目中是处于不同的地位的。对推销员来说亦需要花费不同的工夫去解释产品的价格差异。推销员必须明了企业的订价方针以及赋予自己的确定价格的权限，适当使用价格这一武器往往会取得较高的成功率。当然，推销员最重要的任务是要努力说服准顾客，让他们知道所花的钱确实是能满足他们的需要。

推销员要懂得相对价格这个概念，学会比较，使推销对象认识到你推销的产品的价格与竞争产品和替代品等相比是值得的，这种相比不一定以价廉取胜，当价格相对昂贵时，你的产品品质、服务或其他差异性同样可以抵消相对价高的缺点，问题是要让准顾客认识到即使相对价高，但产品的差异却能够给他带来相对更多的好处。只有准顾客认识到相对价高与他获得的利益相比确实微不足道时，你才能更好地推销产品及进行讨价还价。

价格上的优惠或折扣也是影响销售的一项推销策略，需要推销员在不同情况下加以灵活运用。

推销小知识

预防掉入价格陷阱的“三不”

（1）不要一开始就与客户讨论价格问题，要善用迂回策略。
（2）不要一开始就把优惠政策告诉客户，要逐步给其惊喜。
（3）不要为了完成销售任务额，主动提出将提成返给客户。

1.2.4 推销与分销

分销是在适当的时间、适当的地点，把适当的产品销售给适当的顾客的营销策略，它由销售渠道成员（中间商）和实体分配因素（仓储和运输等）组合而成。

推销员与分销渠道中的中间商接触，是推销工作的一部分。中间商既是生产厂家的推销对象，又是支持推销活动的关键因素。因为在产品流转到最终消费者手上并被使用和消费之前，都谈不上销售的完成，所以中间商在其中的作用是不可低估的。

实体分配因素在推销中也非常重要。靠近仓库、货源充足和运输便利等条件会成为推销员促成准顾客交易的有利因素；反之，若出现缺货或延期交货，可能又会让已谈妥的交易顷刻间化为泡影。即使不成为泡影，亦将浪费掉推销员大量的工作时间去处理顾客的抱怨，同时，影响到你手中忠实客户的名额。

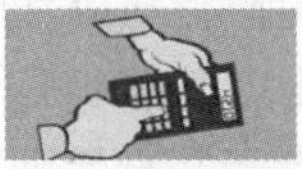

1.3 推销过程

早在1886年，美国NCR公司董事长首先提出了推销过程的概念，发展到今天，推销过程已经形成一个比较系统的理论体系，并且被广泛地运用于现代推销活动。

推销过程是指推销人员进行推销活动时通常采用的完整的行为步骤。虽然有许多因素会影响推销人员的推销步骤，但是把推销活动看作一个过程，并划分为不同的阶段，有利于我们进行科学推销，避免盲目性。但是，这里必须指出的是，关于推销过程划分的任何理论，都只有相对的意义，并不一定完全反映推销工作的情况。事实上，推销过程十分复杂，而且灵活多变。因此，我们应该全面地、发展地看待推销过程及其不同的发展阶段。

1.3.1 推销的基本过程

推销是有一个完整过程的，至于整个过程分为几个阶段、多少个步骤，却是各有各的说法。我们认为，完整的推销过程一般包括三大阶段八个步骤（如图 1－3 所示）。

1. 寻找准顾客

在此之前，我们都是使用顾客的称谓。实际上，从推销学来讲，顾客是特指那些已经购买的人，而尚未购买却有可能购买的潜在购买者，则被称为准顾客，亦即潜在顾客的意思。

寻找准顾客，实际是寻找推销对象的阶段，推销员必须能够正确地找出最需要他们推销产品的个人或组织。这些个人或组织就是最有可能的潜在购买者——准顾客。只有发现了谁是准顾客以后，推销员才会有开始推销工作的目标对象，从而评估他们的需求与你的产品或服务之间的关系，他们的需求大小和欲望强弱，以及他们的财务能力，然后予以分类，找出最可能购买的准顾客作为合适的推销对象。

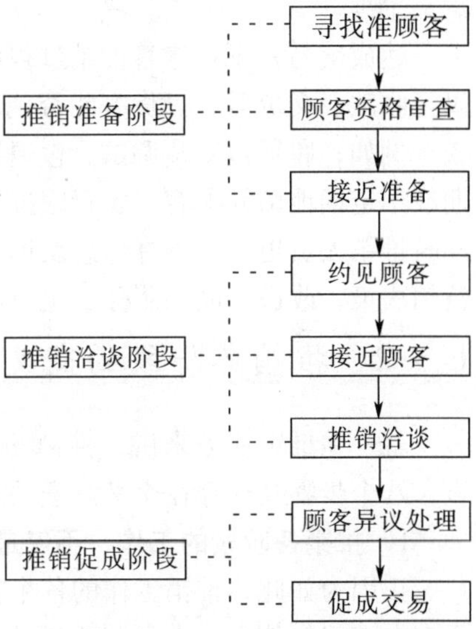

图 1－3 推销过程

2. 顾客资格审查

我们采用某些方式找到推销对象以后，还需要进一步确认找到的是否可以成为我们的顾客，通常利用 MAN 法则来进行资格审查。

3. 接近准备

在向准顾客推销产品之前，我们需要做一些准备工作，以便更好地完成后面的推销步骤，实现推销的目的。接近准备包括资料准备和策划准备两个方面。

4. 约见顾客

约见是推销人员征求顾客同意接见洽谈的过程。当推销人员做好必要的准备和安排后，即可约见顾客。约见是推销接近的开始，成功的约见是推销成功的一个先决条件。

5. 接近顾客

约见成功之后，需要推销人员前去与顾客洽谈，在洽谈之前，也需要一个较短的时间与顾客联络感情、进行沟通。这个步骤就是接近顾客。能否在很短的时间内打开局面，顺利地进行推销，是需要一定的技巧的。

6. 推销洽谈

推销洽谈是推销过程的一个重要环节。洽谈也称面谈，但不一定是面对面的洽谈。推销洽谈是推销人员运用各种方式、方法、手段与策略去说服顾客购买的过程，也是推销人员向顾客传递信息并进行双向沟通的过程。

7. 顾客异议处理

顾客异议就是顾客提出的反对意见，也是成交的障碍。顾客针对推销人员及其推销演示等提出不同意见和相反的看法，其实也是一种反应过程。正确地处理有关顾客异议，才能有效地促成交易的完成。

8. 促成交易

达成交易是推销过程的成果和目的，无疑是推销活动中最重要的一部分。促成交易是指设法促成顾客同意接受推销人员的建议。只有成功地达成交易，才是真正成功的推销。在推销活动中推销人员要正确处理顾客异议，并不失时机地说服顾客做出购买决策，完成一定的购买手续。

达成交易并不意味着推销过程的结束，售后服务同样是推销工作的一项重要内容。成交以至收款、交货后，售货方能否兑现其他承诺，能否使顾客满意，能较准确地反映厂商的信誉。例如，履行包安装调试、包退换、包维修、包培训的服务承诺，搞好索赔处理，以及定期或不定期地访问顾客，实行跟踪服务等，都是关系买方利益和卖方信誉的售后服务工作。同时推销人员也应该做好信息反馈工作。加强信息的搜集与反馈，既有利于企业修订和完善营销决策，改进产品和服务，也有利于更好地满足顾客需求，争取更多的“回头客”。

1.3.2 推销各阶段的交叉渗透关系

就一项推销业务来讲，推销的八个阶段或步骤固然有先后之分，但就整个推销工作而言，八个步骤互相存在交叉渗透关系。

1. 推销各阶段的工作，不仅是继起的，而且是并存的

正因为如此，推销工作的各个方面，往往要在人员、团队之间进行分工与协作。一般是要有专人搜集信息，为寻找准顾客、做访问准备、向生产厂和企业领导层反馈信息提供依据。约见客户、洽谈沟通和达成交易，多由专业推销人员负责，不断总结经验，提高业务能力，经常性的售后服务更要有专设和特约维修网站，方便客户，也有利于增强顾客的购买信心。

2. 推销各阶段的工作，互相交织和渗透

信息搜集是贯穿于推销全过程的任务。寻找准顾客、访问准备固然要搜集和利用信息，约见、洽谈和成交，以及售后服务的过程，也都是搜集信息的过程。例如，在约见、洽谈中往往能从顾客的反应中，获得真实、可靠的第一手资料；成交和售后服务的记录，反映了顾客需要什么、欢迎什么，以及产品存在哪些方面的问题。在约见与洽谈的过程中，对推销目标和推销策划，不仅是实施，而且是检验，检验目标是否切合实际，策划是否可行。实践是检验的最好标准，实践的结果和体验，应作为重订或修正目标和策划的主要依据。一次成交，以至兑现承诺，搞好售后服务，既是推销的结果，也是下一次推销的起点。顾客在成交后，特别是在使用中获得利益，对售后服务感到满意，很可能重复购买。

本章小结

推销是一种范围广泛的社会和经济现象，其定义可以从广义和狭义两个角度进行理解。广义推销是指推销主动发起者，采用一定的技巧，传递有关信息，刺激推销对象，使其接受并实施推销内容的活动与过程。狭义推销是指推销员以满足双方利益或需求为出发点，主动运用各种技巧，向推销对象传递产品或劳务的有关信息，使推销对象接受并购买相关产品或劳务的活动过程。

推销具有两个基本特征：推销的中心问题是说服；推销活动具有双重目的。了解这些特征，不仅有助于理解推销的内涵，而且有助于更好地掌握推销的基本规律。

推销人员、推销对象、推销客体是现代推销活动中的三个基本要素，也是推销活动得以实现的必要因素。

推销人员在推销过程中，首先推销的是自己，其次是推销商品的功能，最后才是推销商品本身。

推销是市场营销组合的组成部分，是营销活动过程的一个环节，同时也是营销不可缺少的机能。

完整的推销过程，一般包括寻找准顾客、顾客资格审查、接近准备、约见顾客、接近顾客、推销洽谈、顾客异议处理和促成交易八个阶段。就每一项推销业务而言，这八个阶段固然有先后之分，但就整个推销工作来讲，八个阶段存在交叉渗透关系。推销各阶段的工作，不仅是继起的，而且互相交织和渗透。

重要概念

推销　推销人员　推销对象　推销客体　推销过程

复习思考题

1. 什么是推销？应该如何全面把握推销的定义？
2. 怎样理解推销的两个基本特征？
3. 列出并简述推销的三个要素以及它们之间的关系。
4. 推销对于社会、企业、个人分别有什么作用？
5. 分析推销与市场营销组合各因素间的关系。
6. 简述推销过程的主要步骤及其工作的基本内容。

角色扮演

如何进行一分钟自我介绍

主要内容：

1. 问候：各位伙伴下午好（鞠躬、普通话、微笑、真诚）。
2. 介绍：姓名、来自哪里、兴趣、特长等（重点突出、衔接顺畅）。
3. 对“推销学课程”的期待。

合格标准：

1. 时间控制良好（50秒至1分10秒）
2. 声音洪亮
3. 语言表达流畅
4. 表达内容全面
5. 逻辑性较强

操作流程：

1. 个人准备：设计自己所要表达的内容，参照学过的知识和技巧。
2. 班内展示：全班成员轮流进行自我介绍，每人1分钟。
3. 点评环节：自我点评、学员和讲师点评。

延伸阅读

Margaret C. Campbell, Amna Kirmani. Consumers' use of persuasion knowledge: the effects of accessibility and cognitive capacity on perceptions of an influence agent. JCR, 2000.

PKM（Persuasion knowledge model）假定消费者会发展关于说服的知识，然后用这个知识来应对说服情境。说服知识是消费者所发展的关于说服的理论，包括消费者对推销员的动机、战略以及策略的信念。本文探索了影响消费者使用说服知识来判断推销员的因素。结果发现，消费者对推销员的动机推断（销售动机高 VS. 销售动机低）以及消费者自身的认知能力（高 VS. 低）会影响消费者是否使用说服知识来对推销员进行判断。

资料来源：http://www.jstor.org/stable/10.1086/314309.

课堂自测题

1. 市场营销的核心是（　　）。

A. 交换　　B. 创造价值　　C. 盈利　　D. 产品销售

2. 推销的中心问题是（　　）。

A. 互惠互利　　B. 买卖达成　　C. 说服　　D. 交换

3. 下列选项中没有体现推销活动具有双重目的的是（　　）。

A. 推销是一种互惠互利的活动

B. 推销是一种促成买卖双方均达成目的的活动

C. 推销是一种有舍就有得的活动

D. 推销主体目的的双重性

4. 下列哪一项不属于推销三要素（　　）。

A. 推销人员　　B. 推销对象

C. 推销客体　　D. 推销主体

5. 下列哪一项不属于推销对个人的影响（　　）。

A. 推销提供了大量的工作计划

B. 使推销人员在时间管理上具有更大的自由度

C. 推销给人们提供的提升机会不大

D. 推销的报酬一般较为丰富

6. 推销的“三步曲”按顺序依次为（　　）。

A. 推销自己，推销产品，推销功能

B. 推销自己，推销功能，推销产品

C. 推销自己，推销产品，推销企业

D. 推销自己，推销企业，推销产品

7. 产品概念的三个层次依次为（　　）。

A. 核心产品，附加产品，形式产品

B. 核心产品，形式产品，附加产品

C. 形式产品，核心产品，附加产品

D. 形式产品，附加产品，核心产品

8．推销准备阶段不包括（　　）。

A．推销对象选择　　B．顾客资格审查　　C．顾客资格确定　　D．接近准备

9．推销洽谈阶段不包括（　　）。

A．约见顾客　　B．接近顾客

C．推销洽谈　　D．促成交易

10．推销活动中最重要的一部分是（　　）。

A．寻找准顾客　　B．接近准备

C．推销洽谈　　D．促成交易

课堂自测题答案

案例分析

张明清的两难选择

张明清就要结束他的市场营销学专业的大学学习了。他的父亲是某市一家药店的小老板，他很想让自己的儿子帮助他打理好这块生意。这样张明清面临着选择：或是去帮助父亲料理生意，或是走一条也许是属于自己该走的路——去为某家大型制药企业做推销员。他的父亲在经营方面已取得相当的成功，而且他认为如果再有儿子的帮助，生意一定会锦上添花。张明清找来了几位朋友，想听听他们对这件事的看法。朋友们却认为张明清应该到外面去闯一闯，有的说："看守一个药店实在没有什么意思。"还有的说："坐等别人上门来购买，很难了解外面精彩的世界。"张明清听了这些话后感到很苦恼，仍不知该如何选择。

思考讨论题

1．现代推销学的知识对于小药店的推销是否同样具有指导意义？

2．张明清应该如何做才能使自己所学的现代推销学知识应用于小药店的推销工作？

3．你认为张明清应该去药店帮助父亲打理生意还是去做药品推销员？为什么？

第2章

推销人员的素质要求

"没有热情，任何伟大的业绩都不可能成功。"

——爱默生

学习目标

◇掌握推销员应该具备的素质、知识结构和能力

◇了解推销方格理论

◇了解推销员的职责

引 例

推销成功的决定性因素

你走进办公室，听到同事老张、老李、小王正在讨论关于推销成功的决定性因素，下面是他们对话中的一部分。

张：在我一生中，大部分时间从事推销工作，有30多年，我认为，个性是使胜利者区别于失败者的原因。

李：我不同意。正直是其中的关键所在，如果客户认为你是可以信赖的人，那么他们会向你购买商品的。

王：你们都错了。其实，关键在于平凡和似乎已过时的辛勤工作，谁肯下功夫谁就能够成功。

现在三位同事产生了分歧，你对此有什么感想呢？你认为哪一个更有道理，还是另有独到的见解呢？

推销员不仅仅是推销商品，更重要的是推销你自己。推销员只有具备得体的举止、丰富的知识、完美的人格，才可能赢得顾客，顾客才能欣赏你、喜欢你，从而接受你的产品。

2.1 推销人员的基本素质

在当今激烈的市场竞争中，企业家越来越意识到销售对企业的重要性，开始注重培养一支精明强干、熟知推销方法与技巧的推销队伍，而这支队伍对推销事业的成败取决于推销人员的素质如何。

所谓推销员素质，是指推销员胜任推销工作的综合能力，它包括推销员应具备的思想素质、文化素质、身体素质、心理素质等方面。

2.1.1　思想素质

推销既是一门科学，又是一门艺术。推销工作既可以磨炼推销员的意志，提升推销员的能力，同时又是一种非常辛苦的职业。

1. 热爱推销工作

现代的推销人员，要想在工作中有所成效，逐步成为推销人才，最首要的思想素质就是热爱自己所从事的推销工作，“爱”使人聪明，“爱”是动力，“爱”使人心有灵犀一点通。高尔基有句名言：“工作快乐，人生便是天堂；工作痛苦，人生便是地狱。”只有热爱本职工作，才会有内驱力，才会感觉工作有意义，才会愉快，才会用饱满的情绪去感染顾客，推销成绩才会好起来。日本企业界做了这样一个统计：推销员中有 20% 为佼佼者，20% 仅够标准，60% 得过且过，成绩很差。经过深层调查分析结果是：成绩差的推销员皆因不爱自己的职业，或不爱自己的企业，或不爱所推销的商品，总之是因为缺乏内在动力而造成的；成绩好的推销员都有一个共同的特点，即具有“三爱”，爱企业、爱工作、爱推销的商品。

2. 高度的工作责任感

推销工作是崇高的职业，推销员是企业的火车头、利润的实现者，是顾客的良师益友。所以，推销员必须具有高度的责任感，才能千方百计、想方设法地完成企业的销售任务；才能在推销活动中为企业树立良好的形象，与客户建立和保持良好的、融洽的关系，不会因为要完成推销任务而不惜损害企业形象和信誉；才能对顾客负责，使推销的商品能真正满足顾客的需求，能为顾客排忧解难，解决实际问题，不会因为要获得企业利益和自身利益而牺牲顾客的利益。总之，只有具备高度的责任感，才能处理好社会、企业、顾客三者的关系。

3. 百折不挠的进取精神

推销人员的工作比较自由、灵活，在企业里，相对于其他职位来说，受到的约束最少，全凭自己自觉。为什么条件比较接近的推销员，有些人业绩显著，有的人却业绩平平，这与个人的工作努力程度有很大的关系。日本著名的推销大师原一平先生，在每个月的推销活动中平均用掉1 000张名片，每天要固定访问 15 位准客户，没有完成任务绝不休息。

原一平说过：“推销就是初次遭到拒绝之后的坚持不懈。也许你会像我那样，连续几十次、几百次的遭到拒绝。然而，就在这几十次、几百次的拒绝之后，总会有一次顾客同意采纳你的计划，为了这仅有的一次机会，推销员在做着殊死的努力。”推销员的意志和信念就在于此。

4. 任劳任怨的精神

推销是一种艰苦的职业。推销员经常出差在外，会遇到各种复杂多变的环境。通常人们把里外不顺的环境比作“两头受气”，一种使你两头受气的职业就够你受了，然而，推销员的职业却是“三头受气”的职业。第一，在企业内部，如果你的业绩不佳，落后于你的同事，可能会受到上级的批评与冷眼；第二，外出与顾客打交道，免不了要笑脸相迎，然而回报的可能是对方嗤之以鼻、冷嘲热讽，甚至是恶意相骂；第三，推销员经常出差，长期不在家，成了家的推销员可能受到妻子或丈夫的埋怨和猜疑，没有成家的推销员可能受到家人或恋人的担心。要成为一名优秀的推销员，应培养不畏困难、任劳任怨的工作作风。

2.1.2 心理素质

推销总是在人与人之间进行，它涉及买者与卖者双方的复杂心理活动。从推销的角度讲，心理素质是指推销人员在推销过程中应具备的心理因素，如坚强的意志、良好的气质、豁达的性格等。

1. 坚强的意志

意志是指一个人为了明确目的去克服困难的心理活动。推销员在推销的过程中，总是会碰上这样或那样的困难，所以，现代的推销员如果没有克服困难的坚强意志，就很难完成推销任务。

推销的过程中，最可怕的敌人不是竞争对手，而是自己。意志消沉，缺乏信心，才是自己看不见的最可怕的敌人。推销失败并不可怕，可怕的是在失败面前垂头丧气、怨天尤人。有一句名言"失败乃成功之母"，成功的经验需要总结，失败的教训也需要总结。世界第一流的推销专家，也不可能每次推销都是成功的。关键是怎样面对失败。国外企业界流传着这样一种说法："赚一千元的成功经验，不能等于赚一亿元的成功经验，亏一千元的失败教训，往往会转化为赚一亿元的途径。"推销员应时刻谨记："有志者事竟成，无志者事无成"，"精诚所至，金石为开"。

2. 良好的气质

气质从心理学的角度讲，是指人的高级神经系统活动类型的特点在行为方式上的表现。古希腊医生希波克拉底的"气质体液论"认为：人的身体内存在着四种体液（血液、黏液、黄胆汁、黑胆汁），根据它们在每个人身上比例的不同，他把人的气质分为胆汁质、多血质、黏液质和抑郁质四种类型。

胆汁质的主要特点是具有很高的兴奋性，因而在行为上表现出均衡性；热情、坦率、急躁、好争，情感易于冲动但不持久，喜怒形于色；注意力稳定而集中，但难以转移；意志坚定果断，精力十分充沛，但行为鲁莽冒失。

多血质的主要特点是热情和显著的工作效能；情感和行为发生得快，变化也快；机智灵敏但毅力不强。

黏液质主要特点是情感和行为进行得缓慢、稳定但缺乏灵活性；情绪含蓄、淡薄、宁静，很少产生激情，故情感很不容易外露；做事总是从容不迫，谨慎细致、不鲁莽，沉默寡言，缺乏生气。

抑郁质主要特点是情感和行为都相当迟缓、柔弱；观察力敏锐，常能观察到其他人不注意的细微事物，敏感性较高；情感方面多愁善感，意志方面胆小怕事，优柔寡断；不喜欢交际，非常孤僻。

人的气质本身没有好坏之分，但每种气质既有积极的一面，也有消极的一面。所谓的良好气质，是指在人的固有气质基础上去充分发挥其积极的一面，克服其消极的一面。推销员每天接待各种不同气质的顾客，并要打动顾客的心，有必要根据自身的气质特点，创造出独具特色的魅力。

3. 豁达的性格

性格是指人表现在态度和行为方面比较稳定的心理特征。人的性格主要是在后天形成的，是个性的核心部分。

推销员在推销的过程中，第一件事不是推销产品或服务，而是推销自己。我们经常听到这样的话："某人很讲信用，我相信他"，"某人为人很好，我愿意买他的产品"。这说明推销员的性格在推销活动中具有多么重要的地位。先卖人，后卖物；先赚人，再赚钱。因此，成功的推销员应学会调节自己的性格，尽可能做到诚实、大方，为顾客着想，巧而不滑，智而不奸，有豁达的性格。

2.1.3 身体素质

推销人员的工作既是一项复杂的脑力劳动，也是一项艰苦的体力劳动。推销员每天都要与形形色色的人打交道，还要经常外出推销，需要有充沛的体力和精力。所以，健康的身体是推销成功的重要保证。

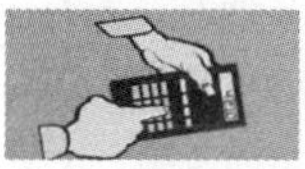

2.2 推销人员应具备的知识

推销工作并不是一件轻而易举的工作，而是一项极富创造性与挑战性的工作，因而推销员除具备过硬的思想素质外，更要求有较宽阔的知识结构。推销员每天要与各种各样的顾客打交道，推销员知识的广度和深度在很大程度上决定推销员的推销能力。推销员的知识主要表现在以下几方面。

2.2.1 企业方面的知识

1. 企业的历史

推销员应掌握企业的创建时期、发展历程、经营的指导思想、经营的方针、目标、企业发展壮大的背景知识、发展过程中的名人轶事等。掌握这些企业的知识可以使你与顾客交谈时，显得知识渊博，有利于树立推销员自身的形象，增强推销员的工作自豪感和归属感；而且有些老顾客与企业交往多年，通常喜欢叙旧，有利于培养融洽的谈话气氛，加深顾客对企业的了解，增强顾客对企业的信心。

2. 企业规模的大小

推销员要熟悉企业的规模大小。在与顾客的洽谈中，顾客一般会认为规模大的公司会比较可信，销售过程也比较有优势。企业规模的大小可以通过下列指标反映：

（1）市场占有率。

（2）原材料的运用。

（3）日产量、年产量。

（4）公司雇员人数。

（5）工厂、办公室的规模、数量。

（6）工资总额。

3. 企业的财务状况

推销员应了解企业的资产、负债情况，在与顾客签订合同、顾客支付产品交易的预付款等，都必须知道这些情况；否则，推销也难以成功。

4. 企业的领导层与组织机构

推销员应了解企业的领导层的职务、姓名、行业地位、名声、意志等，对那些与销售有关的部门和人员应非常熟悉。

5．**企业的规章制度**

推销人员要熟悉企业的各项规章制度和政策：企业的赊销规定，如赊销的资格、赊销的条件、赊销的界限；企业的价格政策，如现金折扣、季节折扣、数量折扣、各种折让等；企业的服务措施，如分销措施、修理规定、保证措施、退货条件、包装规定、销售援助等。

有些企业新招聘的推销员，既不对他们进行培训，也不将企业的基本知识向推销员进行介绍，当推销员外出开展业务时，顾客向推销员提出的有关企业的问题，推销员却一问三不知，可想而知，推销不成功是肯定的，更关键的是会严重挫伤推销员的自信心，影响企业的形象。

推销小案例

新来的业务员

一名新招聘的推销员在推销通信器材时遇到了一位热心的顾客，在某家通信器材商店，经过一番产品介绍之后，顾客问起推销员所在企业的情况，下面是他们的对话。

顾　客：你们的总经理叫什么名字？

推销员：叫潭××。

顾　客：你们这种产品是自己生产的还是代理别的厂家的？

推销员：唔，……是我们自己生产的吧。

顾　客：哎，怎么产品上面打着石家庄厂家的牌子？

推销员：这，……

顾　客：你们公司总工程师是谁？

推销员：对不起，我是刚刚来到这家公司的，我不太清楚。

请　问：这位推销员的业务能成功吗？为什么？

资料来源：雷鸣．现代人员推销学［M］．广州：中山大学出版社，1997．

2.2.2　产品方面的知识

一名合格的推销员对企业生产的，尤其是自己负责推销的产品或服务应该非常熟悉，缺乏产品知识的推销员是很难说服顾客购买其产品的。产品方面的知识包括：

1．**产品的物理属性**

产品的物理属性是指产品的大小、重量、容量、长度、构造、原料、式样、颜色、速度等以及相关的信息。如一个旅馆应掌握的因素有位置、交通、规模（房间的数目、大小）、设施、饭菜种类及质量、会议设施、服务种类、购物环境、娱乐设施等。

2．**产品生产流程**

了解产品的工艺流程、所用材料、质量控制方法（目测或电子检测），不合格的产品保证不出厂，让顾客相信能为他们提供承诺。如顾客认为你的产品价格比其他的同类产品价格高，你就能用你熟悉的产品生产流程，产品所用的材料，向你的顾客解释因为要经过许多的生产工序，比其他厂家的同类产品多了哪些工序或特殊处理，或是比其他厂家提供哪些附加服务，所以，价格要略高些。让顾客相信他们的购买是物有所值的。

3. **产品的功能**

产品的功能如温度极限、功率、电流、产品寿命。

同时，应掌握一些产品的使用、维修方面的技术和知识。推销一些顾客不常买的或价值昂贵的产品时，顾客通常会要求推销人员亲自示范操作，推销员也经常要走访客户，了解顾客对产品的使用情况，推销员对一般性的技术故障问题应能及时排除。

推销小案例

推销磁性锁

我有一位推销磁性锁的朋友，要我帮忙介绍顾客，刚好我有一位好朋友正好在某地装修一栋邮电大楼，引见他们后，推销员朋友详细介绍了磁性锁的各种性能和优点，如使用寿命、耐热60 ℃、产品的安全性、使用的方便性等。当我正在为产品叫好时，我的顾客朋友对磁性有一定的研究，他提出了以下几个问题：

（1）带磁的钥匙与其他的铁、铜打的钥匙放在一起，会不会影响磁性钥匙的磁性，磁性多长时间会消失？

（2）磁性锁耐热温度为60 ℃，这在正常情况下是没有问题，但如果碰到一些特殊的情况，如钥匙不小心掉进开水里（煮开的洗澡水），这个时候还能开门吗？如果碰上一些不怀好意的人，他们只要把打燃的打火机放在门的锁孔上烘一烘，主人回家还能打开门吗？

（3）如果不小心把钥匙丢了，市面上无法配到钥匙，只能送回厂家才能配到钥匙，主人要多少天才能进入自己的家？

……

对于顾客所提的问题，推销员没能做出很好的、肯定的回答。

如果推销员对这些问题能做好充分的准备，能在现场做演示（把钥匙放在锅里煮半小时，再拿来开锁），消除顾客的疑虑，业务成交的概率就能大大提高。

2.2.3　推销的专业知识

与推销工作相关的专业学科知识的涉及面很广，并不要求推销员对这些学科知识要有很深的掌握，但对一些基本常识要有所了解。这些学科知识包括市场营销学、消费者行为学、商品信息学、经济学、金融学、经济法、企业管理、公共关系、广告学、国家的法律法规等，尤其要懂得市场知识，掌握市场调查、市场预测、商务谈判和推销的技巧。

2.2.4　顾客方面的知识

推销员要懂得顾客的购买心理和购买行为方面的知识，掌握谁是推销产品的目标顾客？目标顾客的规模有多大？目标顾客的需要是什么？他们的购买动机如何？还要了解顾客的购买习惯、购买过程、购买方式等心理状况。

2.2.5　竞争对手方面的知识

推销员应了解竞争对手和竞争产品的情况，知己知彼，百战不殆。了解竞争企业的市场策略、目标市场、生产规模等；了解竞争产品的特色、价格、服务、付款方式等。竞争情况掌握得越清楚，推销员在推销中就越主动，越自信，销售交易成功的机会就会越大。

2.3 推销人员应具备的能力

要成为一名出类拔萃的推销员，除了具备过硬的思想素质、宽阔的知识结构外，还必须有一定的特殊能力。

2.3.1 良好的语言表达能力

推销员每天要接洽不同的顾客，并向他们准确传递推销商品的信息，介绍推销商品能给顾客带来的利益，能否激发顾客的购买欲望，最终达成交易，离不开推销员的语言表达能力。如果推销员语言表达词不达意、前言不搭后语、思路不清、语言贫乏、拙嘴笨舌，是难以引起顾客对推销员的兴趣，更不用说购买推销商品。

优秀的推销员应具有良好的语言表达能力：清晰、准确、条理井然、重点突出；富于情感，使顾客感觉到亲切、温暖、信任，起到感染顾客的作用；诚恳、逻辑性强，起到说服顾客、增强信任感的作用；生动形象，风趣幽默，起到吸引顾客的作用；文明礼貌、热情友善，能引起顾客的好感，起到增进友谊的作用。

因此，推销员应该是能言善辩的“演说家”。

2.3.2 敏锐的观察能力

推销员每天在不同的环境中与各种各样的顾客打交道，要了解顾客的内心所想，了解顾客的需要，了解顾客的购买动机，就必须要有敏锐的观察能力。通过观察周围的环境和顾客的外部表现去了解顾客的购买心理，获得顾客内心活动的各种信息。优秀的推销人员应该是一名心理学家。

推销小案例

善于察言观色

一位颇有成效的推销小姐，不光善解人意，而且敏感性很强，能准确地从对方的沉默中窥见对方的思想状况与内在意图。当别人问她是怎样去把握对方沉默不语时的思想时，她回答说：“只要你留心观察，就可以从顾客的神态和表情去发现顾客内心的变化。”如正常情况下，顾客坐着总是脚尖着地，并且静止不动；但一到心情紧张的时候，对方的脚尖就会不由自主地抬高起来，因此，只要看到对方的脚尖是着地或是抬高，就可以判断他的内心世界是平静还是紧张。又如在正常的状态中，吸烟的人熄灭烟蒂大都保留一定的长度，可是一到非正常的情况下，放下的烟蒂就可能很长。所以如果你发现顾客手中的烟蒂还很长，却已经放下、熄灭了，你就要有所准备，顾客打算告辞了。

2.3.3 灵活的应变能力

应变能力是指人们在遇到意外的情况时，能够沉着冷静、灵活机动、审时度势地应付变化，并能达到原来既定目标的能力。推销员每天与顾客打交道，面对着复杂的环境和不同的顾客，如果推销员总是用单一的姿态或模式对待顾客是很难奏效的，因此，要求推销员应有灵活的应变能力，思维敏捷，清晰，能够迅速地分析和判断问题，能够及时察觉顾客需求的变化，并针对具体情况，及时调整推销对策。

2.3.4　较强的社交能力

推销员向顾客推销商品的过程，实际上是与顾客的沟通过程，推销员必须善于与他人交往，有较强的沟通能力，才能取得顾客的信任，化解和处理同顾客之间的矛盾，与顾客建立长期的合作关系。推销员应该是企业的外交家，所以应树立待人热情诚恳、谈吐自然大方、彬彬有礼、能设身处地为顾客着想、体谅顾客难处的形象。

2.4　推销人员的心态

推销员的心态是指推销人员在向顾客推销产品时的心理状况与态度。推销过程实际上是推销员与顾客交往的过程，交往中双方彼此都会产生一定的印象和看法，形成各自不同的心理状况和态度。不同的推销员对自己的推销工作可能持不同的态度，不同的顾客对自己的购买活动的态度也不相同，这些不同的态度都会严重影响推销的效果。因此，研究推销员对自己推销业务及对顾客的态度、顾客对购买业务和对推销员的态度，以及它们之间的关系，对推销员和推销业务来说，都有着重要的理论价值和现实意义。

2.4.1　推销方格理论

美国管理学家罗伯特·R. 布莱克教授和 J. R. 蒙顿教授在其“管理方格”理论的基础上，提出了“推销方格”理论（sales grid）。这种理论是建立在行为科学的基础上，着重研究推销人员与顾客之间的人际关系和买卖关系。推销方格理论可以帮助推销员更清楚地认识自己的推销能力，发现自己的优点和工作中存在的问题，找出自己努力的方向；有助于推销人员更深入地了解自己的推销对象，掌握顾客的心理状况，从而恰当处理与顾客之间的关系，提高推销工作的效率。

1. 推销方格

每一个推销员在进行推销工作的时候，他的心里至少装着两个明确的具体目标：一是努力说服顾客，希望与顾客达成有效的买卖关系，完成销售任务；二是想方设法迎合顾客，希望与顾客建立良好的人际关系。前者重视“销售”，后者关心“顾客”。不同的推销员，追求这两个目标的心理愿望强度不同，形成了不同的心理态度。

推销方格将推销员的两个不同目标用一个平面坐标来表示，其中横坐标表示推销员对销售的关心程度，纵坐标表示推销员对顾客的关心程度。横坐标和纵坐标的坐标值都是由 1 到 9 逐渐增大，坐标值越大，表示推销人员对销售任务和顾客的关心程度越高（如图 2－1 所示）。从理论上讲，推销人员的心态有 81 种之多。如果这样划分，两种相邻的心态之间的差别非常小，很难把握推销人员的心态。针对这种情况，布莱克和蒙顿教授把推销员的心态分为五种类型，每一种类型都有典型的特征。

图 2－1　推销方格图

(1) 事不关己导向型(1.1型)。

这类推销心态的推销员既不关心自己的推销工作，也不关心顾客的需要和利益，好像都与己无关。这种人一般是不热爱本职工作，对工作缺乏责任感，对顾客毫不关心，缺乏热情。这类心态产生和发展的原因，一是推销员本人胸无大志，不求上进，主观上不努力；二是所在企业缺少对员工的激励，没有合理的奖惩制度等。这类心态的推销员是企业和顾客都不需要的。要改变这种推销态度，必须严格要求自己，增强责任心和工作热情，企业也要建立明确的奖惩制度，调动推销员的工作积极性。

(2) 顾客关系导向型(1.9型)。

这类推销心态的推销员非常重视与顾客的关系，却不关心销售业绩。他们总是希望通过处理好人际关系来促使顾客购买他们的产品，因而处处迁就顾客，千方百计迎合顾客，事事把满足顾客的需求摆在首位，甚至牺牲企业的利益也在所不惜。这种心态的推销员可能是一位理想的人际关系专家，却不是一位成功的推销专家。在推销工作中，顾客出现异议是难免的，如果异议是来源于顾客的无知、偏见或误解，使交易出现障碍，推销员不努力对顾客进行解释或说服，而是一味地顺从顾客，就会得到适得其反的结果。

(3) 强行推销导向型(9.1型)。

这类心态的推销员非常关心销售的业绩，而不管顾客的实际需要和利益。他们千方百计，甚至不择手段地把产品推销出去，并不介意与顾客的关系如何，不考虑企业和本人在顾客心目中的形象。对于这类心态的推销员，应该肯定他们积极的工作态度，但因为推销过程没有顾及顾客的实际需要和利益，必然会引起顾客的不满，一旦留下不良的印象，不但眼前的生意难以做成，还会断送与顾客的关系，损害企业的声誉。尽管短期内能取得较高的推销业绩，但长期来说，这一类心态的推销员也绝不是理想的推销员。

(4) 销售技术导向型(5.5型)。

这类心态的推销员既关心销售业绩，也关心与顾客的人际关系，他们工作踏实，对推销环境心中有数，对推销工作充满信心。他们既不一味地迎合、顺从顾客，也不强行推销，而是采取一种折衷的态度，不丢掉生意，也不失去顾客，四平八稳，和气生财。表面上看，这种推销员似乎是合格的，甚至是理想的推销员，但不容忽视的是：他们只注重顾客的心理和行为的研究及推销技巧的运用，不考虑顾客的实际需要和长远利益。在和平市场环境中可能取得较好的推销业绩，但在激烈的市场竞争中，则有可能难以承受压力，难以适应。所以，用现代推销观念更新来衡量，这类心态的推销员也不能称为理想的推销员。

(5) 解决问题导向型(9.9型)。

这类推销员既高度关注自己的销售业绩，又高度关注顾客的需求。满足顾客需要是他们的中心，超额销售的业绩是他们追求的目标。这类心态的推销员工作积极主动，又不强加于人，他们善于研究顾客的心理，发现顾客的真实需求，把握顾客的问题，开展有针对性的推销。在为顾客解决问题、清除烦恼的同时也完成自己的推销任务。他们既了解自己，也了解顾客；既了解推销品，也了解顾客的真实需要。这种推销心态是最佳心态，处于这种心态的推销员是最佳的推销员。

但实际情况中，这类推销心态的推销员并不普遍，因为推销利益与顾客利益之间总是存在矛盾的一面。要成为解决问题导向型(9.9型)的推销员并非一件容易的事，但它是推销员的努力方向和奋斗目标。

表 2－1　推销员类型分析

类　型	表　现
事不关己导向型（1.1 型）	将产品放在顾客的面前，产品能卖掉时它自己就会卖掉，是否能卖掉与我无关
顾客关系导向型（1.9 型）	我是顾客的朋友，我想了解他并对他的感情和利益做出反应，这样他就会喜欢我，正是这种个人关系促使他从我这儿购买
强行推销导向型（9.1 型）	我负责向这些顾客推销，我会施用各种压力迫使顾客从我这里购买
销售技术导向型（5.5 型）	我有一个经过验证是有效的工作方法，能使顾客购买。这种方法通过“人格”和对产品的混合强调来激励顾客
解决问题导向型（9.9 型）	我同顾客商量从而了解到在他所处的环境之下我推销的产品可以满足的所有需要，我们要做出一个正确的购买决策，从而可以使他获得预期的利益

资料来源：雷鸣．现代人员推销学［M］．广州：中山大学出版社，1997.

2．**顾客方格**

在推销活动中，顾客对推销员和推销活动的态度以及对自己购买活动的态度会在很大程度上决定推销员的推销能否成功。顾客在实际购买过程中，心中至少装着两个目标：一是通过与推销员讨价还价，为自己争得更多的有利条件，达成交易，完成购买任务；二是希望与推销员建立良好的人际关系，顾客可能做出一些让步，为日后的长期合作奠定基础。不同的顾客对这两个目标的追求程度和态度各不相同，形成不同的心理态度。

顾客方格将顾客的两个不同目标用一个平面坐标来表示，其中横坐标表示顾客对购买的关心程度，纵坐标表示顾客对推销员的关心程度。横坐标和纵坐标的坐标值都是由 1 到 9 逐渐增大，坐标值越大，表示顾客对推销员和购买的关心程度越高（如图 2－2 所示）。

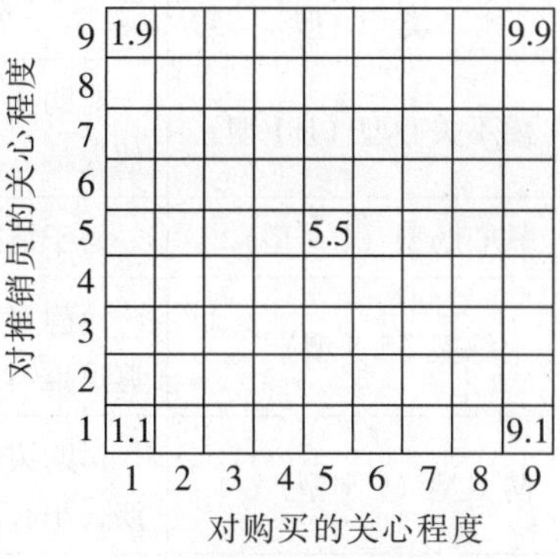

图 2－2　顾客方格图

顾客方格中的各个交叉点，表示顾客各种不同的购买心理态度。其中具有代表性的顾客心态有五种：

（1）漠不关心型（1.1 型）。

这类心态的顾客既不关心自己的购买活动，又不关心与推销员的关系，这类心态产生的原因可能由于购买是被动或不情愿，或是受人之托，自己没有决策权，因而对推销员和自己的购买活动既不热心，又不愿意负责任。向这类顾客推销产品非常困难，推销成功率非常低。

（2）软心肠型（1.9 型）。

这类心态的顾客极关注与推销员建立良好的人际关系，对自己的购买行为却不太关心。这类心态产生的原因可能由于顾客同情推销员的工作，或是出于顾客的个性心理特征，天生就是软心肠。他们往往感情重于理智，为了面子、为了保持和谐气氛、为了避免麻烦，一般不会拒绝推销员及其推销的产品，比较容易被推销员说服。

（3）防卫型（9.1 型）。

这类心态的顾客对自己的购买活动极其关心，而对推销员却不关心，甚至敌视。产生这类心态的原因是对推销员持有偏见，认为推销员都是耍嘴皮子，强行推销顾客不需要的产品；或是曾经上当受骗，“一朝被蛇咬，十年怕井绳”；或是过分重视自己的利益，与推销员讨价还价，精打细算，分文必争。他们的防卫心理很强，不容易被说服。要想对这类顾客成功推销，成功推销自己是关键。

（4）干练型（5.5型）。

这类心态的顾客对推销员及自己的购买活动都有一定的关注，购买产品时比较理智，购买时既能顾及与推销员搞好关系，又尽量注意使自己的购买不吃亏。他们具有一定购买商品的知识和经验，喜欢倾听推销员的建议和意见，但自己有主见，不会盲目轻信推销员的承诺；他们既尊重推销员的推销人格，也维护自己的购买人格；他们既重感情，又重理智；他们的购买行为，都是经过全面的分析和客观的判断后，才做出购买决策，购买行为不拘泥于传统的偏见，但又在很大程度上受时尚、流行趋势的影响。

持这类心态的顾客，一般都比较自信，具有较强的虚荣心，他们的购买决策一定要由自己做出，但购买的东西不一定是实际需要的东西，只是为了抬高自己的身份，满足虚荣心。对待这种顾客，推销员只需要介绍产品的情况，让顾客自己去判断。

（5）寻求答案型（9.9型）。

这类心态的顾客，既高度关心自己的购买，又高度关心推销人员的工作。他们在做购买决策之前，自己能明确知道自己的实际需要，了解商品，熟悉行情；为了买到自己需要的产品，他们欢迎能帮助解决问题的推销员，希望得到他们的建议。他们有独立的见解，不盲目接受推销员的意见。

这类心态的顾客是最成熟的购买者，他们把推销员当作“合作者”，而不是“对手”，他们最终的目的是达成一个买卖双方都满意的交易。

五种心态顾客的典型特征分析如表2－2所示。

表2－2　顾客类型分析

类　型	表　现
漠不关心型（1.1型）	对购买工作不敢负责，又不热心，应付差事，把购买决策推给上级主管或其他人员
软心肠型（1.9型）	碍于情面，极易被说服打动，关心推销员胜过关心购买行为
干练型（5.5型）	冷静客观，根据自己的知识和他人的经验选择厂牌和商标，决定购买数量，尊重推销员，但不轻信，愿意由双方让步来达成协议
防卫型（9.1型）	对购买行为极为关心，对推销员不关心，采取提防和怀疑的态度，拒绝或冷淡，小心谨慎，不让自己吃亏
寻求答案型（9.9型）	十分理智，根据自己的需要决定购买行为，独立判断，并积极与推销员合作

3．推销方格与顾客方格的关系

上面我们介绍了推销方格和顾客方格，分析推销员不同的推销心理态度和顾客的购买心理态度。在推销的过程中，推销能否成功，既取决于推销员的心理状态，也与顾客的购买心态密切相关。推销心理态度和顾客购买态度是相互作用、相互影响、紧密联系的。两者的组合在很大程度上左右着推销能否成功，关系到推销员的工作绩效。因此，我们有必要对两者的关系进行研究，为推销的实际工作提供参考。

从上面的分析可以看出，解决问题导向型（9.9 型）的推销员是最理想的推销员，他们对任何类型的顾客的推销工作都能成功。因此，推销人员应努力学习，不断提高自身的修养和业务水平，努力使自己成为一名能帮助顾客解决实际问题的推销专家。当然，解决问题导向型（9.9 型）的推销人员是理想的推销专家，并非所有的推销人员都能成为推销专家。是不是其他类型的推销人员的推销就不能成功呢？在某些场合，处于其他各种心理态度的推销员也可能取得成功。如顾客关系导向型（1.9 型）的推销员并不能算是优秀的推销员，但如果他遇到的是一位软心肠型（1.9 型）的顾客，一个对顾客特别关心，一个对推销员特别关照，两个碰在一起，照样可以成交，收到预期的推销效果。只有事不关己导向型（1.1 型）的推销员，他们没有推销热情，任何顾客都不愿意去他们那里购买产品，他们的推销是不能成功的。

推销方格与顾客方格的关系可以用表 2－3 来表示。表中反映推销方格与顾客方格之间的内在联系。有的能够有效结合在一起，使推销任务顺利完成；有的则不能有效搭配，两者结合不能达成销售交易；有的两种心态无相关关系，二者结合可能达成也可能达不成销售交易，即使达成销售交易，也不是两者搭配的结果，而是受其他因素影响的结果。在这里，能够达成交易的用“＋”表示，不能够达成交易的用“－”表示，无相关关系的用“0”表示。

表 2－3　推销/顾客方格搭配效果

推销方格	顾客方格				
	1.1 型	1.9 型	5.5 型	9.1 型	9.9 型
9.9 型	＋	＋	＋	＋	＋
9.1 型	0	＋	＋	0	0
5.5 型	0	＋	＋	－	0
1.9 型	－	＋	0	－	0
1.1 型	－	－	－	－	－

2.4.2　推销态度

态度、知识、技巧对于成功的推销哪个更重要？在销售中，你的心态决定了 80% 的成功销售机会，它取决于你的自我评价和对职业的看法。只要改善自我并对自我能力给予肯定，就可以提高自己的销售业绩。实现成功的推销，态度比知识、技巧更重要。推销员应具备的态度有：

1. 永远让自己做一个赢家

你是全世界最棒的，你每天都会充满激情去面对你的客户，你敢直面挑战任何困难，并且坚信有能力克服它。

2. 心存感激

有这种态度的人会珍惜许多事物，他珍惜自己的健康、家庭、房子、汽车及工作，感谢公司为他提供的产品和服务。心存感激是一种积极的心态，在任何情况下，这种人永远会说出正面肯定的话，即使是面对最难缠的顾客，也会非常热情友善。所以，无论走到哪里都会大受欢迎，大家都乐意跟他做生意，他将有更多的朋友。

3. 正直

就是对自己和他人充分地诚实。一个诚实的人，敢于真正面对自己及自己的极限，也只有在那个时候，才能对别人充分诚实。诚实是顾客在决定长期惠顾时所要求的最重要品德。信任是所有人际关系的基础，正直是这种信任的具体表现。正直对于建立自信也很重要，当你诚实地对待周围的人时，你会发现自己的感觉很好，你会对自己及自己的作为深表认同。

4. 坚持

坚持是许多特质的浓缩组合，是行动的一种约束，是你对自己的价值及能力的一种评价。困境中，你依然坚持，你就可以明确了解自己的信心有多大。坚持和勇气不可分割，勇气一方面表现了面对不确定状况的能力，另一方面则表现为在不保障成功的情况下依然坚持，没有坚持，就不会成功。

5. 积极正面的解释方式

应该对降临到身上的事采取积极的解释方式，把困难和挫折视为珍贵的教训或机会。不要让问题在心中挥之不去，或把它归之于自己的无能。乐观的人习惯用积极的方式解释问题，悲观的人会把问题做负面解释；乐观的人会把问题抛诸脑后，拒绝停留在问题上，悲观的人会认为问题是他们的短处或是产品服务不良的证明；乐观的人会努力思考如何才能做得更好，而悲观的人往往停在自己做错的地方，变得十分消极。

2.5 推销人员的职责

一直以来，人们总是认为推销员的职责就是把企业的产品推销出去，完成企业的销售任务，使企业能够获利。但随着竞争的加剧，推销工作对推销员提出了更高的要求。推销人员的具体的职责有以下几方面。

1. 销售产品，开拓市场

推销员在企业的主要任务就是销售产品，完成推销任务，实现企业的销售利润。推销员如果不能完成推销任务，不创造销售利润，是不可能得到企业的认可和赏识的。要达到上述目标，一是推销员必须通过不断拜访顾客，约见、洽谈、排除异议、促成交易并最终实现购买；二是要不断开拓新的市场，开发新的顾客，把潜在顾客变为现实顾客。不管是拜访老顾客，还是寻找新顾客，都必须作为任务来完成。现在有些企业，把拜访率和成功率都当作考核推销员的重要指标。如规定推销员每月应完成销售额指标、利润指标、货款回收，同时还要求推销员每月要派发两盒名片（拜访200个顾客），收回一盒名片（100个潜在顾客）。

2. 市场调查，反馈信息

推销员要直接与顾客打交道。推销之前推销员必须经过调查，掌握与销售工作密切相关的信息和资料，资料收集得越多，销售成功的机会就会越大。推销员每天都接触顾客，对顾客的需求和市场信息的变化最清楚。因此，推销员有责任承担起市场调查的任务，并及时把相关的信息反馈回企业，以便企业根据相关的信息，对产品和服务进行改进，对营销策略进行调整，使其能更好地满足顾客的要求。

3. 跟踪顾客，提供服务

在现代市场营销中，整体概念上的产品应该包括核心产品、形式产品、附加产品。附加产品是指顾客购买产品时得到的附加利益和附加服务，即服务是附加产品的主要内容。服务包括售前服务、售中服务、售后服务。推销员把产品卖出去，并不意味着推销任务的结束，那种“货物出门，概不负责”的观念已经过时。企业能否赢得顾客与提供的服务是否完善紧密相连，所以推销员应承担跟踪顾客、提供服务的重任。

4. **宣传企业，树立形象**

推销员一走出企业，代表的不是推销员自己，其言行举止时时刻刻都代表着企业的形象，推销员的素质和专业水平如何是顾客判断企业形象的最直接的标准。企业形象是指公众对某个机构总的看法和印象，可用知名度和美誉度两个指标来反映。企业形象有企业本身和企业产品两方面的内容。企业形象的好坏对企业的销售有着关键性的影响。因此，推销员应时刻记住宣传自己企业，树立企业美好形象，不要为了一时的小利而损害企业形象。

2.6 推销人员的基本礼仪

推销员是企业的外交官，是沟通企业与顾客的友好使者，他们的言谈举止、仪表风度、态度信心等能否被顾客接受，给顾客留下美好的印象，这不仅影响着企业的形象，而且还影响着企业的销售状况。因此，推销人员应注重推销的基本礼仪，首先应给顾客留下好的印象，让顾客接受你，才能接受你所推销的产品。推销员的礼仪主要包括仪表、仪容以及言谈举止。

2.6.1 推销人员的仪表

如果汽车交易商准备卖掉一辆旧汽车的话，他会怎样做呢？首先，他把车送到修理车间里，将表面的擦痕都磨光，并重新刷漆，然后再将车内粉刷一新，换上新轮胎，调整好发动机，总之，使之重新焕发出光彩。为什么要这样做呢？因为汽车交易商知道外表鲜亮的汽车一定能卖个好价钱。这与推销工作是一样的。要记住，仪表不凡和风度翩翩将使你在顾客的眼中身价倍增，为成功打下基础。

仪表是指推销员的外表，在人际交往的初级阶段，往往是最能引起对方注意的，人们所说的“第一印象”的产生多半就来自一个人的外表。一个人如果有好的外表，他就能产生自信心；相反，如果忽略了衣着和装饰，外表不很完美，顾客不时投来挑剔的目光，这种自信心就会消失。仪表端庄、穿戴整齐者比不修边幅者显得有教养，也更懂得尊敬别人，这已成为一般人的思维定势。

推销小链接

小 试 验

行为学家迈克尔·阿盖尔曾经做过实验，他本人以不同的装扮出现在同一地点，结果却截然不同：当身穿西装的他以绅士模样出现时，无论是向他问路的或是问时间的陌生人，大多彬彬有礼，这些人看似属上流阶层，颇有教养；而当迈克尔打扮成无业游民时，接近他的人以流浪汉居多，或是来对火或是来借钱。这个实验证明，仪表虽是人的外表，却是一种无声的语言，在人们初次交往时能给人以鲜明的印象。

首次与顾客见面，不要总想着怎样把东西卖给顾客，而是要想着怎样才能给顾客留下好印象。服饰是服装与饰物的统称。俗话说："人靠衣装，佛靠金装。"合适、得体的服饰给人以愉悦的感觉，所以推销员应注意服饰是否搭配、适宜。服饰方面总的原则要求是：协调得体，整洁大方，干净利落，不穿奇装异服，不佩戴繁杂的装饰。推销人员的服饰装扮应遵循 TPO 原则，即根据时间（time）、地点（place）、场合（occasion）来选择相应的着装。具体讲，推销员的着装标准没有固定的模式，应根据预期的场合、推销商品的类型、你即将拜访的顾客的社会地位、经济状况和文化程度来决定穿着。

推销小知识

衣着标准

美国著名的服装设计师约翰·T. 莫洛依曾为推销员提出了一些衣着标准，这里摘录部分以备参考。

（1）推销员应该身穿西服或轻便西装。

（2）推销员的衣着式样和颜色应尽量保持大方稳重。

（3）不要佩戴一些代表个人身份或宗教信仰的标记。

（4）推销员最好不要穿流行衣服，不要佩戴过多的饰物。

（5）尽量不戴太阳镜或变色镜，只有让顾客看见推销员的眼睛，才能使他们相信推销员的言行。

（6）外出时，要带一支比较高级的圆珠笔、钢笔和一个精致的笔记本，并携带一个较大的公文包。

（7）可以佩戴代表公司的徽标，或穿上某一种与产品印象相符的衣服，使顾客相信推销员的言行。

（8）尽可能不要脱去上装，以免削弱推销员的权威和尊严。

2.6.2 推销人员的仪容

仪容是指人的容貌。仪容是仪表的重要组成部分，是由发式、面容以及人体所有未被服饰遮掩的肌肤（如手部、颈部）等内容所构成。仪容在人的仪表美中占有举足轻重的地位。面容是人的仪表之首，也是最为动人之处。

由于性别的差异和人们认知角度的不同，使得男女在面容美化的方式方法和具体的要求上均有各自不同的特点。

1. 男士面容的基本要求

男士容貌以"洁"为原则，应养成每天修面剃须的良好习惯，修理胡须，修理鼻毛，清理眼角、耳孔。切忌胡子拉碴去拜访顾客，这是对他人不敬的行为。

2. 女士面容的基本要求

女士容貌以"雅"为原则，淡雅、清新、自然。应注意护肤，可选择适合的化妆品和化妆方法，一般是以淡装为宜，略施粉黛、淡扫娥眉、轻点红唇，恰到好处地强化可以充分展现女性光彩和魅力的面颊、眉眼与唇部。如果妆化得过于浓艳，往往会使人觉得过分招摇和粗俗，在西方，这种妆型的女士还有"应召女郎"之嫌。

推销小链接

化妆的礼节

化妆不仅要讲究一定的技巧，还要注意化妆的礼节。

- 化妆的浓淡应考虑时间、场合。白天，工作妆以淡雅、清新、自然为宜，工作中在脸上涂上厚厚的粉底，嘴唇鲜红耀眼，这是不懂礼仪的表现。浓妆多为参加晚间娱乐活动女士的装扮，在正式场合，女士不化妆会被认为是不礼貌的。
- 在公共场所不能当众化妆或补妆。有些女性，对自己的形象过分在意，不论在什么场合，一有空闲，就会拿出化妆盒对镜修饰一番，一副旁若无人的样子。这是没有教养的行为，既可能有碍于别人，也不尊重自己。若真有必要化妆或补妆，一定要到洗手间去完成，切莫当众表演。
- 女士不要在男士面前化妆。否则，会让男士误解你有意亲近他，或是让男士认为你的美不自然。
- 男士不要过分化妆。在社交场合，男士可适当化妆，但不要过分化妆，否则给人一种“男扮女妆”之感，易招致他人反感，甚至厌恶，产生不良印象。
- 不要非议他人的化妆。不同民族、肤色、个性、文化修养的人，有不同的化妆风格，不要高估自己的化妆技术，非议他人的化妆，尤其是外宾的化妆。

2.6.3 推销人员的言谈举止

仪表与服饰对于给顾客形成第一印象起到了较为重要的作用，但要想别人为你敞开心灵的大门，推销员的言谈举止同样起着决定性的作用。推销的感染力 = 文字内容 ×7% + 声音 ×38% + 形态 ×55%。如果说仪表是取得与顾客交谈的钥匙的话，那么言谈举止是征服顾客心灵并取得其信任的推进器。美丽的外表只能引起顾客的注意、好感，为推销活动打开一个好的开端；要真正赢得顾客的信任，还要靠推销员流畅的语言、优雅的举止、良好的气质与风度。

1. 言谈

产品推销大多数是推销员通过与顾客面对面的交谈来进行的，所以，交谈的艺术与技巧显得尤为重要。推销的核心是说服，语言比仪表、服饰更重要。老练的推销员往往会认真仔细地总结出一套说话的技巧，他们已充分体会到，练就一种随机应变的、清晰而又充满热情的说话方式十分必要。既然语言的作用很大，要求推销员应加强自身的语言训练，提高表达水平，积累交谈技巧，掌握谈话艺术。

推销员与顾客交谈时声音应该温和而友好。一般来说，声音低一些要比大嗓门更显得温和有礼。而且，改变声音并不容易，但放小音量却十分简单。推销员应在语气、语调、语言流畅上多下功夫。想你的声音更有吸引力：不要说话过快或过慢；语气语调不要一成不变；不要过于高声或过于轻柔；说话时情绪饱满也是非常重要的。

具体来说，推销员在交谈中应注意以下问题：

（1）发音准确，注意语音、语调、语速及停顿。

（2）条理清楚，逻辑性强，不能前言不搭后语，自相矛盾；不能讲话没有中心，让顾客莫名其妙。

（3）谈话有理有据，不能强词夺理。

（4）交谈富有热情，充满活力，使人感受亲切，有渴望交流的欲望。

在同顾客交谈时，不能随意讽刺挖苦顾客，攻击竞争者；不要与顾客争辩；不要开粗俗的玩笑，不要故作幽默，使人感觉俗不可耐，而且也容易刺伤顾客的自尊心。

推销小链接

如何赞美别人？

1. 赞美的具体化

空泛化的赞美，虚幻、生硬，使人怀疑动机，而具体化的赞美，则显示真诚，一千遍的“你真漂亮”，不如说“你像张曼玉”，你说她眼睛漂亮，也比说她人漂亮要有效得多。

2. 从否定到肯定的评价

这种用法一般是这样的：“我很少佩服别人，你是个例外。”

3. 见到，听到别人得意的事、物，一定要停下所有的事情，去赞美。

4. 名片问题，名片是一个人成功的写照，有三个方面可以夸：

（1）名片本身，如文化人出生，生僻字要请教。

（2）看单位，行政单位要夸，外企都可以夸，因为每个行业都有自己的特色，都是可以夸的。

（3）看职务，职务越多越要夸，他写那么多就是要你夸的。

5. 适度指出别人的变化

这种意义是你在我心目中很重要，我很在乎你的变化。

6. 与自己做对比

通常情况下，一般人是很难贬低自己的，如果你一旦压低自己同他做比较，那么就会显得格外真诚，这一招特别适合于领导使用，会给属下一种莫大的鼓舞。

7. 逐渐增强的评价

2. 举止

语言只是推销员与顾客交流的方式之一，在具体的推销过程中，推销员大量运用的却是非语言符号，即体语（如面部表情、手势、站姿、坐姿、走姿等）。非语言符号可以表达语言的未达之意，甚至比语言更生动形象，可以更真实地表达人的内心世界。

（1）微笑。

微笑能建立信任。综观历史，在任何时代、任何地区、任何民族中，微笑都是表示友好意愿的信号。推销时的微笑，表明你对顾客交谈抱有积极的期待，蕴含着友善、亲切、礼貌、关怀。

（2）脸部表情、目光。

面部表情要热心、细心、快乐、自信；面部表情不要冷漠、失望、怀疑、愤怒。不要以为自己可以控制面部表情，记住，你的心情即是你的表情！

推销小知识

非语言符号

非语言交往也有自己的符号。1972年美国学者迈克尔·阿盖尔在《人际与社会互动中的非语言交往》一书中，列举了十种主要的非语言交往的传播符号：身体接触、亲近、方位、外表、头部动作、面部表情、手势、站姿、眼睛动作和目光接触。每一种非语言符号中包含着许多动态，如：

- 摇头表示拒绝或不同意；点头表示同意、赞赏。
- 手舞足蹈、开怀大笑表示高兴。
- 双眉上扬，双目大张，是惊奇、惊讶的表现。
- 与人交谈时，一边眉毛抬得比另一边高，表示对他或他说的话持讽刺，或反讥，或鄙夷，或怀疑的态度。
- 双臂平直，颈部和背部保持直线状态，说明他的自尊心强，对生活充满热情和信心。
- 双肩无力下垂，给人一种潦倒、无力、心绪不好或疲倦、忧郁、失望和冷漠的印象。
- 站着时呈“S”形或“C”形，表示他的身体欠佳或内心感到不安。
- 抬起下巴并垂下眼睛，表明你对当时所处的环境或交往的人有一种不屑一顾的态度。
- 低垂下巴两眼向上望，那是一种羞涩的表情。
- 手臂交叉放在胸前，同时双腿交叠，表示不愿意与人接触。
- 不时用手抚摸领口、衣服，表示可能有其他事，想尽早离开推销场合。

……

目光接触，是人世间最能传神的非语言交往。眼神自然地在传递思想，沟通信息。人的目光，有严厉的，也有慈祥的；有凶狠的，也有友善的；有灼人的，也有胆怯的。彼此之间的简单对视，可以是含情脉脉的暗送秋波，也可以是带有威胁和警告的暗示，是想从精神上压倒对方。异性朋友敢于长时间的对视，则意味着彼此感情和关系的升华。在互相不太亲密的交往对象之间，直愣愣地盯着对方，在许多的文化背景中是失礼的行为；而上下打量人更是一种轻蔑和挑衅的表示。

在人们交往与推销活动中，彼此之间的注视还因人的地位和自信而异。推销学家在一次实验中，让两个互不相识的女大学生共同讨论问题，预先对其中一人说，她的交谈对象是个研究生，同时却告知另一个人说，她的交谈对象是个高考多次落第的中学生。观察结果，自以为自己地位高的女学生，在听和说的过程都充满自信地不住地凝视着对方，而自以为地位低的女学生，说话时就很少注视对方。

直视对方，同时避免让对方感到压力时，请用双眼看着对方的任意一只眼；交谈时视线不要离开对方；面对顾客时，避免眼珠不停地转动和不停地急速眨眼。

目光接触的学问不少：互相凝视片刻表示坦诚；互相瞪眼，眈眈而视表示敌意；斜着眼扫一眼表示鄙夷；正视、逼视表示命令；不住上下打量对方表示挑衅；左顾右盼，低眉偷觑表示困窘；行注目礼表示尊重；白对方一眼表示反感；双目大睁或面面相觑表示吃惊；眼睛眨个不停表示疑问；眯着眼看表示高兴，也可表示轻视。在推销过程中，目光与眼神所起的作用是不可低估的。

(3) 手势。

手势是体态行为中最具表现力的身体语言，人们常常在谈话时配以恰当的手势，往往能起到表情达意的良好效果。推销人员在与顾客交往的过程中，可适时运用恰当的手势，配合与顾客说话的内容。在推销交往时，手势动作能起到直接沟通的作用，对方向你伸出手，你也迎上去握住它，这是表示友好与交往诚意；相反，你无动于衷地不伸出手去，或懒懒地稍微伸伸手，顾客感觉不到你的诚意。使用手势时要注意不同背景下手势的不同含意，如"OK"手势，英语语系国家表示同意，但在法国则意味着"零"或"无"，而在日本可以用来表示钱。如"V"手势，手掌向外的"V"手势，代表胜利，而手掌向内的"V"手势，就变成侮辱人、下贱的意思，带有骂人的含意，在英国和澳洲非常普遍，在欧洲许多国家，"V"手势还可以代表数目"二"。

推销小知识

推销员的行为准则

推销员应当自觉遵守一些行为准则，努力克服自己的一些不良习惯。以下准则，可供参考：

(1) 推销员进门前，应先按门铃或轻轻敲门，然后站在离门稍远一点的地方。

(2) 当看见顾客时，应该点头微笑行礼。

(3) 在顾客未坐定之前，推销员不应该先坐下。

(4) 用双手递送或接受名片，然后鞠躬致礼。

(5) 不要随意抚摸或玩弄顾客桌上的物品。

(6) 落座要端正，身体稍微前倾。

(7) 要学会倾听，专注地倾听。

(8) 举止得体，彬彬有礼。

(9) 站立时上身稳定，双手安放两侧，不要背手。

(10) 当顾客起身或离席时，应同时起立示意。

(11) 回答时，以"是"为先。

(12) 当与顾客告辞时，应向对方表示谢意。

(4) 坐、立、行。

俗话说："站有站相，坐有坐相"，"站如松，坐如钟，行如风"。站立时，脊背挺直，抬头挺胸收腹，一只手放于另一只手上方，自然下垂置于身前，女性两腿绷直，脚跟并拢，前脚掌分开成30°，呈"V"字形；男性双脚可微微叉开，最多可与肩同宽；目光平视，充满信心，心情乐观愉快。叉腰、抱胸，背靠他物，双脚交叉是不文雅的表现，应该避免。行走时，目视前方，身体保持平衡，行走幅度不可过大，脚步轻、稳，不边走边大声喧哗，以直线方式行走，避免并排行走，不要勾肩搭背。坐姿要自然抬头挺胸端坐，与顾客交谈时，上身微向前倾，用柔和的眼光注视对方；在面对顾客操作电脑处理业务时，应微侧坐，脸和身体朝向电脑与顾客的中间方向，眼神兼顾顾客；双手不可支于桌上，任何时候都不可仰靠椅背而坐或伸直双脚；禁止趴在工作台上休息。

(5) 握手。

握手可以说是你与顾客之间的第一个，也可能是最后一个或唯一的身体接触，你的握手应向对方表达出你的热情、关切、力量和坚定。握手时，两手掌垂直，距受礼者一步，上身前倾，两足立正，伸出右手；四指并拢，拇指张开；与对方相握，用力适度；上下摇动两三下，礼毕即松开。握手的先后次序是：主人、年长者、职务和身份高者、女士先伸手，客人、年轻者、职务和身份低者、男士见面先问候，待对方伸手再握。握手的禁忌：握手时不争先恐后，应依次而行；右手握手时，左手不要插入衣袋里；握手时不要东张西望、长篇大论和点头哈腰过分热情；握手时不要将对方的手拉过来、甩过去或抖动不停；握手时不要太用力，时间不宜太长，也不要太短。

（6）递送或接受名片。

名片是现代人际交往中的重要工具，在各种社交活动中被普遍使用。初次相识并希望继续联系的顾客，可在一见面时递上自己的名片，也可在告别时将名片交给对方，使对方知晓自己的基本情况，加深对方的印象，有利于再次联系。递送名片的正确方法是：手指并拢，将名片放在掌上，用大拇指夹住名片左右两端，恭敬地送到对方胸前；或食指弯曲与大拇指夹住名片左右两端奉上，名片上名字反向对着自己，方便顾客接过名片就可以阅读。在接受对方的名片时，应双手去接，接过对方的名片后，一定要专心地看一遍，读一遍，并把顾客的名字和职务记下来，以示对顾客的尊重。切不可漫不经心地往口袋一塞了事。

本章小结

推销工作是既崇高又非常艰苦的职业。

要成为一名优秀的推销员，必须具备一定的素质。推销员素质，是指推销员胜任推销工作的综合能力，它包括推销员应具备的思想素质、文化素质、身体素质、心理素质等方面。

要成为一名优秀的推销员，还必须具备一定的能力，如良好的语言表达能力，敏锐的观察能力，灵活的应变能力，较强的社交能力，以适应不同的顾客。

要成为一名优秀的推销员，具有正确的推销心态非常重要。推销员的心态是指推销人员在向顾客推销产品时的心理状况与态度。通过推销方格分析推销员对自己推销业务及对顾客的态度，通过顾客方格分析顾客对购买业务和对推销员的态度，并研究它们之间的关系。

推销员的职责主要是：销售产品，开拓市场；市场调查，反馈信息；跟踪顾客，提供服务；宣传企业，树立形象。

推销员是企业的外交官，也代表着企业的形象，应注重自身的仪表、仪容、仪态。推销员的服饰、化妆、手势、坐姿、站姿、走姿等基本礼节，有利于推销员在顾客心目中留下美好的印象，增强推销的效果。

重要概念

推销员素质　能力　气质　推销方格理论　顾客方格理论　推销员心态　仪表　仪容　仪态

复习思考题

1. 推销人员应具备哪些素质？你认为应该如何培养这些素质？

2. 推销人员应具备哪些能力？除了书上介绍的外，你认为还应该具备哪些能力？并用实例讲述你的理由。

3. 推销方格理论与顾客方格理论的着眼点有什么不同？如何把它们有效地协调起来？

4. 什么是推销心态？它是如何形成的？对推销员的心态有什么要求？

5. 你认为推销人员应具有怎样的推销礼仪？推销人员的服饰标准有哪些？

6. 一个推销人员应该知道的最重要的公司政策是什么？这些公司政策对推销有什么帮助？
7. 对零售商来说，产品知识重要吗？解释你的答案。

角色扮演

最强赞美者

这次角色扮演是两个同学为一组，相互赞美对方的优点和长处，包括长相、穿着、学习、家庭、能力各方面，但不能夸大；一个人赞美对方一次，无限循环；每个人赞美的内容不能相同；中间停顿时间不能超过10秒；坚持到最后一个说出赞美词的就是胜利者。胜者之间又可以进行比赛，规则相同，最终的胜利者就是最强赞美者。

延伸阅读

1. Rob Tanner, Tanya Chartrand. The convincing chameleon: the impact of mimicry on persuasion. JCR, 2008.

当消费者在对产品进行评价时，如果有人对其进行语言或身体动作上的模仿，他会提高对产品的评价。

2. Darach Turley, Susi Geiger. Exploring salesperson learning in the client relationship nexus. European of Journal Marketing, 2006.

采用扎根理论、通过对36个B2B的销售人员的访谈，来探索推销员在顾客关系中的学习过程。结果发现，推销员学习的前因变量是一些个体因素，例如，对环境变化的开放性、情境性学习机制，而通过学习所获得的行为结果是：学会对知识转换的个人方法以及学会对学习者以及顾客关系的转换。

资料来源：http://dx.doi.org/10.1108/03090560610657886.

课堂自测题

1. 推销员除了推销产品，更重要的是（　　）。
A. 推销企业　B. 推销自己　C. 推销服务　D. 推销体验
2. 推销员的思想素质不包括（　　）。
A. 热爱推销工作　B. 高度的工作责任感
C. 百折不挠的追踪精神　D. 任劳任怨的精神
3. 下列选项中不属于推销员心理素质的是（　　）。
A. 坚强的意志　B. 良好的气质　C. 豁达的性格　D. 吃苦的精神
4. 推销人员应该具备的企业知识（　　）。
A. 企业的未来发展愿景　B. 企业具体的盈利总额
C. 企业的人数　D. 企业领导的家属关系
5. 下列选项中属于推销员必须知道的产品知识是（　　）。
A. 产品的物理属性、生产流程、功能
B. 产品的生产原料、生产流程、功能
C. 产品的生产原料、功能、附加价值

D. 产品的物理属性、功能、附加价值

6. 下列选项中不属于产品物理属性的是（　　）。

A. 产品的大小　　B. 产品的式样　　C. 产品的颜色　　D. 产品的寿命

7. 下列选项中不属于推销员必须具备的能力是（　　）。

A. 良好的语言表达能力　　B. 敏锐的观察能力

C. 较高的领悟能力　　D. 较强的社交能力

8. 在推销方格中，以下对销售技术导向型描述不正确的是（　　）。

A. 推销员既关心销售业绩，又关心与顾客的人际关系

B. 推销员工作踏实，对推销环境心中有数

C. 推销员采取一种折衷的态度

D. 满足顾客需要是他们的中心

9. 在顾客方格中，对干练型描述不正确的是（　　）。

A. 对推销员和自己的购买活动都有一定的关注

B. 极关注与推销员建立良好的人际关系

C. 喜欢倾听推销员的建议和意见，但不会盲目轻信

D. 在很大程度上受时尚、流行趋势的影响

10. 下列选项中，不属于推销员在交谈的过程应该做到的是（　　）。

A. 发音准确，注意语音、语调、语速与停顿

B. 条理清楚、逻辑性强

C. 谈话要据理力争

D. 交谈富有热情、充满活力

课堂自测题答案

案例分析

广州牙膏厂推销员的选拔

广州牙膏厂销售科负责该厂产品在全国各地区的促销工作，为了提高销售，销售科与厂部订立了承包合同，厂部依据销售额和销售货款回收率这两大指标的完成状况对销售科进行考核，相应地，销售科也以这两个指标为主来考核销售员的工作实绩。

随着产品的销售量的不断增加和营销策略的不断深化，销售科感到人手紧缺，急需充实销售员队伍。为此，该厂经过本人申请和文化考试，录用了赵明、钱达、孙青和李强 4 人到销售科实习试用。目前，他们的实习期将满，销售科长老萧正考虑从他们中选拔合适人员作为正式销售员，从事牙膏产品的销售工作。根据平时对他们的观察和厂领导、销售科同志及用户对他们的评价，对上述 4 位同志的个人素质和工作状况进行了初步的总结，以作为选拔销售员的依据。

1. 个人素质方面

赵明，今年刚满 20 岁，高中毕业，精力旺盛，工作肯吃苦。但平时大大咧咧，做事粗心大意，说话总是带有一股“火药味”。

钱达，是为了照顾夫妻两地分居而从外地调进厂里的，今年 34 岁。他为人热情，善于交往，本人强烈要求做销售工作。

孙青，是市轻工电视大学经济管理专业毕业生，今年25岁。她工作认真，稳重文静，平时少言寡语，特别是在生人面前，话就更少了。

李强，今年29岁，大学公共关系专业学生，他为人热情，善于交际，头脑灵活，但对销售工作缺乏经验。

2. 工作实绩方面

赵明，工作很主动大胆，能打开局面，但好几次将用户订购的牙膏规格搞错，用户要大号的，他往往发给小号的，尽管科长曾多次向其指出，他仍然时常出错，用户有意见找他，他还冲人家发火。

钱达，工作效率很高，经常超额完成自己的推销任务，并在推销过程中与用户建立了熟悉的关系。但他常常利用工作关系办私事，如要求用户帮助自己购买物品等。而且，他平时工作纪律性较差，上班晚来早走，并经常在上班时间回家做饭，销售科的同事们对此颇有微词，他曾找领导说情，希望能留在销售科工作。

孙青，负责广东省内的产品推销工作，她师傅曾带她接触过所有的主要用户，并与用户建立了一定的联系，但她自己很少主动独立地联系业务，有一次，她师傅不在，恰巧有个用户要增加订货量，她因师傅没有交代而拒绝了这一笔业务。

李强，负责河北省的产品推销工作，他经常超额完成推销任务，并在推销过程中注意向用户介绍产品的性能、特色，而且十分重视售后服务工作。有一次，一个用户来信提出产品有质量问题，他专程登门调换了产品，用户为此非常感动。尽管如此，但他却时常难以完成货款回收率指标，致使有些货款一时收不回来，影响了企业经济效益指标的实现。

老萧必须在月底以前做出决定，哪些人将留在销售科成为厂里正式销售员，哪些拒收。

思考讨论题

如果你是销售科长，根据4人的个人素质和工作实绩你将怎样决定他们的去留？

第3章

推销的基本理论

"科学给人以确实性，也给人以力量。只依靠实践而不依靠科学的人，就像行船人不用舵与罗盘一样。"

——W·C. 丹皮尔

学习目标

◇了解推销理论在实际工作中的重要性
◇了解各推销理论的不同特点和实际操作过程
◇灵活运用各推销理论

引　例

避免自我挫败的思维方式

"你必须相信!"这句话是我们常常听到的一句推销名言。"如果你想在推销行业取得成功，你必须相信，你的产品是最好的，你的公司是最好的，你也是最好的!"这一陈述是典型的有关销售的传统观念，是多年来典型销售广告语的老调重弹。这是一种刻意诱导，确实听着也入耳。但是我不同意这种思维。这不是给自己增加力量，而是一种自我挫败，弄不好会使你脸面扫地的思维方式。

仔细玩味一下上述说词。如属言之不谬，那么只要你接洽的潜在顾客是符合条件的，应当每次都能成交，否则就是哪里出了问题。如果你确实相信你的产品是最好的，你的公司是最好的，你的推销是最好的，你也是最好的，那么，你没有谈成交易，责任在谁呢？显而易见的答案是：你的产品，或是你的公司，或是你的推销，或是你本人出了问题！这样的思维方式无异于自我挫败，它会引起别人的疑虑，导致生意失败。

如果你为了获得成功，一味地凭借"最佳"这个法宝，那你是走进了死胡同。事实上，最佳产品也好，最佳公司也好，最佳推销员也好，不管这"最佳"两字是什么含意，真正的"最佳"只有一个，那就是"不存在最佳"。因为质量的概念在顾客心目中自有界定，且其优劣处于不断变化之中，故而将你的个人信念系统、你的自我评估凌驾于顾客的感觉之上肯定是一种自我挫败式的思维方式。毕竟还有许多不可驾驭的因素存在着。

资料来源：Mike Stewart. 你想谈成更多买卖吗［M］. 袁履庄，译. 上海：上海人民出版社，2001.

由于心理学知识的引进，推销技术发生了重大的变化。过去经验丰富的有能力的推销员提高销售成绩的原因之一是掌握了一种推销"技巧"，而这个技巧是通过"感觉"体会到的。现在推销员提高销售成绩的另一个原因，是他能客观地掌握顾客心理法则，并成功地利用它。“技巧”是被主观的秘传的面纱包着的，后来者只能通过个人的经验才能体会。但是心理学的导入使销售技巧发生了变化，使其由靠“感觉”销售转向靠“科学”销售的方向发展。同时，销售技巧不再是主观的，而是具有客观性；秘传不再是个人的传授，而是能够学习的科学和技巧。经验也不再是个人的反复体会，而是能够在课堂上集体学习的知识。

销售模式，就是这样一种根据销售活动的特点以及顾客购买活动在各阶段的心理演变而归纳出来的一套程序化的标准销售形式。它是经验和科学相结合的产物。

现在很多企业用它来指导和培训销售员从事销售活动。在销售实践中，由于推销活动的复杂性、市场环境的不确定性，推销人员不应该局限于这种程序化的模式，而应从掌握销售活动的规律入手，灵活地运用销售模式。只有这样才能起到提高销售效率的作用。销售模式很多，这里介绍四种有影响的模式。

3.1 爱达（AIDA）模式

AIDA 是由 E. K. Strong 等人在 1930 年提出的推销理论模式。推销人员在进行推销时，第一步是从引起顾客注意（attention）开始的，第二步是使顾客对产品产生兴趣（interest），第三步是使顾客产生购买欲望（desire），最后是促使顾客采取购买行动（action）。也就是注意→兴趣→欲望→行动的推销过程。AIDA 是取自这四个阶段的英文首字母而组成的新单词。下面具体分析这四个阶段的特点。

1. 引起注意

在推销活动中，引起潜在顾客的注意被认为是最困难的工作。注意是人们心理活动对一定客体的指向和集中，以保证对客观事物获得清晰的反映。在零售销售活动中，合理的、有创意的店内陈设，或者是新颖的广告都容易引起顾客注意；工业品推销中引起顾客注意的是销售人员的动人言词、虔诚的态度以及商品的特征。

在推销活动中，要使顾客对推销产生注意，必须营造相关的推销环境，使顾客处于推销活动的中心位置，并在突出顾客地位的同时宣传推销品，只有这样才能有效地使顾客的注意力集中到活动中来。

引起顾客注意的开场白最重要，正如推销名言集里所说的“最初的 10 句话，比以后的 10 万句话更重要”。因此，引起顾客注意的开场白虽然非常困难，但是非常重要。

推销小知识

引起消费者注意的五种方法

（1）仪表形象吸引法，推销员高大、匀称的身材，以及衣着得体都是引起客户注意的重要因素。推销员应讲究商务礼仪，穿西装或公司制服以体现人格修养和企业形象。服饰以整洁、合身、精神为原则；表情应坦诚温和，眼神充满信心与神采。

（2）语言口才吸引法，这是推销员使用的最基本的方法。通常顾客在听第一句话的时候注意力往往最为集中，然后决定尽快谈下去还是把推销员打发走。推销员可以通过出奇语、谈奇事、提需要和讲利益来展开话题。

(3) 动作吸引法，推销员的动作潇洒利落，语言彬彬有礼，举手投足得体，气质风度俱佳，都可以给顾客视觉上形成良好的第一印象，从而引起顾客的注意。

(4) 产品吸引法，利用产品本身的新颖、美观、艺术化的包装所具有的魅力吸引消费者的注意力，或利用产品的特殊功能吸引消费者。

(5) 售点广告吸引法，如果在商店柜台推销，应借助售点广告，营造购物现场氛围，展示商品形象，引起消费者注意和兴趣。

2．诱导兴趣

顾客兴趣是指一个人对一定事物所抱有的积极态度。从推销角度看，兴趣就是顾客对推销商品或购买抱有的积极态度。让顾客感兴趣的关键是要事先调查和了解顾客的问题和要求，进行适合顾客要求的对话。为了引起顾客的兴趣，在这个阶段常常用一些能够提高视觉效果的销售辅助用具，例如，提供产品目录、推销资料、样品或模型，现在可以利用网络手段传送信息等。

诱导顾客购买的兴趣首先要让顾客看到购买所能带来的利益。推销人员要利用各种方法向顾客证实推销品的优越性，以此引导他们的购买兴趣。一般来说，诱导顾客兴趣的最基本的方法是示范和表演。如运用动作、色彩、声音等表演形式来展示推销品，以增强示范的效果。推销表演要注意有计划，同时要给人以新颖感。

例如，我们常常可以在街头或者百货店看到一些表演性的促销活动，特别是一些刀具、家用小电器等的销售最常用到这些表演性的促销活动。

3．激发欲望

购买欲望是指顾客想通过购买某种商品或服务给自己带来某种特定的需求和满足。一般来说，顾客对推销产品发生兴趣后就会权衡买与不买的利益得失，对是否购买处于犹豫之中。为了提高感兴趣的潜在顾客的购买欲望，必须说服顾客，本产品将如何能满足他。

推销人员应该向顾客解释他们对商品的疑问，利用资料引证和举例来说明本公司产品对顾客有利以及比其他公司优越的特点，积极地与顾客进行交流。使顾客相信推销人员和推销品，不断激发和强化顾客的购买欲望。顾客的购买欲望与需要有着紧密的联系，因此，激发欲望的方法也因人而异。但有两个基本原则，一是向顾客介绍情况，以刺激他的购买欲望；二是提出一些有吸引力的建议，并进行充分的说明来激发购买欲望。

例如，一对夫妇很想购买一台自动真空吸尘器，同时又犹豫不决，因为购买一台吸尘器需要花费1 000多元。不过，只要推销员摆事实，说明购买吸尘器以后，可以更好地保护地毯、家具，讲一讲其他人如何把节省下来的时间用来休息、娱乐或同孩子相处，或者指出那台真空吸尘器的使用寿命可达10年之久，每年分摊的成本只有100多元，这样就非常有可能达成交易了。

4．促成购买

所谓促成购买，是指当顾客对推销产品感兴趣，并产生某种欲望时，推销人员运用一定的技巧来敦促顾客采取购买行动。顾客的心理是拉锯战。尽管顾客对推销产品产生了兴趣，并有意购买，也会处于犹豫的状态。这时，推销人员可以开始写采购单，或者问“什么时候送货比较合适”等，尽量避开直接的是或否的对话。应该注意成交信号，掌握有利时机，运用一定的成交技巧来施加影响，以促成顾客尽快做出购买决策，而不是任其发展。

3.2 迪伯达（DIPADA）模式

迪伯达模式是由推销专家海因兹·姆·戈德曼根据自身推销经验总结出来的一种推销模式。与传统的爱达模式相比，迪伯达模式被认为是一种创造性的推销方法，是现代推销学在推销实践活动中的突破与发展，被誉为现代推销法则。迪伯达是由六个英文单词的第一个字母组合成的一个词的译音，六个单词表达了迪伯达模式的六个推销步骤：第一步 definition，即准确地发现顾客有哪些需要与愿望。第二步 identification，意为把所推销的产品与顾客的需要及愿望结合起来。第三步 proof，意为证实所推销的产品符合顾客的需要与愿望，即证实所推销的产品正是顾客所需要的。第四步 acceptance，意为证实所推销的产品符合顾客的需要与愿望，即证实所推销的产品正是顾客所需要的。第五步 desire，即刺激顾客的购买欲望。第六步 action，即促使顾客做出购买或成交的决定。

从这六个步骤中我们可以看出，迪伯达模式的特点是紧紧抓住顾客的需要这个关键性的环节，使推销工作更能有的放矢，因而具有较强的针对性。和爱达模式不同，迪伯达适用于：生产资料市场产品的推销；对老顾客及熟悉顾客的推销；对无形产品的推销及开展无形交易，如保险、技术服务、咨询服务、信息情报、劳务市场等；顾客属于有组织的购买者，即单位购买者。

1. 准确发现顾客的需求和愿望

优秀的推销人员首先要把重点放在了解顾客的需求与愿望上，而不是急于宣传所要推销的产品。只有准确发现顾客的需求与愿望，才能以此作为说服的要点，唤起顾客的需求。因此，准确发现顾客的需求和愿望是有效说服顾客的基础，是提高推销效率的根本办法。可以通过市场调查预测、市场咨询、资料查找法、社交、向同行了解、个人经验观察、请教提问、推销面谈和引导需求等方式来发现和准确确定顾客的需求。

推销小知识

挖掘客户需求的“望、闻、问、切”

1. 望：观察客户的环境、行为等所隐藏的信息。

敏锐的观察能力是市场营销人员必须具备的特质之一，也是挖掘客户需求的基本前提。

2. 闻：有效倾听是准确把握客户需求的有力保障。有效倾听的四个步骤是：

（1）准备倾听。

（2）发出准备倾听的信号。

（3）在倾听过程中采用积极的行动。

（4）准确、完整地把握全部信息。

3. 问：与单纯的陈述相比，提问能令销售取得更快的进展，因为提问可以创建双向的对话。

正确的提问是挖掘客户需求的核心部分，在提问的时候，要快速反应，及时总结。提问时应该注意的问题是：

（1）提问要明确、具体，少问客户无法回答的问题。

（2）注意找正确的人问合适的问题。

（3）注意多给客户一点时间。

（4）客户有不同的需求和关注点，切忌“想当然”。

4. 切：为客户量身订做方案是挖掘客户需求的最终目标。包括分别从维护老客户和寻找新客户两个方面来制作具体的产品方案（把握需求，对症下药）。

2. 把顾客的需求与推销的产品结合起来

在了解顾客的需求和愿望的基础上，有的放矢地介绍所推销的产品，充分展示产品的功能、优点和特点，把顾客的需求和愿望与所推销的产品结合起来。

这种结合实质上就是一个由探讨需求的过程向开展实质性推销过程的转折，转折得是否自然、顺利，将直接影响进一步的推销。结合的步骤应分为三个阶段。第一阶段，简单地总结顾客的主要需求及有关需求，并提示和征求顾客的同意与确认；第二阶段，简要地介绍推销产品，只要把产品的主要优点、性能及作用做简单扼要、准确明了的介绍即可；第三阶段，把产品与顾客的需求结合起来，这是迪伯达模式的关键，也是推销工作的实质性的开始。

推销人员必须针对所推销的具体产品及顾客的具体需求，采取不同的结合方式和不同的结合语言。

3. 证实所推销的产品符合顾客需求

证实所推销的产品符合顾客需求可以理解为向顾客证明其购买选择是正确的，推销人员的介绍是真实的，所推销的产品是符合顾客需求的。在此步骤中，最重要的就是收集和应用证据，如人证、物证或例证。通过证实，目的是使顾客产生购买推销品的欲望。

4. 促使顾客接受所推销的产品

经过前三个步骤之后，顾客已经明确了需求，也知道所推销的产品能为己用，而且也为自己的购买行为找到了充足的理由，但离顾客实际购买与否，尚有一条不可忽视的沟壑存在，这就要求推销员要抓紧时间，不能有任何松懈，应积极地促进顾客对产品的接受。

推销人员通过对推销品的介绍和进行同类产品的比较分析，让顾客承认产品符合顾客的需要与需求，促使顾客接受推销品。可以通过提问、总结、示范检查、试用、诱导、等待接受等方式来促使顾客接受。

5. 刺激顾客的购买欲望

当顾客接受了推销品后，推销人员应及时激发顾客的购买欲望，利用各种诱因和外界刺激使顾客对推销品产生强烈的满足个人需要的愿望和情感，为顾客的购买行动打下基础。这一步骤与爱达模式的“激发欲望”相同。

6. 促使顾客采取购买行动

推销人员在前面工作的基础上，不失时机地巧妙劝说顾客做出购买决定，圆满地结束推销。这一步骤与爱达模式的“促成购买”相同。

3.3　顾问式销售（SPIN）模式

顾问式销售模式是建立在SPIN技术基础上的一种实战销售技术，而SPIN销售技术理论源于全球销售研究领域的泰斗——美国心理学家尼尔·雷克汉姆在20世纪80年代编写的《SPIN销售》，书中涉及了24个不同的产业，共计3.5万个销售拜访的实地观察与分析，创立了这个在世界销售史上具有里程碑意义的现代营销模式。SPIN 其实就是 Situation（情景）、Problem（探究）、Implication（暗示）、Need - payoff（解决）四个英语词组的首位字母合成词，代表了四种提问的组合。

（1）有关现状的提问：了解客户目前的现状。例如：您从事销售工作已经有几年时间了，那您对从事销售工作有什么评价？

（2）有关问题的提问：针对目前的现状找出客户最关心的问题。例如：在这两年中，你感觉销售过程中遇到的问题是什么？这些问题有什么具体表现？

（3）有关影响的提问：根据客户关心的问题挖掘最大的痛苦。例如：如果这些问题不解决，会有什么影响吗？

（4）有关需求与回报的提问：针对最大的痛苦给予快乐的决策。例如：解决了这些问题，会给您带来什么样的好处呢？这些好处进一步延伸，对您的工艺又有什么帮助呢？

而关于顾问式销售的定义，一般是指销售人员对自身的产品了如指掌，能以产品专家的身份为客户介绍产品，运用综合能力、创造能力、实践能力、分析能力、说服能力完成客户的需求，并对客户的未来需求有良好的预见性，能对客户的需求提出合理化建议的销售方法。

在产品销售过程中，顾问式销售要求销售人员必须站在客户的角度，以为客户创造利益为出发点，扮演客户顾问的角色，充分挖掘客户的显性需求和隐性需求，为客户提供最适合的产品配置与最好的解决方案，在满足客户需求的同时，实现客户购买的目标，也获得自身的商业利益。

顾问式销售模式运作的基本流程内容依次为：明确自身的资源配置情况，确立客户的正常需求和挖掘客户的潜在需求，向客户展示解决正常需求和潜在需求的能力和方案，按需求情况结合资源情况进行方案的实施，实施过程中进行不断的完善，售后进行优质服务。运用 SPIN 销售技术主要分为四个阶段。

1. 建立信任

销售人员只有在与客户建立了信息关系的基础上，才能了解客户的真正需求。信任来源于信心，信心来源于了解，了解来源于接触，接触来源于感觉，感觉来源于参与。客户关系发展也有一定的阶段性，只有把握好客户关系的发展阶段，判断自己与客户关系发展到哪个阶段，有针对性地找到有效的方法推进客户关系，才能与客户之间建立长久有效的信任。

与客户建立信任主要经过认识、约会、信赖和同盟四个阶段。认识是客户关系发展的第一阶段，给客户留下良好的第一印象是客户关系后续发展的基石。与客户认识后，能否邀请客户离开办公室参加其他活动是判断客户关系是否到达第二阶段的标准。成功与客户约会后，信赖是客户关系发展的第三阶段，该阶段的标志性行为是销售人员与客户建立起相互依赖的关系，可以与客户进行一些私密性的活动，如体育运动、家庭活动等。与客户建立同盟关系是客户关系发展的第四个阶段，该阶段销售人员应该有能力调动客户，以完成自己的销售目标，使客户关系发挥最大的效果。

2. 发掘需求

需求的本质是客户的期望与现状之间的差距，发掘需求就是了解和发掘客户的现状与他所期望达到的目标两者之间的差距，这个差距就是客户的购买需求。发掘客户需求的有效方法有很多，常用的发掘客户需求的方法有以下几种。

（1）识破客户真正的想法。

客户有自己的立场和看法，一般不会把自己真正的想法告诉销售人员，所以销售人员必须找到好的方法从客户的语言、举止、态度中识破客户内心真实的想法。

（2）利用客户的投诉。

如果企业能善待客户的投诉，就能借此了解和发现自己产品和服务中的缺陷，找到问题的关键，并有针对性地对原有的产品进行改造。

（3）观察客户的习惯。

客户的习惯反映了客户持续需求所在，经常观察客户的消费习惯，有助于销售地点的选择、包装的改善以及销售方式的确定等。

3．有效推荐

一般如果销售人员主动推荐，人们都有一种本能的排斥感，所以如何做好有效的推荐至关重要。要想进行有效的推荐一定要对客户的购买心理进行有效的把握。客户购买行为主要有注视、兴趣、联想、欲望、比较和决定六个阶段，在不同的购买阶段对用户购买心理进行分析，准确把握客户的购买心理，才能对客户进行有效的推荐。

4．巩固信心

巩固信心是客户在购买过程中希望得到认同和确认，希望通过别人给自己增加一份购买的动力。在进行顾问式销售过程中，要注意巩固客户的购买行为，增强其购买信心。

3.4　费比（FABE）模式

费比（FABE）模式是指通过介绍和比较产品的特征、优点，陈述产品给顾客带来的利益，提供令顾客信服的证据，达到销售目标的推销过程。FABE 分别是由英文 feature、advantage、benefit、evidence 的第一个字母组成的合成词。他是由台湾学者郭昆漠博士提出的销售模式。

1．把产品的特征详细地介绍给顾客

企业的产品都有着各自不同的特征。这些特征包括产品的功能、技术特征、结构、材料、外观形状、包装等不同的方面。推销人员应善于观察、发现和总结这些特征，在见到顾客后，再以准确的语言向顾客介绍产品特征。推销人员还可以把这些产品的特征事先打印成广告式的宣传材料与卡片，以便在向顾客介绍时将材料或卡片交给顾客，这样做不但清晰明了，还能节省时间。

2．把产品的优点介绍给顾客

每种产品都有其优点，费比模式的第二步是推销人员要找出由产品特征所带来的优点，并把这些优点详细介绍给顾客。描述产品的优点有助于增加达成交易的机会。通常这种优点是与其他同类产品相比较而得出来的，如果是新产品，还可以与老产品进行对比。当面对的是具备所推销产品的生产知识的顾客时，则应以专业术语进行介绍，并力求用词精确、简练。

3．把推销产品的利益介绍给顾客

顾客感兴趣的不只是产品的特征和优点，他们关心的是产品能给自己带来的利益或好处。推销人员应在了解顾客需求的基础上，把产品能给顾客带来的利益尽量多地列举给顾客。产品利益是由产品的优点产生而来的，是能够满足顾客需求的特定优势。推销人员不仅要介绍产品外表的、实体上的利益，更要介绍产品给顾客带来的内在的、实质上的利益，包括经济利益、社会利益，也包括工作利益和社交利益等。

4. 利用证据说服顾客

推销人员在推销介绍过程中能否使顾客相信自己的话，尤其是对产品给顾客能带来的利益或好处的相信与否，还依赖于推销人员说话的证据。因此，在费比模式的最后一步，推销人员在推销中要以真实的数字、案例、实物等证据，处理顾客的各种异议和顾虑，促使顾客购买。

例如，某化肥原料供应公司向化肥厂推销煤，推销员说："我们供应的是山西省的一级煤，炭块率在85%以上（特征），这种煤发热点大，烟灰少，含硫量低于0.5%（优点），生产化肥上气快，产量高（利益），经××厂使用，获得一致好评。今年，又有××厂向我们订了货（证据）。"

推销小知识

应用费比模式的注意要点：

（1）事先准备好各种推销常用语；

（2）拟好对产品效用价值介绍的用语；

（3）拟好刺激顾客购买欲望的用语；

（4）拟好说明企业文化、营销主旨的用语。

费比模式的常用推销句式：

"这种产品具备什么特点，意味着有什么样的优势，将给您带来的真正利益是什么，证据是什么。"

本章小结

推销能否达成交易，核心问题是顾客需求。随着人们生活水平的不断提高，顾客的需求结构也在不断的变化，人们的消费不再是大众消费，而是个性化的消费，因此，给我们的推销活动带来了一定的难度，适应各种消费活动的推销模式也应运而生。本章中介绍的四个推销模式，即爱达（AIDA）模式、迪伯达（DIPADA）模式、顾问式销售（SPIN）模式、费比（FABE）模式，分别从不同的角度、以符合客户需求的原则、根据推销活动的特点以及顾客购买活动在各阶段的心理变化，总结出了这些销售模式，AIDA模式是站在推销的角度，DIPADA模式是以推销过程为中心的，SPIN模式是以为顾客创造利益为出发点的，FABE模式是以产品为中心分别进行销售活动的。这些模式在销售活动中虽然不能生搬硬套，但是可以起到一定的启发作用。

重要概念

AIDA模式　DIPADA模式　SPIN模式　FABE模式

复习思考题

1. 试述AIDA模式的要点。
2. SPIN模式将推销过程分为哪几个步骤？
3. FABE模式的具体推销步骤和主要特点有哪些？

延伸阅读

1. 李飞，贾思雪，刘茜，等. 米卜关系促销理论：一家中国百货店的案例研究. 管理世界，2011.

在验证了关系促销效果模型和关系促销管理模型的基础上，针对这一尚未被理论化的现象，建立了关系促销理论的综合模型，首次提出了关系促销的理论，它与传统促销的最大不同在于关注相关利益者的利益和关系，同时成为长期性促进销售的工具。

2. 庄贵军. 灰色营销的道德评价：调查与检验. 南开管理评论，2004.

本文建立了灰色营销模型，结果显示对灰色营销行为的不道德性评价、同情和会被惩罚的信念等在一定程度上影响着人们的灰色营销行为倾向，这暗示着组织与制度因素（购销制度）对灰色营销行为倾向的影响要大于个人的道德因素。

课堂自测题

1. 爱达（AIDA）模式的四个阶段为（　　）。
A. 引起注意、诱导兴趣、激发欲望、促成购买
B. 引起注意、刺激需求、激发欲望、促成购买
C. 引起注意、刺激需求、约定谈判、促成购买
D. 引起注意、诱导兴趣、约定谈判、促成购买

2. 爱达（AIDA）模式的提出者是（　　）。
A. 海因兹·姆·戈德曼　　B. E. K. Strong 等人
C. 郭昆漠博士　　D. 大卫·奥格威

3. 被誉为现代推销法则的模式是（　　）。
A. 爱达（AIDA）模式　　B. 迪伯达（DIPADA）模式
C. 爱得帕（IDEPA）模式　　D. 费比（FABE）模式

4. 迪伯达模式的特点是（　　）。
A. 充分了解顾客的需求　　B. 全力满足顾客的需求
C. 紧紧抓住顾客的需求　　D. 极力促成交易

5. 迪伯达模式的关键是（　　）。
A. 简单地总结顾客的主要需求及有关需求，并提示和征求顾客的同意和确认
B. 简单地介绍推销产品，包括主要优点、性能和作用
C. 把产品与顾客的需求结合起来
D. 证实所推销的产品符合客户的需求

6. 下列关于顾问式销售（SPIN）模式说法正确的是（　　）。
A. 顾问式销售要求销售人员必须站在客户的角度，以为客户创造利益为出发点
B. 顾问式销售只要求充分挖掘客户的显性需求
C. 顾问式销售强调获得自身的商业利益
D. 顾问式销售无法很好地预见客户的未来需求

7. 下列哪一项不属于顾问式销售模式的四个阶段之一（　　）。
A. 建立信任　　B. 发掘需求　　C. 有效推荐　　D. 促成交易

8. 下列选项中，不属于与客户建立信任的四个阶段的是（　　）。

A. 认识　　B. 约会　　C. 成交　　D. 同盟

9. 下列选项中不属于费比（FABE）模式推销过程的是（　　）。

A. 把产品的特征详细地介绍给顾客　　B. 把产品的优点介绍给顾客

C. 向顾客进行演示说明　　D. 把推销产品的利益介绍给顾客

10. 费比模式的最后一步是（　　）。

A. 证实顾客的选择是对的

B. 利用证据说服顾客

C. 促成购买

D. 促使顾客接受或接收产品

课堂自测题答案

案例分析

解除戒心的秘诀是留有余地

推销的最大障碍是顾客对推销员存有戒心。存有戒心是由于不知心，不管你讲这个讲那个，对方就是听不进去，看样子像是在听，实际上，顾客的思想早已开了小差。所以，最佳推销员的共同特点，是在初次访问时努力“消除对方的戒心”。

织田信长是因为“本能寺事件”而牺牲的。事件了结的那天，有一个人马上对丰臣秀吉说：“主公，您终于得到坐天下的机会了，请多多保重。”

这个人就是丰臣秀吉的智囊——黑田官兵卫孝高。用现代语言来说，属于参谋总长级别的军事战略家。秀吉听了官兵卫的话以后，就认为这个人靠不住，开始对他怀有戒心。

从那时起，又过了一段时间，某日，秀吉在与武将们闲谈时说：“我死了以后，就是官兵卫的天下了。”官兵卫听到了这个消息，感到大难即将临头，于是就皈依佛门，改名为黑田如水了。

官兵卫就是犯了不留余地的错误。由于他领会到的事物击中了对方的要害，使秀吉感到他是一个“非常可怕的人物”，所以，处处对他存有强烈的戒心。

话题再转到推销员身上，消除对方戒心的秘诀，是给对方留有余地，这样才能让对方放心。例如，有一位汽车推销员A先生，想给对方以“这个推销员连这点小事情都不知道”的印象。在到一家有钱的人家访问时，看到在门口立着一块影壁石，他就说：“这块漂亮的大石头，真威严啊！这是大理石吗？”对方说：“不是，这是影壁石，是花岗岩的一种，大理石是石灰石的。”纠正了A先生的话。这样，对方不由得对推销员抱有一种优越感，无意之中，消除掉了戒心。

拼命地武装自己，反而会使对方疏远，所以，凡事都要留点余地。这个余地，使对方隐约地感到有人情味，这样才能消除戒心。

资料来源：二见道夫. 日本推销员秘诀百条[M]. 杨廷梓，宋维炳，译. 北京：北京出版社，1991.

思考讨论题

1. 为什么说解除戒心的秘诀是留有余地？

2. 你认为怎样做才是留有余地？

第4章

寻找和识别准顾客

“事业有成，且别以为是‘命运’之神为你带来的。‘命运’之神本身没有这个力量，而是被‘辨别’之神支配的。”

——约翰·多来登

学习目标

◇了解准顾客的含义

◇掌握寻找准顾客的方法

◇熟悉顾客资格审查的主要内容

引　例

从哪里开始

马鸣、金锁和屈波来参加每周一次的销售例会。马鸣说：“在市场上销售我们公司的新型纯平、超平彩电对我们来讲很不容易。这个地区城市人口只有10万，郊县人口有31.5万，然而，至少有20家公司在本地销售彩电，像TCL、东芝、松下、创维、金星及其他公司都是强有力的竞争对手，我不知道从哪儿入手。”

“马鸣，我们最好的潜在顾客和待会儿要见的顾客都是我们现有的顾客——不仅是那些现在正在使用我们彩电的顾客，而且也包括那些购买我们洗衣机、冰箱、空调等电器的顾客。”金锁说道，“这些人了解我们公司，并且已经建立了档案。”

屈波答道：“你的情况不错，但是，我的许多顾客都已经拥有了彩电。因此，我不敢肯定我是否能指望卖给他们很多。我必须开拓新的市场，挨家挨户上门销售，为了售货多打电话，这样才会有线索。”

马鸣插了一句：“我们来争夺金星的顾客，金星在本地拥有最大的市场……”

“不行，”金锁说，“如果我们因进攻金星或其他任何一个竞争对手而卷入商战的话，我们就会失败。”

马鸣接着说：“但是如果运用我们全部的广告力量、公司的服务和达到最先进水平的彩电的优惠定价，我们肯定可以获得一部分市场份额。”

“对，对，”屈波显得踌躇满志，“让我们从头开始，制订一个使我们能尽快地找到很多潜在顾客的计划。我们要在竞争对手觉察之前夺得竞争优势。”

如果你是其中的一位推销人员，你会做出何种决定？你的推销计划将会如何制订？

4.1 寻找准顾客概述

4.1.1 寻找准顾客的意义

从推销学来讲，准顾客是指对推销人员的产品或服务确实存在需求，并具有购买能力的个人或组织。而顾客是特指那些已经购买“你”产品的个人或组织。

寻找准顾客是整个推销过程的第一步，它对所有推销人员来说都至关重要。因为，在今天各种因素的作用下，顾客的流动性越来越大，维持与老顾客的关系越来越困难。竞争，人口流动，新产品的不断出现，企业产品结构的改变，分销方式和方法的变化，使大多数企业都不可能保持住所有的老顾客。那些失去的现有顾客必须有新的顾客来补充，销售才能继续发展，而这种补充唯有来源于准顾客。所以，寻找准顾客是推销员能保持应有的顾客队伍和销售稳定的重要保证。另一方面，即使现有顾客不会流失，若要维持和提高推销额，使自己的推销成绩不断增长，推销员也必须不断地、更多地发掘新顾客。因此，寻找准顾客的重要意义就在于它是维持和提高推销额的需要。努力寻找准顾客，使顾客不断增多，是推销员业务量经久不衰、持续增长的有效保证，也是促进推销产品更新换代，激起市场新需求的长久动力。

4.1.2 寻找准顾客的原则

推销员必须明白，寻找准顾客是一项讲究科学性的工作，它是有一定的规律可以遵循的，而前人的经验总结和创造的方法我们也是可以借鉴的。以下一些寻找准顾客的原则是每个推销员应该谨记的。

1. 确定推销对象的范围

推销人员在寻找顾客之前，首先要确定准顾客的范围，这样可以使寻找顾客的范围相对集中，避免漫无边际的东奔西跑，提高寻找效率。准顾客的范围包括两个方面。

（1）地理范围。

地理范围即确定推销品的推销区域。主要考虑该地区的政治、经济、法律环境（产业政策、经济法规、人口数量、人均收入等）及社会文化环境（文化传统、宗教信仰、民族风俗等）是否适合推销品。例如，淘汰助动车、摩托车的地方，就不适宜推销该种交通工具；人均收入低的地区就不适宜高档消费品（豪华家具、高档家电产品等）的推销。

（2）交易对象的范围。

交易对象的范围即确定准顾客群体的范围。这要视推销品的特征而定。不同的产品，由于性能、用途的不同，推销对象的群体范围也不一样。例如，若推销高等教育系列书籍，其推销对象应为大中专院校的师生；推销玩具，它的推销对象应为幼儿园和有儿童的居民家庭。即使是同类产品，由于品种、规格、型号、价格等方面的差异，其交易对象的范围也有差别。例如，同为服装产品，高档服装产品的推销对象应为高收入家庭，而一般服装产品的推销对象应为中、低收入家庭。

2. **选择合适的寻找途径**

在实际推销工作中，寻找推销对象的途径是多种多样的，选择合适的寻找途径，是提高寻找效率的一项重要措施。科学地选择途径或渠道，除了要考虑推销品的特点、推销对象的范围等因素，还要求推销人员根据实际情况善于发现、善于运用、善于创新各种寻找方法。

推销小案例

事业成功的秘诀

日本三菱财阀的创始人岩崎弥太郎在回答人们关于他事业成功秘诀的问题时说："临渊羡鱼，鱼儿永远也不会跑到你的手中。尽管有时鱼儿成群游来，但若没有准备，赤手空拳是捕不到鱼的。鱼儿不是能够应招即来的，什么时候出现是由鱼的本身习性所决定的。因此，要想捕鱼，平时就应必须准备好鱼网。可以说，这与人们在一生中捕捉良机完全是一码事。"

资料来源：吴金法. 现代推销理论与实务［M］. 大连：东北财经大学出版社，2002.

3. **要有随时寻找准顾客的意识**

推销员要想在激烈的市场竞争和推销竞争中为本企业增加更多的产品购买者，就必须把寻找准顾客看作是经常性和随时性的日常工作。即是要推销员养成随时随地搜寻准顾客的习惯，注意培养自己敏锐的观察能力和正确的分析判断能力，每天、每时、每刻都要注意发现并记录下可能的准顾客，扩大准顾客名单，把握住每一个推销机会。

4. **按有序的工作步骤寻找准顾客**

瞎摸乱撞地寻找准顾客已不适应现代推销工作的发展需要。推销员要有计划、有步骤地开展寻找活动，使之标准化、程序化和规范化，避免忙乱而无头绪地去做无目标、无方案、无重点的事情。

4.1.3 寻找准顾客的程序

对绝大多数产品而言，我们几乎不可能知道所有的潜在购买者。实际上，推销员根本不可能，也完全没必要接触每一个潜在的购买者。因此，寻找准顾客的工作既包括获知潜在购买者是谁，也包括对潜在购买者是否会购买进行判断，从而对潜在购买者进行筛选。首先，推销员要根据自己的推销品的特征，提出可能成为准顾客的条件。然后根据这些条件，搜集资料，分析各种可能的线索，拟出一份准顾客名单，再按照这份名单进行准顾客评估和资格审查，根据审查筛选结果确定你要向其进行推销的准顾客。最后对这些准顾客进行分析、分类，建立档案，并据此编制拜访计划，进行拜访洽谈。整个过程可以归纳成如图4－1所示的程序。

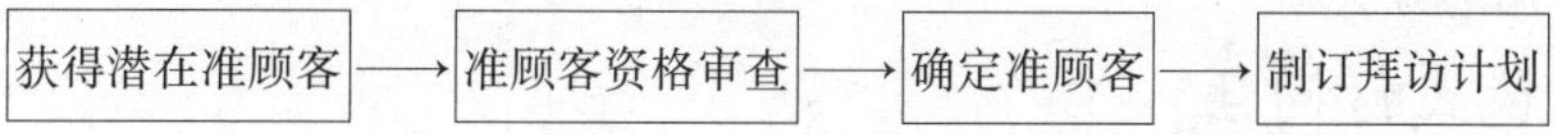

图4－1 寻找准顾客的程序

寻找准顾客的程序首先从获得准顾客的个人姓名或公司的名称开始，亦即从发现可能购买的准顾客开始。推销人员要根据自己推销品的特征，提出可能成为准顾客的条件，再据此搜集资料拟出一份准顾客名单。获得可能购买的准顾客名单有许多来源，如可以通过个人的社交接触、他人举荐、资料查找、广告及其他推广手段来获得，来源越多，准顾客的名单也就越多，可筛选的余地也就越大。推销员一般都要采取多种途径寻找准顾客，以便使寻找准顾客的有效性达到最大。

接下来，推销人员就要按照这个准顾客名单进行准顾客资格审查，经过甄别，剔除那些不可能购买的准顾客，逐步缩小候选准顾客名单，再补充新发现的候选准顾客名单，如此反复循环，以寻求真正的准顾客。

4.2 寻找准顾客的方法

不同行业的推销人员寻找准顾客的方法也有所不同。寻找房地产、汽车机械设备等产品的买主，显然要比寻找冰淇淋、服装、食品的买主困难得多。表 4－1 列举了计算机行业的推销人员获得准顾客的基本渠道。

表 4－1 计算机推销人员寻找准顾客的方法

寻找准顾客的方法	经常或偶尔使用的比例/%	认为此法十分有效的比例/%
从企业内部推销其他产品的推销人员处获得信息	93	48
通过老顾客的介绍	91	50
从企业内部推销同类产品的推销人员处获得信息	88	24
与准顾客内部的生产部门的人员联系	85	21
从亲朋好友等个人渠道获得信息	63	25
看广告后，顾客主动求购	59	4
通过展销会发现准顾客	57	8
在各种社交场合认识准顾客	49	2
与准顾客内部的采购部门的人员联系	48	3
查阅公司内部的准顾客档案	48	12
查阅企业名录	45	8
阅读报刊	31	1
根据代理商提供的线索	27	0
根据顾客所在行业协会或商会提供的线索	21	3
通过非竞争性企业推销人员提供的线索	9	1

从表 4－1 中可以发现，寻找准顾客的方法是非常多的。事实上，没有任何一种方法能够普遍适用，只有不断地进行总结，每个推销人员才能探索出一套适合自己的方法。本节介绍的是一些常用的方法。

4.2.1 地毯式访问法

地毯式访问法，也叫挨门挨户访问法，它是指推销人员在不太熟悉或完全不熟悉推销对象的情况下，普遍地、逐一地访问特定地区或特定职业的所有个人或组织，从中寻找自己的顾客。这种寻找顾客的方法的理论根据是以“平均法则”，也就是假定在被访问的所有人当中，一定有推销人员所要寻找的顾客，并且这些顾客的数量与访问人数成正比例关系。而且推销人员所要寻找的顾客是平均地分布在某一地区或所有的人当中的。

例如，若过去的经验表明，访问的10人中有1人会买某种推销品，那么50次访问会产生5笔交易。每年寒暑假，相当多公司会与各高校合作，雇用大学生为它们推销产品。这些推销人员进入一个个推销区域，敲开他们所负责的小区居民的门，每天常常接触多达60～80人。采用地毯式访问法寻找客户时，首先要挑选一条合适的“地毯”，也就是先要划定适合的访问范围。推销人员应该根据自己所推销商品的特性和用途，对推销区域进行必要的可行性研究，确定一个较为可行的推销地区或推销对象范围。例如，你推销的是某种特效洗发水，你确定的地毯可能是某一社区的居民或高校的学生宿舍。

地毯式访问法适合于日常生活用品及服务，如小家电、化妆品、保险、家政服务等，也适用于工矿企业对中间商的推销或者较小范围内的上门推销。

使用地毯式访问法时，推销人员接触面广，被访问者与推销人员素不相识，可以表明自己对推销品及推销工作的真正立场和真实看法，因此，推销人员可借机进行市场调查，较客观全面地了解顾客的需求情况；推销人员在访问过程中还可以通过广泛地接触顾客来传播企业和产品的有关信息，从而扩大企业和推销品的影响；对于推销人员来说，面对众多的被访问者，可以培养推销人员坚忍不拔、吃苦耐劳和经受挫折的意志和精神，也有利于推销人员了解和研究各种类型、各个阶层顾客的消费心理和消费特点，便于推销人员积累丰富的推销经验。

地毯式访问法也有不足之处，采用地毯式访问法寻找顾客，推销人员通常是在不太了解或完全不了解被访问者的情况下进行的，尽管推销人员在事先可能做了一些必要的准备工作，但仍然避免不了很大程度的盲目性，并因此浪费大量的时间和精力及财力；在进行地毯式访问之前，推销人员一般不通知或难以通知对方，顾客常常在毫无准备的情况下，容易对推销人员的造访心存戒心和冷漠，从而给推销工作带来阻力，影响推销工作的顺利进行。

4.2.2　连锁介绍法

连锁介绍法亦称为顾客引荐法或无限连锁法，是指推销人员由现有顾客介绍他认为有可能购买产品的准顾客的方法。这是发现新顾客的一种非常有效的方法。现有顾客和被推荐顾客是未来销售的两个最好的顾客源。被推荐顾客是由其他人的介绍而可能购买被推销的产品，而现有顾客在向别人推荐产品的同时有可能再次购买。连锁式介绍法的方法有很多，如利用推销人员自身的各种关系，包括亲戚、朋友、老师和同学的介绍；在推销洽谈时，有计划地请对方介绍两三位需要同样商品的他们的朋友；直接请现有顾客代为推销商品，可以配合一定的奖励或佣金；请现有顾客以书信、名片、便笺、电话、传真等手段进行连锁介绍。连锁介绍法对于有特定用途的产品，对于专业性强的产品，对于服务性的产品都有较好的推销效果，因而被广泛地应用。

连锁介绍法可以使推销人员避免判断上的主观盲目性，减少失误，提高寻找准顾客的效率；而且推销人员通过熟人的信誉和交情来接近准顾客，比之挨家挨户上门推销，有利于消除准顾客的戒心，交易达成的可能性也大大增加。但推销人员不能完全依赖现有顾客的介绍而不采取主动寻找，因为推销员不可预知现有顾客能介绍哪些新顾客，难以做事先准备和安排，而且推销人员并不能控制现有顾客是否愿意介绍以及是否全力推荐，从而使得推销人员处于被动的局面。

推销小知识

吉拉德的推销秘诀

连锁介绍法是吉拉德经常使用的一个方法，只要任何人介绍客户向他买车，成交后，他会付给每个介绍人25美元，25美元虽不是一笔庞大的金额，但也能够吸引一些人，举手之劳即能赚到25美元。吉拉德的一句名言是："买过我汽车的顾客都会帮我推销。"他的60%的业绩就来自老顾客及老顾客所推荐的顾客。他提出了一个"250定律"，就是在每个顾客的背后都有"250人"，这些人是他们的亲戚、朋友、邻居、同事，如果你得罪了一个人就等于得罪了250个人；反之，如果你能发挥自己的才能，利用一个顾客，就等于得到250个关系，这250个关系中，就可能有要购买你的产品的顾客。

4.2.3 中心人物法

中心人物法又称中心开花法、名人介绍法、权威介绍法、影响中心法等。它是指推销人员在某一特定范围内，通过利用一些具有影响力的中心人物，将该范围里的一些个人或组织举荐给推销员作为准顾客的一种方法。一般来说，中心人物或组织往往在公众中具有很大的影响力和很高的社会地位，他们常常是消费者领袖，诸如政界要人、企业界名人、文体界巨星、知名学者、专家、教授、名牌大学、星级酒店、知名企业等，能对其他人产生某种形式的影响，还能提供有助于推销人员识别理想准顾客的信息。

例如，大学刚毕业的小翟任职于一家房产公司。在推销位于母校附近的新建楼盘时，小翟首先与母校的教授和行政管理人员联系，然后以公司名义在母校设立助学金，为公司进行良好形象宣传。随即，小翟通过有关人员获取那些有购房意图教师的名单，建议公司按教师职称和级别分别给予适度优惠。结果，该房产公司的一期、二期楼盘销售甚旺，刚开盘的三期工程销售也已告罄。

中心人物法比较适合新产品、高级消费品或为企业创造名望的产品。如新产品高级洗发水只到理发店去推销，利用理发师的推荐来寻找顾客。

利用中心人物法的优点有：集中精力，推销人员只需拜访少数中心人物，对其做细致的说服工作，不用到处撒网；利于成交，可以利用中心人物的名望与影响力提高推销人员的知名度、美誉度。人们并不愿意在各方面花很多精力去研究，一般大家都愿意听从专家的意见，专家帮忙寻找到的客户，可能更利于成交。

这种方法的不足之处在于中心人物难以寻找，而且许多中心人物事务繁忙，难以接近，也不一定愿意合作。所以推销人员应努力争取中心人物的信任与合作。推销人员应在较详细了解中心人物后，首先以良好的产品和高质量的服务充分满足其需求。然后在现行政策允许范围内，千方百计地开展推销公关活动，并与之建立良好的人际关系。另外，中心人物难以确定，如果选错了消费者心目中的中心人物，反而容易弄巧成拙，无法获得预期的推销效果。这就要求推销人员一方面进行详细而准确的市场分析与市场定位，确定每个子市场的范围、大小及需求特点，从中选择具有较多准顾客的子市场作为目标市场。然后，在目标市场范围内寻找有影响力的中心人物。

推销小案例

总统与帽子的故事

1960 年，当从不戴帽子的约翰·肯尼迪即将入主美国白宫时，美国的帽子制造商和经销商要求肯尼迪“挽救制帽业”，请求他在宣誓就职时戴一顶帽子。他们苦口婆心劝说的结果是，肯尼迪仍旧拒绝戴帽子，但他同意到时将至少手里拿一顶帽子。这种做法，已经足以使帽子产销商们大大地松了一口气。

总统作为社会名流，享有很高的社会地位和知名度，拥有众多的崇拜者和追随者，他的一举一动都会产生很大的影响力，在很大程度上左右人们的消费行为。作为中心人物的总统从不戴帽子，这自然令帽子产销商们担心帽子的销售量因此而下降。

资料来源：吴金法. 现代推销理论与实务［M］. 大连：东北财经大学出版社，2002.

4.2.4　贸易展览法

贸易展览法是指利用各种贸易展览会或自己举办展览会来寻找顾客的方法。许多销售经理经常参加各种贸易展览会，一方面可以接触到许多准顾客，另一方面又可以了解市场信息。销售经理通常也自己组织销售展览会，邀请新、老客户参加。通常我国由某企业自己举办的销售展览会，都配有各种促销或娱乐活动，以吸引潜在客户参加或回报老客户的支持、配合。

贸易展览法的优点是效率很高。此法能在最短的时间接触到最多的很有可能购买某类产品的顾客。因为参加贸易展览会的人本来都对该行业有兴趣，对有兴趣的顾客，推销人员可以充分展示。它的缺点是通常费用较高。参加展览需要交给主办单位一定的展位费，自己举办展览会的费用更高。

推销人员要牢记，贸易展览的成功来自于精心准备，因此，必须做到下述几点：

- 陈列设计要有趣，这样才能引起人们的注意。免费品尝、免费赠送等都是好主意。
- 把要讲的大意写下，并附在商务名片后面。
- 提纲挈领，用三个要点将要表达的意思表达清楚，并及时写下来，记熟，但千万不要背诵推销用词，以免听起来过于生硬。
- 把在贸易展览会上接触的想再进一步联系的主要买主列一个名单。
- 根据客流量建立陈列柜台，使注意力最大化。
- 在接触过往的顾客时，态度要积极，不要采用普通的招呼方式“你好”或“你好吗”，而尽量问：“在您的工作（生活）中使用该产品（或服务）吗?”“您见过该产品（或服务）吗? 如果我能够告诉您如何获得更多利益，您会感兴趣吗?”接下来拿一件样品让他们使用一下，但不送给他们。
- 运用线索卡片记下准顾客信息，供以后进行有效的邮寄跟踪时使用。
- 做好遭到拒绝的准备。有些买主可能会不理睬你，不要耿耿于怀。说话简明扼要，但要有职业修养。不要将时间浪费在非准顾客身上。

4.2.5　委托助手法

委托助手法就是推销人员委托有关人员寻找顾客的一种方法，即企业推销人员雇用一些低级推销人员寻找顾客，自己则集中精力从事实质性的推销活动。这些推销助手是由推销人员而不是由公司出钱雇用的，所获报酬依据提供信息后达成生意金额的多少来支付。

委托助手法在实际运用时，低级推销人员通常打着市场调查或免费提供服务等名义，对可能性比较大的推销区域发动地毯式的访问，一旦发现潜在的准顾客，立即通知高级推销人员安排正式访问。他们是推销人员摆的摊子，能自然而然地接触到需要购买推销人员货物和服务的准顾客。

例如，某一推销住宅篱笆的推销员，雇用其区域内的公用事业抄表员，请他们记下那些家有小孩或狗，但还没有装篱笆的住宅的地址和主人姓名，因为这些住户很可能就是将来购买篱笆的客户。

这种寻找顾客的方法，可以使推销人员把更多的时间和精力花在有效的推销工作上，还可以在节省大量的推销费用的基础上使推销人员及时获得有效的推销情报。

但这种方法也有局限和不足，如推销助手难以确定，推销人员的推销绩效往往取决于推销助手的合作，因而比较被动，如果推销助手与推销人员配合不好，或同时兼任几家同类公司的信息员，则不利于市场竞争。

4.2.6 资料查阅法

资料查阅法是通过收集整理现有的信息资料来寻找准顾客，实际上是一种市场调查的方法，着重于第二手信息资料的收集、整理和分析来确定准顾客。从我国现阶段实际情况来看，推销人员能够利用的资料有工商企业名录，各行业、各部门、各单位以及专门的统计机关编制和发布统计资料、企业内部产品目录和样本，工商行政管理局发布的工商管理公告，各种提供有关信息的书、报纸、杂志、行业性的专业团体会员名册、企业广告和公告、电话簿及邮政编码本等。

利用各种资料，可以以较低的成本、较少的时间发现目标顾客，减少盲目性。尤其是通过公共图书馆和电脑网络，可以很容易得到相应的资料。通过这些资料，推销人员可以发现大量的市场机会，很容易地固定目标顾客，为进一步的市场定位、市场开拓打下基础。据说，日本尿布大王多川博就是在一个偶然的机会，从日本政府发布的人口资料中获悉：日本每年要出生250万婴儿，进而萌发了生产尿布的奇想，从此一发不可收拾，在婴儿用品市场上大展宏图。

但是，由于现代市场瞬息万变，资料的时效性有时不强，新资料有时无法找到，而旧资料又没有利用价值，而且各种资料的有效期限日渐缩短，比如各地频繁的电话号码升位、企业的迁址和兼并更名都是资料利用的不利因素。别的推销人员也可能利用相同资料来做访问，故推销竞争更加激烈。

4.2.7 问卷调查法

问卷调查是收集顾客第一手资料的最普遍、最方便的手段，是为了了解和掌握顾客的认识、意向、爱好、看法，以便在总体上加以把握。与资料法相比，问卷是推销人员直接从顾客得到信息的一种手段，因此，它要求在实施之前，要科学地设计问卷。有关人员必须精心确定所提问题的内容、形式、措辞和次序。在设计过程中，常出现的情况是，“问题”可能是令人难以回答的、不愿回答的或不需要回答的，有的却遗漏了应该回答的问题。因此，问卷设计人员对每一个问题都应加以核对，确定它对调查是否有用。应该毫不吝啬地剔除对调查目标没有用的问题。因为它会拖延调查时间，使被调查对象不耐烦。

在调查问卷的设计中，问题的措辞必须十分讲究，应该尽量使用简单、直接、不带任何偏见的词语。最好在正式使用前找一些目标群体进行试答。在问题的排列顺序上，开始的问题应能够引起回答者的兴趣，难以回答的问题及涉及个人隐私的问题，应放在答卷最后，以免一开始就引起答卷者的戒心。此外，答卷的回收率也很重要。为使顾客能顺利地完成答卷，并回收到调查人员手中，可以设一些小奖品，给被调查者一些鼓励。

4.2.8 “收养孤儿顾客”法

有些推销人员经常离开他们的顾客，去做其他工作。在他们离开后，其顾客就被“遗弃”了。这些“孤儿”顾客是很好的准顾客，推销人员应该迅速与这样的顾客取得联系，开始建立关系，这样就能把“孤儿们”变成产生线索的金矿。

此外，在从事一段时间的推销工作后，任何推销人员肯定会积累一堆不积极的顾客，排除那些无论是处于何种原因永远不会购买的顾客的名字，剩下的就是谨慎的准顾客。再次拜访他们，弄清楚他们不再购买产品的原因，比如，也许他们完全停止订购你的产品，也许他们因为一次性的特价跟竞争对手跑了，也许因为他们管理上有了变化而发生了购买方式的变化。在此之后，重建联系，把准顾客再次变成顾客，这就是标准推销程序（SSP，standard sales procedure）。

4.2.9 市场咨询法

市场咨询法是指推销人员利用社会上各种专门的市场信息咨询部门或政府有关部门所提供的信息来寻找准顾客的方法。使用咨询法的前提是存在发达的信息咨询行业。第二次世界大战后，信息咨询行业在经济发达国家得到了迅速发展，信息咨询业务的范围几乎遍及经济的所有领域。其中的各种行业的信息咨询服务企业，专门从事市场调查和市场预测工作，按照各方面的供求信息，为各企业的推销人员提供有价值的顾客信息，甚至直接介绍准顾客。近年来，随着经济市场化程度的提高，中国的市场信息咨询产业也开始逐步兴起，专业化的市场信息咨询企业越来越多。但目前中国的推销人员较少通过此类信息咨询企业寻找准顾客，其原因首先是费用问题，其次是咨询企业所提供的适用信息较少。

除了专门的信息咨询部门，推销人员还可以利用政府有关部门所提供的咨询服务寻找推销对象，如企业的行业主管、工商局、统计局、财政局、税务局、科研设计单位等。到这些单位咨询，能免费获得准确的资料和信息。著名农民企业家鲁冠球在创业之初，就是通过国家汽车工业局的领导，了解到国内进口万向节供不应求的信息，从而做出了专业化生产万向节的决策，在汽车零配件市场一炮打响。利用咨询法寻找顾客的优点是比较节省时间，所获得的信息比较客观，但推销人员不应该过多依赖这种方法，因为咨询部门所提供的信息虽然比较全面，但往往缺乏针对性。

一般来说，利用咨询法寻找准顾客，方便迅速，费用较低，咨询的信息比较准确，适用于寻找重大项目推销中的准顾客，也运用于寻找一些地区和行业难以确定的准顾客。

4.2.10 广告开拓法

广告开拓法也称广告吸引法，是指推销人员利用各种广告媒介寻找顾客的一种方法。这种方法依据的是广告学原理，即利用大众宣传媒介，把有关产品的推销信息传递给广大的消费者，以刺激消费者的购买欲望，诱导消费者的购买行为。由于现代广告媒介不仅载体的信息量大，传递速度快，而且覆盖面广，如果一则推销广告被100万人看到或听到，就等于推销人员对100万人进行了地毯式的访问，这是其他任何推销手段所无法比拟的。广告形象、生动、逼真，加之广告本身的权威性，易于被受众接受，说服力较强，因此，广告被喻为“印在纸上的推销术”。再者现代广告可以大大节省推销人员的时间和精力，节约推销费用，降低推销成本，提高推销效率。所以，广告开拓法是推销人员推销产品、寻找顾客的理想的、有效的现代化手段。

现代广告媒介形式多样，如印刷媒介、电子媒介、户外媒介、展示媒介等，具体的形式和方法可以灵活运用。利用广告开拓法寻找顾客，关键在于正确地选择广告媒介。选择广告媒介的基本原则是：以较少的广告费用取得较好的广告效果，最大限度地影响准顾客。因此，推销人员要具体结合推销品的消费对象、推销区域、推销品特性、广告费用等情况恰当地选择广告媒介，恰到好处地发挥广告效果。如推销生活消费品、营养保健品等，选择老少皆宜的电视、广播和通俗性报纸杂志作为广告媒介，而对于生产资料、机器设备等工业品，宜选择报刊目录、专业杂志等广告手段。

4.2.11 个人观察法

所谓个人观察法，是指推销人员根据自己对所接触的个人或组织的直接观察寻找准顾客的方法。个人观察法是一种比较古老的方法，但在今天仍然被大量使用。利用个人观察法寻找准顾客，关键在于培养推销人员个人的洞察力和灵感。要求推销人员具有良好的职业意识，即随时随地挖掘准顾客的习惯和敏锐的观察能力。有了这种意识，推销人员能够在别人不注意的时间和地点找到买主。此外，在利用个人观察法寻找顾客时，推销人员必须具有主动精神，必须充分调动各种感觉器官，这样才能从自己所见所闻的各种似乎互不相干的信息里找到潜在客户。

个人观察法可以说是其他各种方法的基础，因为任何其他方法的运用实际上都离不开推销人员个人的观察。运用个人观察法寻找潜在的顾客，使推销人员直接面对市场、面对顾客，对提高推销能力、积累推销经验有很大帮助。但个人观察法的使用效果在很大程度上受推销人员个人业务活动范围和人际交往范围的局限。

推销小知识

销售顾问判断可能买主的依据

（1）随身携带本产品的广告。
（2）反复观看比较各种车型。
（3）对车辆结构及续驶里程非常关注。
（4）对付款方式及折扣问题进行反复探讨。

（5）提出的问题相当广泛琐碎，但没有明显的专业性问题。
（6）对产品和某种特别性能不断重复。
（7）不断提到朋友新买的产品如何。
（8）爽快地填写“客户登记表”，主动索要名片并告知联系电话。

4.2.12　销售线索俱乐部

建立销售线索俱乐部就是将一群彼此关联但非竞争领域工作的销售人员组织在一起，每月聚会一两次，一起分享客户线索和客户调查的技巧。在俱乐部成立之前，起草一份正式的使命书，约定好成员的权利和责任，并确保某一领域只有一名销售人员成为俱乐部成员。接下来，要建立管理性程序，保持俱乐部走向正轨，按预期计划进行运作。

最后，将那些好的客户线索和客户调查技巧加以汇总归纳，最终制定成俱乐部成员的工作守则。俱乐部成员都能理解这样的信息对自己帮助有多大。你甚至可以给那些提供有效客户线索的俱乐部成员发奖。每月的获奖者就是那些提供了最多客户线索的成员。

4.3　顾客资格审查

顾客资格审查，是指推销员对有可能成为顾客的某人或某组织进行考查和审核，以确定该对象是否能真正成为准顾客以及成为哪一类准顾客的过程。其主要内容包括推销对象的购买需求审查、购买支付能力审查、购买人资格审查等。

购买需求审查的目的在于事先确定推销对象是否真正需要推销人员所推销的商品。显而易见，如果推销对象事实上根本就不需要推销人员所推销的商品，那么这样的推销工作是不会成功的。因此，无论是在推销访问之前，还是在实际的推销过程中，推销人员应该随时随地对推销对象进行购买需求审查，一旦发现推销对象的确不需要推销品，就应该断定这个推销对象为不合格的顾客，停止对其进行推销。

人们的潜在需求并不等于市场购买需求，如果只有潜在的购买愿望而不具有实际的支付能力，就是不合格的顾客。顾客支付能力审查的目的在于开展有针对性的推销活动，提高推销工作的实际效果。推销人员应该全面审查顾客的购买支付能力，包括现有支付能力和潜在支付能力。如果断定某个推销对象具有潜在支付能力，推销人员就应该考虑是否可以赊销。

在进行顾客购买需求审查和顾客购买支付能力审查的同时，还需要进行顾客购买人资格的审查。所谓顾客购买人资格审查，主要是审查推销对象的购买决策状况、购买资格条件、购买信用状况及其他有关方面的购买限制等。

现代推销人员要善于进行全面的顾客资格审查。如果推销人员发现推销对象完全不合格，就应该立即停止推销。而对于合格的准顾客，推销人员则应该尽心尽力推销，想方设法帮助顾客解决实际问题，消除推销障碍，促成交易。

互动情景

确定拜访对象

假如你是一家家电设备公司的推销员，对一个很有可能购买你公司产品的生产企业，你将首先访问谁？重点放在什么人身上？怎样开展你的推销活动？下面是这个企业与采购设备有关的人物：

◎负责管理设备的副厂长　◎总工程师　◎设备科长

◎采购供应科长　◎现有设备的生产车间主任

你将首先拜访谁？

4.3.1 推销漏斗理论

是否所有的准顾客都能变成现实顾客呢？并不是这样。推销漏斗理论告诉我们，只有少数准顾客才能成为现实顾客，如图4－2所示。

如果推销人员选择使用推销漏斗，他就能知道准顾客和顾客的数目，他还能获知自己的推销活动的焦点应指向哪里。

图4－2　推销漏斗

由图4－2可以看出，所有顾客都徘徊在漏斗的顶上，等待推销人员使用某些标准一一过滤，然后将合格者推到下一层。在漏斗中第一层的准顾客经过推销人员的拜访与说服，会更加接近做出购买承诺，但必须有一定的购买力支持。漏斗变得越来越窄反映出这样一个事实：很大一部分潜在顾客被淘汰掉，即有一定的筛选率。

这时，一些“潜在顾客”变成了准顾客。推销员应采取必要步骤，如推销陈述、处理异议、促成交易等，将这些准顾客移下或移出漏斗，使准顾客变成真正的顾客。漏斗变得越来越窄，同样表示有一些准顾客从漏斗中分离出去，现实顾客与准客户的比值即为成交率。通过推销员的持续努力，走出漏斗的最终顾客可变成长期的支持者或合作伙伴。

4.3.2 MAN 法则

推销理论常把那些有希望的潜在或可能的顾客作为准顾客。所谓准顾客，是指既可受益于某种产品，同时又有能力购买这种产品的个人或团体。有可能成为准顾客的个人或团体的名称则称为“引子”（英文是 lead），有的人也称其为“线索”。当准顾客经过资格审查后，并且符合要求时，我们称之为合格的顾客（qualifiers 或 qualified prospects）。

顾客资格审查就是筛选出合格顾客的过程，也就是推销人员在正式推销之前，要判断出真正的推销对象，选出最有可能购买的顾客，避免做无用功。只有这样，才能提高准顾客的订货概率或订货量，从而提高整个效率。

现代推销学认为，可以从以下三个方面考虑并判断某个人或组织是否可作为合格顾客的人（MAN）：

- 准顾客是否有购买的资金。
- 准顾客是否有购买的决策权。
- 准顾客是否有购买的需求。

这个认证过程也就是顾客资格审查的MAN法则。MAN法则由资金（money）、决策权（authority）和需要（need）构成，即顾客资格审查包括购买力审查、购买决定权审查和顾客的需求审查三个方面的内容。下面将具体讲述这三个方面的内容。

1. 顾客购买力的审查

顾客购买力审查是指推销人员通过对市场调查的有关资料的分析，确定准顾客是否具备购买推销品的经济能力，进而确定其是否是合格的目标顾客的一种活动过程。在现实的推销中，个人或组织的许多消费需求因受购买能力的制约而不能实现或不能立即实现，也存在着由于推销员事先未对顾客购买力进行深入细致、全面的调查分析，出现产品推销出去、货款回收不良的现象。推销人员必须对顾客购买力进行认真科学的评价，不仅要把产品卖出去，更重要的是要按期按量地收回货款，保障企业和个人的经济利益。

顾客购买力可以划分为现有购买力和潜在购买力两种形式。鉴定顾客购买力时，一是要对顾客的现有购买力进行鉴定，具有产品购买意向并具备现有购买力的顾客是最理想的目标顾客；二是要注意对顾客潜在购买力的审查。掌握具有潜在购买力的顾客，可以为产品推销开拓更为广阔的市场。

当准顾客有一定的购买意向，并且有潜在的购买力时，推销人员应该主动协助准顾客解决现有购买力方面的问题，例如，建议顾客用向银行贷款或者分期付款等其他付款方式，促使顾客达成产品交易。

审查个人或家庭的支付能力，主要是从影响个人或家庭的各种因素，如实际收入、消费支出、消费储蓄与信贷等几个方面进行审查。审查企业的支付能力，主要调查企业的生产状况、经营状况、资金状况、财务状况、信用状况等方面的内容，推销人员可以通过对企业的财务报表的短期偿债能力和营运能力部分进行分析，借以评价其财务状况和经营成果，预测未来的经营报酬和风险，为推销人员审查企业购买力提供帮助。购买力调查难度较大，许多推销人员是自行做判断。当然推销人员可设法自行调查或让对方提供信用证明或担保。

2. 顾客购买决策权评定

顾客是否购买推销品，除了取决于其购买需求、支付能力以及购买资格以外，还取决于顾客是否有权决定购买，只有拥有购买决策权力的目标顾客才能决定成交。顾客购买决策权审查，就是评价推销对象的购买决策权状况，旨在缩小准顾客的范围，确定明确的推销对象，"向权力先生推销"，避免盲目推销，进一步提高推销效率。

互动情景

有眼不识泰山

销售人员胡杰工作韧劲十足，为了一笔希望很大的生意，他几乎是废寝忘食，全身心地投入。一次，正当他走到顾客的家门口准备敲门时，听到里面一个老头用质疑的口吻对他的"顾客”说：“说心里话，我不太愿意买他的产品。前几次他来时，看到我连招呼都不打，根本没把我放在眼里！我干嘛非得掏钱？我活了这么大年纪，天天用扫帚扫地，从来不用吸尘器，不也过得挺好吗？那东西这么贵，我可没钱！”

听到这儿，小胡大吃一惊，随即恍然大悟：这个其貌不扬，自己几天以来对其不屑一顾的老先生就是影响这个家庭的“掌门人”！

于是，小胡悄悄地离开了。回到公司，一个问题始终萦绕在他心头：怎样才能缓和与老头的敌对情绪呢？突然，他灵机一动，准备送一台吸尘器给老头。恰逢阴历九月初九重阳节，胡杰便在包装箱上写上“节日快乐，祝身体健康”的字样，将吸尘器作为节日礼物送给了这位一辈子“从来不用吸尘器”“也过得挺好”的老头。

不用说，老头一定会惊喜一场。可对胡杰来说，他掏钱买人情，一是表达他的敬老之意，重要的是对自己的惩罚，告诫自己今后再不能这么“有眼不识泰山”了！

假设你遇到这种情况，你会如何处理？

顾客购买权力的评价对于以家庭或个人为消费单位和以企业或组织为消费单位是有区别的。

对于家庭或个人来说，购买决策权通常掌握在一家之长手里，同时，每一个家庭成员的意见对最后的购买决定也会产生很大的影响。在实际生活中，要正确地判断谁是购买决策权的核心人物，并非易事。因为对于不同的文化背景、不同的社会经济发展水平以及不同类型的消费品来说，家庭购买决策的权威中心是不同的。美国社会学家按家庭权威中心的不同，把家庭分为四类：丈夫决定型、妻子决定型、共同决定型、各自做主型。根据消费品在家庭中的购买决策重心不同，可将其分为三类：丈夫有较大影响力的商品，如汽车、摩托车、烟酒等；妻子有较大影响力的商品，如服饰、洗衣机、吸尘器、餐具等；夫妻共同决定的商品，如住房、旅游等。美国研究人员的一项调查结果证实，丈夫和妻子对购买决策的影响作用随所购买商品的特性不同而不同，如表 4－2 所示。

表 4－2　丈夫和妻子对购买因素的影响

购买因素	汽车	衬衫	电视机	洗衣机
牌号（产地）	H	–	H	W
功能	H	W	H	W
式样	W	H	W	W
规格	H	H	H	W
维修保证	–	–	H	W
价格	H	W	H	H
商店	H	–	W	H
服务	H	–	H	H

注：“H”为丈夫影响大，“W”为妻子影响大，“－”为没有意义。

对于企业或其他各种社会团体和组织来说，购买决策权会因其所有制性质与组织结构等方面的不同而各有差异。一般来说，企业购买决策者的购买权限是按不同层次和级别来划分的，购买决策者只能在其购买权限范围内购买产品。越权购买的，则必须向上级报请审批，有些项目的购买甚至要高层领导集体讨论后才能做出决策。作为推销人员，仅掌握一定的推销知识和推销技巧是远远不够的，还需要熟悉现代科学管理知识，了解企业或组织的组织结构、人事关系、决策运行机制、规章制度等，以便准确地评价客户的购买权力。

3. **顾客需求审查**

顾客需求审查是指推销人员通过对相关资料的分析，判断并确定将来的推销对象是否对推销员所推销的产品具有真正的需求（包括现实需求和潜在需求）以及需求量大小的活动过程。顾客需求审查的目的就在于选择对推销品有真正需求的准顾客，使推销工作有的放矢，避免盲目性。

人类的需求可以概括为三大类，即生存消费需求、享受消费需求和发展消费需求。推销人员要充分认识到顾客的需求内容与具体形式，将顾客需求与推销工作紧密联系起来，奉行以顾客需求为中心的指导原则，对顾客现实的、潜在的需求进行审查。顾客购买的主要目的和要求是因为推销品能够给购买它、拥有它、消费它的顾客带来某种益处和需求的满足（如表4－3所示）。正如IBM公司前营销副总裁巴克·罗杰斯所说："人们购买某种产品是因为产品能够解决问题，而不是因为产品本身。IBM不出售产品，它只出售解决问题的办法。"

表4－3　产品形式与产品益处

产品具体形式	产品益处
海飞丝洗发水	头屑去无踪，秀发更出众
潘婷洗发水	使头发更加健康亮泽
飘柔洗发水	使头发更加柔顺光滑、飘逸

顾客需求不仅包括顾客客观存在并已认识到的现实需求，而且还包括顾客客观上存在但自己尚未认识到的潜在需求。估计顾客对推销品存在现实需求和潜在需求的可能性，主要取决于推销人员的推销经验以及对推销品的特性及顾客需求的认识。顾客需求多种多样，千变万化，推销人员应在把握顾客消费行为和消费心理特征的基础上，对顾客的需求进行深入细致的调查研究，分析和把握顾客不使用推销品的真正原因：可能尚未认识到推销品的真正用途；可能是受传统习惯或传统观念的影响；也可能是暂无购买财力；甚至可能是对处于介绍期或成长期的新产品了解不多，尚处于等待、观望阶段等。因此，推销人员不应简单地以顾客使用或不使用推销品为标准来审查顾客需求，而应认识到消费者现在不使用推销品，不等于将来不使用；表面上不需求，不等于内心里真正不需求，进而采取一定的推销技巧，说服现实需求的顾客，使其相信推销品对其需求的满足，挖掘、培育、创造潜在需求的顾客，激发他们的购买欲望，使其相信对推销品确实存在需求。

顾客需求审查不仅包括对顾客需求可能性的审查，还应对顾客的需求量进行评价。因为有些顾客虽然对推销品的需求可能性很大，但需求数量很少，且只是一次性购买，前去推销得不偿失，这些顾客便不能成为合格的目标顾客。而那些对推销品需求数量大，又是长期需求的顾客，则是推销人员首选的并应将其列为重点的目标顾客。

顾客需求审查，要运用全面、联系、发展的观点对其进行动态的、综合的分析，既要审查顾客的现实需求，估计现实的需求量，也要审查顾客潜在的需求，估计顾客尚未开发的潜在需求量。这样，才能对顾客的需求做出一个全面的、正确的评价。

推销小知识

反　差

据说，十几年前的一天，在南太平洋上的一个岛上，来了两个公司的推销员甲与乙。甲公司的推销员看到该岛居民都赤着脚，不穿鞋，就断定在这里推销皮鞋是不可能的，于是便给公司老板拍了如下的电报："本岛无人穿鞋，我决定明天就回去。"而乙公司的推销员面对岛上的情况，向他的上司拍了一张截然不同的电报："情况出乎意料的好，该岛无人穿鞋，是个有待开发的市场，我将在此地进行推销。"之后，乙公司的这位推销人员广泛地走访了该岛居民，宣传穿鞋有利于脚的保护和雅观等好处，还拿自己的鞋子给他们试穿。经过深入、细致的推销解释工作，大大激发了该岛居民穿鞋的欲望。结果，乙公司鞋的年销售量增加17%，而甲公司鞋的销售量却一日不如一日。

本章小结

寻找准顾客是整个推销过程的第一步。在买方市场和推销环境不断变化的条件下，推销员要打开推销局面，以及使销售能够持续不断地发展，就必须努力寻找准顾客。寻找准顾客的方法有地毯式访问法、连锁介绍法、中心人物法、贸易展览法、委托助手法、资料查阅法、问卷调查法、"收养孤儿顾客"法、市场咨询法、广告开拓法、个人观察法、销售线索俱乐部法等。

顾客资格审查就是筛选出合格顾客的过程，也就是推销人员在正式推销之前，要判断出真正的推销对象，选出最有可能购买的顾客，避免做无用功。

MAN 法则由资金（money）、决策权（authority）和需要（need）构成，即顾客资格审查包括购买力审查、购买决定权审查和顾客的需求审查三个方面的内容。

重要概念

准顾客　顾客资格审查　MAN 法则

复习思考题

1. 什么是寻找准顾客？寻找准顾客有何意义？
2. 寻找顾客应遵循哪些指导原则和必要的步骤？
3. 寻找顾客的常用方法有哪些？请简单叙述之。
4. 顾客购买资格审查的内容包括哪些方面？

角色扮演

假设你开办一家企业，生产和销售某种产品，该产品的价格在 5 000 元到 1 万元之间。你的主要顾客是小零售商。如果你不亲自去接触他们，你将如何发掘线索，并把他们变成准顾客？

延伸阅读

1. Natalie R. Adkins, Julie L. Ozanne. The low literate consumer. JCR, 2005.

本文采用定性研究方法，专门对较低文化（教育程度在六年级以下）的消费者进行了研究，发现了他们与受过高等教育消费者的不同之处。

2. Joshua J. Clarkson, Chris Janiszewski, and Melissa D. Cinelli. The desire for consumption knowledge. JCR, 2013.

消费者对某体验性品类的知识水平会影响他们所看重和追求的体验类型。

资料来源：http://www.jstor.org/stable/10.1086/668535.

课堂自测题

1. 寻找准顾客的意义是（　　）。

A. 维持和提高推销额　　B. 维持客户关系

C. 保持高报酬　　D. 稳定的工作

2. 以下选项中不属于寻找准顾客的原则的是（　　）。

A. 确定推销对象的范围

B. 选择合适的寻找途径

C. 要有随时寻找准顾客的意识

D. 不需按照固定的步骤，伺机而动

3. 下列选项中不属于寻找准顾客的程序的是（　　）。

A. 搜索潜在准顾客的信息　　B. 准顾客资格审查

C. 确定准顾客　　D. 制订拜访计划

4. 地毯式访问法的理论根据是（　　）。

A. 最优法则　　B. 机会法则　　C. 平均法则　　D. 均等法则

5. 下列选项中不属于利用中心人物法的优点的是（　　）。

A. 集中精力　　B. 增加可信度　　C. 利于成交　　D. 方便寻找

6. 收集顾客第一手资料的最普遍、最方便的手段是（　　）。

A. 地毯式访问　　B. 资料查阅法　　C. 市场咨询法　　D. 问卷调查法

7. 下列哪一项不属于考虑并判断某个人或组织是否可作为合格顾客的依据（　　）。

A. 准顾客是否有购买的资金　　B. 准顾客是否有购买的欲望

C. 准顾客是否有购买的需求　　D. 准顾客是否有购买的决策权

8. 准顾客是指（　　）。

A. 对某种产品或服务有潜在需求的个人或团体

B. 有能力购买某种产品或服务的个人或团体

C. 可受益于某种产品或服务的个人或团体

D. 既可受益于某种产品，又有能力购买这种产品或服务的个人或团体

9. 可以作为其他各种方法的基础的寻找准顾客的方法是（　　）。

A. 市场调查法　　B. 个人观察法

C. 资料查阅法　　D. 销售线索俱乐部

10. 连锁介绍法的缺点是（　　）。

A. 造成判断上的主观盲目性

B. 不利于消除准顾客的戒心

C. 使推销员处于被动的局面

D. 增大失误

课堂自测题答案

案例分析

唐飚如何寻找他的准顾客

唐飚是某工商管理学院的三年级学生，他刚刚接受了一份山水岛度假村俱乐部的暑期工作。这是唐飚第一次参加销售会议，女经理谭平正在阐述她对推销人员的希望。

谭平：我知道当你们被聘时就已经知道需要做什么，但是，我还想再次就有关事项做进一步说明。现在你们的第一项工作是推销山水岛会员卡。每一张会员卡价值为 3 000 元人民币。如果你们有什么问题，可直接提问。

唐飚：请问每一笔买卖我们可以提取多少佣金？

谭平：每推销一张会员卡，你可以拿到其会员卡价值的 10%，也就是 300 元。会员卡赋予会员很多权利，包括每年可以到山水岛度假村免费入住 2 天，届时可以享受度假村的桑拿浴与健身，可以获得两份免费早餐。若会员平时到度假村度假的话，住宿、饮食、娱乐、健身等都可以享受 50% 的优惠折扣。而且，作为推销人员你还可以从会员的所有费用中取得更多的佣金报酬。

唐飚：那么，我可以获得双份的报酬了。

谭平：不错。你推销得越多，提取的佣金就越高。

唐飚：我到哪里去寻找山水岛度假村的会员呢？

谭平：你完全可以自己决定如何做。但是，寻找准顾客是你成功的关键。根据我们以往的经验发现，每 10 个你找到的准顾客中，你将会与其中的 3 个顾客面谈，最后与一个顾客成交。还有问题吗？……可以从你的亲朋好友开始。

思考讨论题

1. *唐飚应集中于哪一个目标市场？*
2. *唐飚应该怎样寻找准顾客？*
3. *唐飚应如何制订访问计划呢？*

第 5 章

接近准备

“在一切有困难的交涉中，不可希冀一边下种一边收割；而应当对所有事情妥为准备，好让它渐渐成熟。”

——培根

学习目标

◇了解接近准备的含义
◇掌握接近准备工作的内容
◇掌握约见工作的内容和方法

引　例

做好充分准备

日本明治保险公司推销员原一平，曾经通过代理商的介绍，兴致冲冲地前去拜访N总经理，可是不管他是大清早或是晚上去造访，每次都被一位老人挡驾。那位老人不是说N总经理有急事出门去了，就是说N总经理去什么地方开什么会了，每次都不能与其见面。原一平在5年又8个月中，前后共造访70余次，却次次扑空。最后，原一平才从N总经理的邻居那里了解到，挡他驾的那位老人就是N总经理本人。此时，他才另想接近办法，终于使造访成功。其实，原一平在拜访前对N总经理的有关情况已做了较为详尽的调查，但唯独缺了对方尊容这一细节资料，而正是这一小小的纰漏，却造成上述贻笑大方的结果。

资料来源：何培秋，等. 现代企业产品推销学［M］. 广州：暨南大学出版社，1995.

5.1　接近准备概述

5.1.1　接近准备的意义

所谓接近准备，是指推销人员在接近某一特定顾客之前进一步了解该顾客情况的过程。实践证明，欲使推销获得成功，推销人员在对准顾客进行访问之前，必须做好充分的准备工作，除了自身准备好外，还需搜集与准顾客相关的各方面信息，真正做到“知己知彼”，从而保证推销访问工作顺利进行。著名推销大师原一平说：“推销成功与否与事前调查工作的好坏成正比。”因此，在进行准备工作时，推销人员不要怕花费时间。“磨刀不误砍柴工”，在准备工作中所耗费的时间，必将在推销访问中得到回报。在推销工作中，有许多推销人员低估接近准备工作的意义，不愿意或根本不去做接近顾客的准备工作，对于推销工作的完成状况也任其自然，因而严重影响了自己的推销业绩。

接近准备工作在推销过程中的重要意义在于：

1. 接近准备有助于进一步审查准顾客的资格

尽管我们在顾客资格审查中已经审定了顾客的资格，但那只是初步的和不完全的，还需要在接近准备中进一步确认。因为真正的准顾客要受其购买能力、购买决策权、是否已经成为竞争者的顾客和其他种种因素的制约。对于这些制约因素，都要求推销人员必须对准顾客的资格进行进一步的认定，而这项任务必须在接近顾客之前的准备工作中完成，以避免接近顾客时的盲目行为。

2. 接近准备有助于拟定接近策略

不同的准顾客有不同的接受推销的方式和特点。例如在接近时，有的准顾客喜欢开门见山地直达中心问题的接近方式，有的准顾客则更喜欢拐弯抹角地含蓄表达推销意图的接近方式；也有的准顾客要求推销员严格守约、准时赴会，但有的准顾客对于预定的约会毫不在乎。再如在洽谈时，有的准顾客善于不动声色地掩饰自己的感情，可有的准顾客特别喜欢与人争论，并容易发生感情冲动；有的准顾客喜欢海阔天空地东拉西扯，有的准顾客则紧紧围绕着关键问题做文章；还有的准顾客讨厌对方在洽谈时抽烟、讨厌对方在进餐时劝酒等这样那样的事情。推销人员必须进行充分的前期准备，把握目标顾客诸如上述多方面因素的特点，才能制定出恰当的接近顾客的各种策略。

3. 接近准备有助于推销人员拟订推销面谈计划

推销人员在推荐商品时，总是要采取多种多样的形式，从产品的各方面进行游说，或突出产品制作材料的新颖、先进的生产工艺，或突出产品良好的售后服务和保证，或突出优惠的价格，等等。关键在于推销人员介绍商品的侧重点要切合顾客的关注点，否则，面谈介绍商品的工作就失去了针对性，推销的效果会因此而大打折扣，甚至使推销工作无功而返。

4. 接近准备有助于推销人员避免推销工作中的失误

推销人员的工作是与人打交道，要面对个性各异的潜在顾客。每一位潜在顾客都具有稳定的心理特质，有各自的个性特点，推销人员不可能在短暂的推销谈话中予以改变，而只能加以适应，迎合准顾客的这些个性特点。因此，推销人员必须注意顺从顾客要求，投其所好，避其所恶。推销人员做好接近准备，充分了解准顾客的个性、习惯、爱好、厌恶、生理缺陷等，就可尽量避免触及顾客的隐痛或忌讳而导致推销失败。

5. 接近准备有助于增强推销人员的信心

有没有取胜信心，对于推销人员取得成功至关重要。推销人员在毫无准备的情况下贸然访问准顾客，往往因为情况不明、底数不清，总担心出差错触怒顾客，而行动举棋不定，言词模棱两可。如果对自己推销的商品信心不足，顾客会感到担心或失望，进而不能信任推销员所推销的产品，当然，也更难以接受。充分的前期准备工作，可以使推销人员底气十足，充满信心，推销起来态度从容不迫，言语举措得当，容易取得顾客的信任。

5.1.2 接近准备的内容

接近准备包括推销员与准顾客正式接触会谈前所做的各项准备工作，包括顾客资料准备、推销计划的准备、辅助设备的准备等。

1. **顾客资料的准备**

顾客资料是反映顾客基本情况的信息资料，推销人员对顾客信息资料掌握得越多，就会越容易接近顾客，使推销工作顺利进行下去。但是准顾客的种类很多，信息要求也不相同，因此接近不同类型的准顾客，推销员应进行不同要求的接近准备。

（1）个体准顾客的接近准备。

个体准顾客是指作为一个个体的准顾客。一般来说，个体准顾客接近准备的主要内容是：

①个体客户基本信息。包括姓名、年龄、性别、相貌特征、民族、出生地、文化程度、职称、信仰、办公及居住地址等。

这里首先需要强调的是准顾客的相貌特征。推销人员在接近准备阶段，应了解准顾客的音容、相貌、身体等重要特征，最好能拥有一张准顾客的近期相片。掌握准顾客的身体相貌等特征，既可避免接近时出错，又便于销售人员提前进入洽谈状态。

其次是对准顾客办公及居住地址的有效把握。准顾客的住址、办公地点和经常出入、停留的地方，对推销人员而言是很重要的资料。在接近准备阶段，一定要不厌其烦地核对清楚。例如，邮政编码、区名、街道名、楼宇名、门牌号码以及其周围环境特征，联系电话、传真机、手机号码等都要搞清楚，以便顺利到达接近地点和节省接近拜访时间。

②个体客户的需求与购买行为。这是准顾客资格审查的重要内容之一，同时也是接近准顾客前准备工作的重要方面。推销人员应尽量了解准顾客需求的具体情况，如购买需求的详细内容和需求特点、购买的主要动机、购买决策权限的范围以及购买行为在时间、地点和方式上的规律性，从而有针对性地做好推销工作。

③个体客户学习、工作经历和兴趣爱好。对于推销员来说，推销准备的一个重要步骤是了解推销对象的学习和工作经历，这将有助于约见顾客时与其寒暄，从而快速拉近双方间的距离。例如，一位推销员了解到顾客与自己一样，都曾在学校当过学生会主席，于是他和顾客在面谈时话题自然转入学生时代，并谈起了当年在学校担任学生会主席的种种经历，双方津津有味地回忆起学生时代的美好时光，最后在愉快的气氛中达成了交易。

了解准顾客的兴趣爱好，不仅有利于针对性地向准顾客推销商品，以投其所好，而且有利于寻找更多的共同话题接近准顾客，融洽谈话气氛，并且可以避免冒犯准顾客。

④家庭及成员情况与消费偏好。包括单位、职业、职务、收入情况和家庭成员的价值观念、特殊偏好、购买与消费的参照团体等个性资料。通过在准备过程中了解准顾客的家庭情况，可以为约见顾客和面谈准备一些话题，从而有效打开推销局面。

（2）团体准顾客的接近准备。

团体准顾客是指除个体准顾客之外的所有准顾客，包括各种企事业单位及其他社会团体组织。从推销学的角度讲，这里所谓团体准顾客，主要是指各类工商企业。向团体顾客推销，并不意味着向该团体内所有的成员展开推销攻势，而是向该团体内购买代理人和决策人进行推销。因此，向团体准顾客推销，就是向团体代理人推销，而团体准顾客的接近准备也就是团体代理人的接近准备。

团体准顾客的接近准备包括如下内容：

①组织基本信息。包括法人全称及简称、品牌商标、所属产业、组织性质、所在地点、交通状况、生产经营规模、成立时间与历史事件、目前法人代表及主要决策人物的姓名与电话号码、传真号码等。

②组织经营情况。对团体准顾客的推销，实际上是向组织购买决策人或购买执行人推销，而绝非向机构本身推销。但是，机构本身复杂的组织结构和人事关系，对推销能否成功有着重要的影响。因此，在接近团体准顾客之前，推销人员不仅要了解团体准顾客的战略规划与组织目标、规章制度、办事程序，而且还要了解主要领导人的职权范围与工作作风、组织结构图及权责范围的划分、人事状况以及组织内部的人际关系等。

③组织生产情况。对于从事产品生产的企业，需要首先了解产品品种、产量、生产能力及发挥水平、设备技术及技术改造方向、产品结构情况、产品加工工艺及配方；其次是了解产品主要销售地点及市场反映、市场占有率及销售增长率；最后是了解企业的管理风格与水平，发展、竞争与定价策略等。对于从事商品流通的企业，需要了解其营业面积、商品特点、商品规模、商品等级、客流量、购买者的消费偏好与购买行为等，并了解目标企业的经济实力、经济效益、履约能力和商业信誉情况。

④组织采购习惯与购买行为情况。不同目标组织有着各自不同的采购习惯，包括采购对象的选择、购买途径、购买周期、购买批量、结算方式等方面都可能有差异。那么在推销前的准备环节中，推销人员要对团体准顾客的采购习惯进行认真、全面、细致的分析，并重点准备以下几个问题：

• 目标团体组织中哪些部门发现需求或提出购买申请？

• 目标团体组织中哪个部门对需求进行核准与说明？选择标准是什么？

• 目标团体组织中哪个部门负责选择供应厂家、进行购买决策？购买决策的影响因素是什么？

• 目标团体组织当前向哪几个供应商进行购买？供求双方的关系及其发展前景如何？目前竞争对手给准顾客的优惠条件是什么？准顾客的满意程度如何？

⑤关键部门与关键人物情况。主要是指对在组织性购买行为与决策中起关键作用的部门和人物，其中关键人物主要包括购买决策人和购买执行人，所以应在推销前准备过程中重点了解有关情况。

推销小链接

某企业分公司客户档案内容

各分公司对客户制定客户档案，客户档案的内容如下。

• 客户资料及其他基本资料：

客户资料：对客户的基本情况的记录，内容有客户类别、名称、地址、联络电话、单位编号、赊销额度、企业性质、经营规模、新建时间、信用级别、对公司的忠诚度等。

其他基本资料：营业执照复印件、协议书、补充协议书、各项证明书等。

• 客户特征资料：资金实力、发展潜力、经营观念、经营方向、经营政策、内部管理状况、企业文化、经营历史等。

• 业务状况资料：财务表现，销售变动趋势，经营管理人员及业务员的素质品行，与其他竞争对手的关系，与本公司的业务关系及合作态度，等等。

• 公关资料：客户周年庆典情况，企业内部决策层，权力分配体制和状况，负责人的性格兴趣、年龄、工作经历、作风、家庭状况、社会关系情况，最适合的激励方式和激励程度等。

资料来源：客户管理制度 [J]. 商界，2000 (10) 增刊.

（3）常顾客的接近准备。

所谓常顾客或者老顾客，简称常客，是推销人员所掌握的比较固定的买主。常顾客接近准备的内容有：

①老顾客的基本信息。推销人员应在平时的推销工作中有针对性地完善老顾客的基本信息，在接触前的准备过程中修正错误信息，并补充遗漏信息。还应该在准备过程中，温习老顾客原有的消费偏好、购买习惯与性格特征。以便在见面时可以从这些内容入手进行寒暄，这样会使顾客感到很亲切。

②老顾客的信息变更情况。在进行老顾客的接触准备时，推销人员应对原来客户档案中的资料逐一审查，并加以核对，了解原有资料是否有变动。

对于个体老顾客，主要通过回答以下问题进行准备：这位顾客收入是否增加？是否已经离退休或调动工作？生活习惯和消费习惯是否改变？家庭情况有无变化？是否改变住所？亲戚朋友及其他社会关系有无重大变化等。所有这些情况的变动，都会影响老顾客的原有的购买习惯，如果在推销准备中不事先进行相关资料的搜集，极易影响推销工作的顺利进行。

对于团体老顾客，在推销准备中应密切关注团体组织的任何细微变化，可以通过回答以下问题进行准备：这家公司的名称是否改动？公司的经营范围是否扩大？设备、人员、人事、办公地点有何变动？公司生产经营情况是否好转？产品是否畅销？公司存货的变动情况以及公司财务报表的变动情况等。

③历史成交信息反馈情况。推销人员再次拜访老顾客之前，应该重点准备老顾客（无论是个体顾客还是团体顾客）上一次成交后的信息反馈情况，包括供货时间、产品价格、产品质量、使用效果和售后服务等情况。老顾客购买反馈情况的内容和形式主要包括两个方面：一方面是购买后好的反应，另一方面是购买后的抱怨反应。无论老顾客反应好坏，推销人员都应该准备过程中提前知晓相关信息，并且仔细研究，并在推销过程对顾客的抱怨做出解释，对顾客的期望给予承诺。

2. 推销访问计划的准备

制订推销访问计划是指推销员设计、规划、准备向准顾客推销介绍时所要阐述的主题、观点以及陈述程序的过程。在接近顾客前，推销员都应根据不同的准顾客来设计规划好其推销访问计划，以使推销介绍有目的有计划地进行。一般来讲，在没有准备程序的情况下走进准顾客的家里或办公室，很容易导致推销失败。实践表明，推销介绍越有计划，准备得越充分，促成交易的机会就越大。因此，无论是向新的准顾客推销，还是追踪访问以前没能成功促成交易的准顾客，或是访问经常购买的老顾客，推销员都应养成推销接近前做好对推销介绍规划设计的良好习惯。

推销访问计划的内容主要是：①归纳出推销介绍中所要阐述的重点内容，如产品的效用、利益或好处；②推销介绍中的陈述程序，即先说什么、后说什么等；③针对可能出现的拒绝和问题，准备好应该做的劝说工作，即推销员站在顾客的立场，设想一些准顾客可能提出的问题、反驳、拒绝等异议，设计出自己处理这些异议时应采用的方式和技巧，并进行一些练习，由此来提高自己的说服能力。

推销小链接

面谈议程的十项提示

（1）即将拜访的顾客会不会提出拒绝？如果可能的话，将采取哪些方法使顾客转变其态度，有兴趣进行面谈？

（2）在面谈中，准备向顾客提出哪些具有刺激性的问题，使顾客真实地透露出他的需求情况和购买计划？

（3）准备在什么时机与顾客谈及价格问题？谈及价格问题的原则是什么？

（4）准备强调哪些问题，使顾客认识到所推销的产品正是他所需要的？

（5）如果顾客提出异议，准备采取哪些转化方法，使顾客放弃所持有的观点？

（6）准备使用哪些方法充分体现出你所推销产品的优点，又能以令人信服的资料和实例，使顾客对产品产生信赖感？

（7）面谈中有没有最敏感、最有争议的问题？

（8）准备采取哪些步骤使顾客做出购买决定？

（9）顾客可能提出哪些要求？对顾客的要求是否可以让步？在什么情况下按什么标准对顾客让步？

（10）假如与顾客面谈时没有达成交易，是否还有第二个目标？第二个目标是什么？

3. 辅助设备的准备

辅助设备主要指推销员在推销过程中用来演示的模型、样品以及其他材料。推销员在接近准顾客前，应先检查一下这些辅助设备，保证设备装备齐全、运作正常及外表美观，以免发生诸如设备在演示时突然失灵，或要给顾客产品说明书时却找不到，或在放幻灯片时灯泡突然熄灭等令推销员尴尬的事情，尽量不要给顾客造成不良印象。

推销小知识

推销辅助设备一览表

（1）视听器材：商品实体、样品、产品目录、幻灯片、音像制品、图文资料等。

（2）宣传器材：广告作品、产品说明书、产品价目表、检验报告、鉴定证书等。

（3）签约器材：票据、合同文本、印章等。

（4）其他器材：笔、计算器、笔记本、单位介绍信、身份证等。

5.2 约见顾客

约见是推销人员事先征得顾客同意接洽的过程。约见既是接近准备的延续，又是接近过程的前奏。一般来讲，实质性的推销工作是从约见开始的。在确定了准顾客之后，推销人员便可开始接近准顾客，进行推销访问。随着人们工作生活节奏的加快，越来越多的人奉行“时间就是金钱，效率就是生命”的信条，习惯将每天的工作提前做好计划安排，列出时间表。如果“不约而见”，拜访对象不但可能会拒绝“不速之客”，而且当拜访对象正在处理比较私人的事情时，这种“不约而见”还可能引起拜访对象的极大反感，使事后的“补救”

预约难以生效。因此，为了有效地接近访问对象，必须事先进行约见。约见有助于推销人员成功地接近顾客，有助于推销人员顺利地开展推销面谈，有助于推销人员客观地进行推销预测，有助于推销人员合理地利用推销时间。

推销小知识

约见的四大好处

（1）你需要潜在顾客全身心的注意力。而约见可令顾客避开干扰，这样，你就可以有效地介绍你的公司及产品。

（2）约见能使你计划自己的工作，令你有时间为面对面的产品示范做充分的准备，并告知潜在顾客产品示范所需要的时间。

（3）预约显示出你的专业性。

（4）预约能帮助培养你的时间管理技能。

5.2.1 约见的内容

一般来说，约见的内容主要有以下几个方面：

1. 确定访问对象

进行推销访问，首先要明确访问对象。访问对象是指对购买行为具有决策权或对购买决策有影响的关键人物。确定约见对象，就是要求推销员弄清约见的对象究竟是谁，同时必须分清真正的买主和名义上的买主。真正的买主是指有权力拍板成交的人，名义上的买主是一些具体买办人员，如助手、秘书、购货代理商等。名义上的买主虽然没有决策权，但可能对购买决策具有影响力，如果得罪了他们，这些人就可能会在决策人面前贬低你的产品，损害你的形象，到头来吃亏的是上门推销的一方。因此，在确定约见对象时，既要摸准具有真正决策的关键人物，也要处理好与其相关的人事关系，与那些名义上的买主保持良好的接触，取得他们的鼎力支持与合作。

2. 明确访问事由

明确访问事由是约见的第二个内容。在约见访问对象时，必须告诉对方访问的原因、有何事商谈等。一般来说，推销人员约见顾客的目的有以下几种：

（1）认识。与顾客第一次见面，可以把认识、“投石问路”与约定谈话时间等作为目的。

（2）沟通访问。不以销售为直接目的，而以寒暄的问候方式进行访问，并给予顾客安心和满足感，进而牢固双方亲密的伙伴关系。这种访问沟通与销售并没有直接的关系，其主要目的是使顾客和业务人员的感情得以维持，对将来的销售活动产生更大的帮助。通过这种沟通访问，业务人员一面听取顾客对产品使用状况的意见，一面借机向顾客提供新的使用方法及其他相关的信息，以达到与对方沟通协调的目的。同时，以此为出发点向顾客探讨同业或业界的各种相关信息，进而结识更多的新顾客。

（3）市场调查。在实际推销工作中，推销人员以市场调查为由预约顾客，比较容易为对方所接受，这既有利于搜集有关资料和情报，为进一步推销做好准备，又可以避免强行推销。这样做本身往往还有可能由市场调查转变为正式推销，甚至当面成交。

（4）推销产品。直接向约见对象推销产品，这是最根本的预约目的。在预约顾客时，推销人员不仅要设法引起顾客对产品的兴趣，着重说明所推销产品的功能、特点以及提供给顾客的优惠条件和给客户企业带来的利益。若顾客的确需要推销的产品，自然会欢迎推销员的来访，并给予合作。若顾客确实不需要，推销人员也最好不要强求。如果推销人员深信所推销的产品的确能给顾客利益，而客户却因各种原因不愿约见时，可找寻多种方法预约。

（5）签订合同。如果各方面条件成熟，可以将预约目的确定为签订合同。所谓以签订合同为目的的推销是推销人员与客户经过多次推销洽谈，已达成购买意向，需要进一步商讨一些具体细节，签订合同。但是以此为目的的预约，一定不要显得过于急切，要尊重顾客的时间。因为签订合同不仅意味着一次交易的结束，而且意味着下一次交易的良好开端，必须予以高度重视。

（6）收取货款。收取货款是推销过程的重要环节，无法收回货款的推销是失败的推销，且很多企业是根据销售回款额来确定推销人员的奖金的。在实际推销活动中，推销人员要注意调查推销对象的购买信用，加强售后服务，并且要把握适当收款时机。利用收款作为访问事由约见顾客，对方不好推托，但在实际预约中，推销人员也应该体谅客户的困难，既要防止出现呆账，又不要过于逼账，否则会影响双方良好的客户关系。

（7）提供服务。将提供服务作为预约客户的理由，往往比较受欢迎。通常，工业用的技术产品，厂商多半会在销售后定期派遣专业工程师或技术人员进行指导、检查维修等巡回服务。事实上，推销本身就是一种服务。这不仅可以完成推销任务，而且还可以树立企业的商誉，并且建立推销人员的良好形象，为今后的推销工作铺桥搭路。

（8）处理投诉。这种约见是以处理顾客抱怨为目的所实施的预约。因此，当顾客对产品投诉时，即使推销人员心中有再多的理由，也应通过预约亲自向对方道歉，然后委婉说明理由，并妥善处理客户的投诉，消除客户的不满意，让他们对企业变得忠诚。

（9）联络感情。逢推销对象的重大喜庆日子或者习俗节日等，推销人员可以利用各种形式约见顾客，甚至约见顾客的家属、亲朋好友，借以表达合作愉快、承蒙关照的感谢之意，与顾客产生感情上的共鸣。把增进与顾客的情感交流和建立良好的人际关系作为约见的目的。

除了上面列举的主要访问事由之外，推销人员还可以利用一切可以利用的正当理由，不失时机地约见顾客。

3. 约定访问时间

约定访问时间也是约见准顾客的一项重要内容，如访问时间选择不当，就会使推销会谈蒙上阴影，甚至告吹。推销人员可根据准顾客的工作特点来安排访问时间。例如，尽量不要选择顾客忙的时间拜访，如星期一或对方休假后的第一天，因为，这一天的工作一般都是很忙的。根据大量的推销实践，选择下列时间拜访约见顾客，可能效果较佳：一是顾客遇到喜事吉庆时，如晋升提拔、开张营业、乔迁、获奖等，甚至在顾客刚领到工资，心情愉快时；二是节假日之际或企业的厂庆纪念、工程竣工之际等；三是顾客遇到暂时困难，急需帮助时；四是顾客对原先的产品有意见、对原供应商不满意时约见，往往会感动“上帝”。

4. 选择访问地点

选择访问地点的基本原则是方便顾客，有利推销。从现代推销实践看，访问地点一般选择在对方的工作单位或居住地，亦可选择公共场所作为会谈地点。一般来说，下述场所可供推销人员选择约会地点时参考：

(1) 工作地点。如果推销对象为法人团体，那么访问地点一般是在工作地点。

(2) 居住地点。如果推销对象为个体顾客、推销产品为日用消费品时，此时的访问地点一般是顾客的住所。

(3) 社交场所。在国外，许多生意不是在办公室而是在高尔夫球场上成交的。此外，酒吧间、夜总会、咖啡店、生日晚会、舞会、记者招待会及其他所有社交场所都是做买卖的地方。在我国，近年来也有一些企业和推销人员通过举办或发起各种社交活动，借机约见顾客。

(4) 公共场所。对于某些顾客来说，工作地点和居住地点都不便于会见推销人员，并且不愿意在社交场合抛头露面。在这种情况下，把一般公共场所作为约见地点，是比较方便顾客、有利推销的。

总之，约见的基本内容就是要确定推销访问的对象、事由、时间和地点，也就是要明确“四何”，即何人、何事、何时、何地。

5.2.2 约见的方法

1. 信函约见

信函约见即利用各种信函约见顾客。函约包括个人书信、传真、会议通知、社交请柬、广告函件等。它是一种成本低廉、散布面广的约见方式，因而经常被采用。例如，推销员要到某地拜访顾客时，通常提前写信或发传真与对方联系，告诉对方可能见面的时间与地点。但一般来讲，函约要收到好的效果，其约见信函应文辞恳切、简明扼要、内容准确、文笔流畅、书写工整秀丽、投其所好，如果是用打印机打出来的信函，其落款还应亲笔签名。

约见准顾客的书信，在写作上有以下要求：

(1) 自我简介。在信的开头要对自己、本企业及所推销的产品等情况做一些简要介绍，尤其要让准顾客了解你所在企业的历史、现状、经营宗旨、经营状况、生产设备、技术力量以及产品的质量水平等，从而增加准顾客的信任感。

(2) 紧扣顾客的问题和需要。推销品能否解决问题和满足需要，这是准顾客最为关心的焦点，也是推销成功与否的关键所在。因此，约见信的重点应放在强调推销品对于满足准顾客的需要和解决问题的重要性上，使准顾客认识到与推销人员见面的必要性。

(3) 言简意赅。约见信应力求文字简练、流畅、意思明确。常言说“文如其人”，准顾客看见这样的信，一定感觉到推销人员是位修养较深、办事精明干练、有条理的人。这样的人最受准顾客的欢迎。相反，如果文字冗长又不通畅，东拉西扯，其意令人费解，不仅让准顾客看得头疼心烦，而且更不愿意与写信的人相见。

(4) 力求具体，避免抽象空洞。约见信中，对事实的陈述一定要具体化，不要进行抽象空洞的描绘。例如，叙述产品质量优良时，应该说“产品平均无故障工作时间（万小时）、使用寿命（年）”，而不要说“产品质量一流，在国内同类产品中名列前茅”。显然，前一种说法对准顾客更有吸引力，给对方的印象更深刻；而后一种说法则空洞抽象，显得贫乏无力，甚至会引起顾客的反感。

(5) 语气热情恳切。既然约见信的目的是请求顾客接见，因此在语气上要表现出热情恳切之意，透过字里行间使对方感受到推销人员的一片真诚之心。

（6）避免错别字。在约见信中，推销人员一定要特别当心不要写错别字，尤其是访问对象的姓名，本企业的名称、地址等。写错顾客的姓名是对对方的极大不尊，必然招致约见失败。所以写完约见信后，推销人员一定要逐字逐句检查一遍，对拿不准的字，则要借助词典核实，确保无一差错。

（7）要亲笔书写。现在电脑打字的广泛应用，为人们的写作提供了很大方便。但是打印的信件往往不被人们重视。因为在收信人看来，写信者连笔都懒得动，一定对所言之事不重视，所以对来信也就更加不会重视，甚至不屑一顾，将其扔进字纸篓。因此，推销人员一定要亲笔书写约见信，以显示其诚意及对约会一事郑重其事，这样才会引起顾客的重视。如果觉得自己的字写得不好看，也可以用电脑打印出来，但是一定要亲笔签名。

推销小知识

信函约见的注意事项

（1）以一个特殊、仔细挑选的人为对象。这个对象应该是能对购买起作用的人。

（2）尽可能以私人的口吻写给目标顾客。不要写某某单位某部门负责人收等公函式的公文。

（3）提及潜在顾客的经营状况。

（4）提供一种单一的、清晰的、有特色的服务。服务应该有一些特色（如一种约定、一个特殊服务等）；服务越普通，越无效。这种服务与目标顾客现在经营状况相联系，最好能大大改善顾客的经营状况，效果会更好。

（5）必须约定一个通电话的时间。确定哪天会再给对方去电话，一旦确定时间，就一定要遵守。

（6）贴一张不寻常的邮票。

（7）选择好发信的时间。最好选择顾客愉快的日子收到你的信。

2. 当面约见

当面约见即推销员与顾客当面约定拜访事宜。这种方式简便易行，推销员可利用各种与顾客见面的机会进行约见。如在各种社交场合不期而遇时、见面握手时、分手告别时或被第三者介绍认识时，推销员都可借机而约。

3. 电话约见

电话约见即通过电话来约见顾客，这是现代推销常用的约见方式，其优点在于经济便捷。电话约见，由于顾客是不见其人，只闻其声，故重点应放在“话”上。推销员一方面要做到口齿清楚、语调亲切、表达得体，另一方面要做到长话短说、简单明了，尽量避免透露太多情报。因为电话约见的目的是要约定访问时间，而不是做推销，同时还要掌握电话约见的技巧，以便能成功约见。

4. 委托约见

委托约见即推销员通过自己的朋友、同学、亲戚或以前的同事等这些第三者来约见顾客。许多推销实践表明，由他人打电话或写信为你约定访问时间，或安排你去访问，并决定访问时间，将会使获得访问的机会大大提高。例如，推销员拜托自己在某家准顾客公司就职的同学先与准顾客打声招呼，然后再去正式拜访，其效果通常会较佳。

5. 广告约见

广告约见即利用各种广告媒介来约见顾客，例如用于贸易洽谈会、展销展览会、新闻发布会、广而告之的通知、寻找新产品代理、转让机器设备的广告等。在约见对象不明或约见对象太多的情况下，广告约见是一种较佳的约见方式，其特点是信息覆盖范围广阔、及时快捷。它可以使准顾客主动找上门，有利于改变推销员的被动地位，招徕大量的潜在顾客。

6. 网上约见

网上约见即利用互联网来约见顾客。网上约见通常采用包括设立专门网站或网址发布相关信息，然后通过收发电子邮件等技术手段传达约见信息。网上约见具有范围广、无时空限制、方便快捷等优点。利用电脑和互联网，推销员可花较少的时间、成本而约到较多的顾客，一“脑”在手就可以约见天下，其便捷和效率必然促使网上约见成为今后推销约见的重要约见方式。

本章小结

接近目标顾客，推销员必须要做好准备活动，它影响到整个推销的成败。接近准备工作包括顾客的资料准备、推销计划的准备和推销辅助设备的准备等。准备工作结束后，推销人员要约见顾客，约见工作包括确定约见对象、约见时间、约见地点和约见内容，并且选择合适的约见方式成功约见顾客。

重要概念

接近准备　约见

复习思考题

1. 什么是接近准备？接近准备工作包括哪些内容？
2. 简述接近准备工作在推销工作中的重要性。
3. 约见准顾客的基本内容是什么？约见准顾客的方法有哪些？

角色扮演

如何成功电话约见客户

在这次角色扮演练习中，你扮演的是一位推销员（产品可以自己定义），你的同学扮演的是你要推销的准客户，你推销的这个产品需要面对面的展示，才会有更高的成交率，那么，如果使用电话约见，你将怎样成功约见客户呢？下面是给出的一些建议，你可自行采纳。

1. 事先计划并写下你想说的话，这会帮助你组织你的信息，也能更加简明地将它表述出来。
2. 清楚地介绍你自己以及你公司的情况。
3. 表明你打电话的目的，并简要地提示一下这位潜在客户如何能够从销售访谈中受益。
4. 准备一个简单的销售陈述，突出说明产品特性能为之带来的效益，表达能够激发起客户兴趣的足够信息。
5. 一定要从被访问者那里得到回答。即使从电话中得到的是负面的回答，你也要坚持这样做。
6. 要求进行销售拜访，以便向他进一步解释你的产品的功效。
7. 将你的预约请求变成为问题提出，你应该在时间上给你的潜在客户一个选择。

延伸阅读

Allen M. Weiss, Nicholas H. Lurie, and Deborah J. Macinnis. Listening to strangers: whose responses are valuable, how valuable are they, and why?[J]. Journal of Marketing Research, 2008.

消费者常常将网络作为信息源，在这个过程中接受来自陌生人的信息来用作决策或获得知识。而选择使用哪些陌生人信息，判断哪些信息是有价值的，取决于这个信息提供者的回应速度、提供者先前在核心领域的回应被其他人正面认可的程度、提供者先前回应跨越了几个领域知识的广度等，这些都会影响消费者对该提供者所提供的信息价值的客观判断。

课堂自测题

1. 下列关于接近准备的说法，正确的是（　　）。

A. 推销人员在接近某一特定顾客之前进一步了解该顾客情况的过程

B. 推销人员在接近某一特定顾客之前不断学习、提高自我的过程

C. 推销人员在接近某一特定顾客之前确定接近方式的过程

D. 推销人员在接近某一特定顾客之前确定接近时间的过程

2. 以下选项中不属于接近准备工作在推销过程中的重要意义的是（　　）。

A. 有助于拟定接近策略

B. 有助于避免推销工作中的失误

C. 有助于取得准顾客的信任

D. 有助于增强推销人员的信心

3. 在准顾客的资料准备中，准顾客的分类为（　　）。

A. 个体准顾客、团体准顾客、常顾客

B. 个体准顾客、组织准顾客、常顾客

C. 个体准顾客、组织准顾客、老顾客

D. 个体准顾客、团队准顾客、老顾客

4. 接近准备的内容包括（　　）。

A. 顾客资料、推销访问计划、辅助设备

B. 顾客资料、购买协议、辅助设备

C. 产品资料、购买协议、辅助设备

D. 产品资料、推销访问计划、辅助设备

5. 既是接近准备的延续，又是接近过程的前奏的是（　　）。

A. 确认　　B. 约见　　C. 初见　　D. 洽谈

6. 进行推销访问之间，首先要确定的是（　　）。

A. 确定访问对象　　B. 明确访问事由

C. 约定访问时间　　D. 选择访问地点

7. 如果推销对象为法人团体，那么访问地点一般在（　）。

A. 公共场合　　B. 居住地点　　C. 工作地点　　D. 社交场所

8. 如果推销对象为个体顾客，推销产品为日用消费品，那么访问地点一般在（　　）。

A. 公共场所　　B. 工作地点　　C. 社交场所　　D. 居住地点

9．电话约见的优点是（　　）。

A．方便快捷　　B．直接明了

C．经济便捷　　D．避免尴尬

10．以下选项中，不属于网上约见的优点的是（　　）。

A．范围广　　B．无时空限制

C．方便快捷　　D．可信度高

课堂自测题答案

案例分析

孙武的接近准备

孙武是一位经验丰富的推销主管，他在推销的行业里干了 20 多年了，推销过很多产品，从一位门外汉变成了一名推销能手。孙武在总结自己的推销经验时说：“如果推销员带着一个有益于顾客的构想去拜访顾客，所遭遇的拒绝机会就会减少，就会受到顾客的欢迎。推销员要做建设性的拜访。”

孙武在推销地板砖时，虽然他拥有的客户数目不少，但是由于客户受到资金的限制而无法大量地购买他的产品，每个客户的订货量都不大。如何才能让顾客大量地购买产品呢？经过认真地调查分析和思考，孙武为客户想出了一个加速资金周转的办法。他建议客户从时间上来改善，平常不必大量储存材料，而应计划安排好，在材料使用前几天内将货补齐，这样可以加速资金周转。客户采纳了他的建议后，由于不必在事前大量储存材料，节约了资金，加速了资金周转，终于能大量地采购孙武的产品了。

孙武认为，推销员应多多地拜访顾客，但是，如果能做建设性的访问，访问才会有效果。孙武的一位客户——一家零售店老板曾这样说：“今天早晨在孙武来访问我之前，已经有 15 个推销员来过了。这 15 个推销员都只是一味地为他们的商品做广告，或谈价钱，或让我看看样品。然而，当孙武把产品高明的陈列方法告诉我时，我宛如呼吸到新鲜空气一样，真让人高兴。”

孙武把如何才能对顾客有新帮助的想法铭刻在心，这样，他从不放过任何一个能对顾客有所帮助的机会，即使是一个偶然的机会。

一次，孙武与一位技术人员交谈。当时这位技术人员正计划要成立一个水质净化器制作与安装公司。孙武为了能赢得顾客，便认真地去思考一个富有建设性的方法。

当孙武在另外一位客户的办公室等候的时候，他看到了一本与自来水有关的技术杂志，便一页一页地翻开看，结果发现了一篇具有经济价值的工程论文，这是论述在蓄水池上面安装保护膜的一篇论文。

于是，孙武把这篇论文加以复印，然后带着复印材料去访问那位技术人员。这位技术人员对孙武提供的这份材料十分满意。此后，他们的商业交往一直都进行得很顺利。

事后，孙武在总结自己的经验时说：“看到这本杂志后，才得到这个好运。但是能获得此佳运，也并非出于偶然。因为，如果我不是经常在想着建设性的访问目标，那么，我绝不会去翻阅那本杂志。倘若我没有看到那篇论文，我还会去寻找其他东西。对每位顾客都做建设性访问的我，随时都能对所有机会产生机敏的反应。”

孙武还有一个客户是一位五金厂厂长。这位厂长多年以来一直在为成本的增加而烦恼不已。其成本增加的原因，多半是该公司购买了许多规格略有不同的特殊材料，且原封不动地储存着造成的。孙武在考虑如何才能帮助客户把成本降下来这个问题。一次，孙武偶然地去访问一家与该五金厂毫无竞争关系的客户时，产生了一个想法。然后，孙武再次来拜访这位五金厂厂长，把自己的构想详尽地讲出来。厂长根据孙武的构想，把360种存货减少到254种，结果使库存周转率加快，同时也大幅度地减轻了采购、验收入库及储存、保管等事务，从而降低了费用。

后来，五金厂厂长从孙武那里购买的产品大幅度地增加。

要能够提出一个有益于顾客的构想，推销员就必须事先搜集有关信息。孙武说："在拜访顾客之前，如果没有搜集到有关信息，那就无法取得成功。"他还说："大多数推销人员忙着宴请客户单位的有关负责人，我则邀请客户单位的员工们吃顿便饭，以便从他们那里得到有利的信息。"

一次，孙武和客户单位的员工边吃边谈，得知该公司业务部在那一周里一直在加班，并了解到每个月他们都会如此加班，原因是所用的电脑出了问题。

"我所获得的这些资料已足够我去接近客户，"孙武说，"当我访问该公司时，便针对他们问题的症结，向他们提出办公设备的事情。同时，我也提供他们实际的数据，让他们做一比较。从比较中，他们得知六家同业公司都因减少加班时间，每个月至少节省了几千元的加班费。"

孙武仅如此稍做一点准备，搜集到一些信息，便采取针对性的措施，打动了客户的心弦。孙武正因为认真地寻求可以助顾客一臂之力的方法，带着一个有益于顾客的构想去拜访客户，所以才争取到不计其数的客户。

资料来源：企业世界，http://www.coachsky.com.

思考讨论题

1. 为什么有的推销员一直顺利成功，而有的推销员则始终无法避免失败？
2. 上述案例中孙武为了接近成功做了哪些准备？

第6章

接近顾客

"赞扬是一种精明、隐秘和巧妙的奉承，它从不同的方面满足给予赞扬和得到赞扬的人们。"

——拉罗什富科

学习目标

◇了解接近顾客的含义
◇掌握接近顾客的方法
◇克服接近顾客中容易犯的错误

引 例

成功的会面

美国洛德曼公司的总裁哈罗德·洛德曼为争取一份高级浴室设备的6位数订单，请其助手安排一次与准顾客马丁德尔公司总经理约瑟夫·马丁德尔的会面。会面前，助手建议洛德曼洽谈时务必简洁明了，因为马丁德尔是一位不喜欢无意义交谈的人，如果洽谈时间超过5分钟就会失去交易的机会。难以想象用5分钟时间能把6位数的生意做成，然而洛德曼赴约时却成功地与马丁德尔相处了3个多小时，并共进午餐，获得了这份订单。

洛德曼有何诀窍令马丁德尔花费这么多时间与他一起讨论推销问题呢？

洛德曼与马丁德尔刚见面后就说："在等候您时，我欣赏了您办公室的装饰，布置得非常有特色。那盏浮雕灯是法国制的吗？"马丁德尔满脸悦色地回答："是的。您真不愧为识货人，那是纯正法制的有花卉浮雕图案的玻璃灯饰，这种灯现在已经不多见了。说起这盏灯还有一段故事，那是几年前我去巴黎……"

由此打开话匣子，从灯饰谈到艺术，再谈及室内装修，最后扯到浴室设备的交易话题，令马丁德尔意犹未尽。

资料来源：何培秋，等．现代企业产品推销学［M］．广州：暨南大学出版社，1995.

所谓接近顾客，是指推销人员为推销洽谈的顺利开展而与推销对象正式接触的过程。在这一阶段，推销人员的主要任务是根据已经掌握的顾客资料和接近顾客时的具体情况，灵活地运用各种接近顾客的技巧，与顾客建立一种融洽的关系，以利于顺利进入推销洽谈阶段，取得推销的成功。接近顾客是推销洽谈的前奏，是推销员给准顾客第一印象的关键时机，是能否引起准顾客注意、进而对推销品产生兴趣的重要阶段。

6.1 接近顾客的意义

在接触顾客或和他见面时，你要有怎样接近的话语？怎样的开场白？怎样让你瞬间在顾客的心目中产生良好的印象？我们需要掌握的就是接近顾客的要领。在接近顾客的半分钟之内就决定了我们推销的成败，这是成功的推销人员共同的体验。那么接近顾客到底有什么样的意义？

1. 引起顾客的注意

在现实生活中，人们每天都接触到大量的商品信息。公司产品能否引起顾客的注意，是决定公司推销工作能否成功的重要前提。如果顾客注意到公司提供的产品信息，则说明公司的推销工作有可能进行下去；反之，就说明此次推销工作已经失败。所以，推销人员在初次拜访顾客时就要吸引住对方，引起顾客的注意，为下面的推销工作打下坚实的基础。

2. 激发顾客的兴趣

兴趣是一个人对客体的选择性态度的心理倾向，它表现为顾客对某种活动、某种事物的偏爱和喜好。在推销活动中，顾客对产品的偏爱和喜爱即为其兴趣所在。公司在成功地引起顾客的注意之后，便要顾客对公司的产品产生兴趣，否则不仅不会引发顾客的购买欲望，反而会使顾客的注意力转移，使公司所做的一切工作前功尽弃。因此，初次访问的第二个目的就是激发顾客的兴趣。

3. 赢得顾客的满意

顾客对公司的产品产生兴趣并不等于他会马上购买，要想让顾客下决心购买公司的产品，就必须保证公司的产品能很好地满足他的需要。事实上，推销活动就是一个发现顾客需求，进而满足顾客需求的过程。只有让顾客处处满意，才能实现推销的最终目标——让顾客购买公司的产品。所以，出访的另外一个目的就是让顾客满意，愿意购买公司的产品。

6.2 初次接近顾客

6.2.1 创造性的开场白

推销员与准顾客交谈之前，需要适当的开场白。开场白的好坏，几乎可以决定这一次访问的成败。换言之，好的开场，就是推销员成功的一半。推销高手常用以下几种创造性的开场白。

1. 金钱

几乎所有的人都对钱感兴趣，省钱和赚钱的方法很容易引起顾客的兴趣。

下面是“金钱”开场白的一些应用实例：

“张经理，我是来告诉你贵公司节省一半电费的方法。”

“王厂长，我们的机器比你目前的机器速度快、耗电少、更精确，能降低你的生产成本。”

“陈厂长，你愿意每年在毛巾生产上节约5万元吗？”

2. **真诚的赞美**

每个人都喜欢听好话，顾客也不例外。因此，赞美就成为接近顾客的好方法。赞美准顾客必须要找出别人可能忽略的特点，而让准顾客知道你的话是真诚的。赞美的话若不真诚，就成为拍马屁，这样效果当然不会好。赞美比拍马屁难，它要先经过思索，不但要有诚意，而且要选定既定的目标与对象。“王总，您这房子真漂亮。”这句话听起来像拍马屁。“王总，您这房子的大厅设计得真别致。”这句话就是赞美了。

下面是两个赞美顾客的开场白实例：

“林经理，我听华美服装厂的张总说，跟您做生意最痛快不过了。他夸赞您是一位热心爽快的人。”

“恭喜您啊，李总，我刚在报纸上看到您的消息，祝贺您当选为十大杰出企业家。”

3. **利用好奇心**

现代心理学表明，好奇是人类行为的基本动机之一。美国杰克逊州立大学刘安彦教授说：“探索与好奇，似乎是一般人的天性，对于神秘奥妙的事物，往往是大家所十分关心、注目的对象。”那些顾客不熟悉、不了解、不知道或与众不同的东西，往往会引起人们的注意，推销员可以利用人人皆有的好奇心来引起顾客的注意。

推销小案例

巧用好奇心

一位推销员对顾客说：“老李，您知道世界上最懒的东西是什么吗？”顾客感到迷惑，但也很好奇。这位推销员继续说：“就是您藏起来不用的钱。它们本来可以购买我们的空调，让您度过一个凉爽的夏天。”

某地毯推销员对顾客说：“每天只花1角6分钱就可以让您的卧室铺上地毯。”顾客对此感到惊奇，推销员接着讲道：“您卧室12平方米，我厂地毯价格每平方米为24.8元，这样需297.6元。我厂地毯可铺用5年，每年365天，这样平均每天的花费只有1角6分钱。”

推销员制造神秘气氛，引起对方的好奇，然后，在解答疑问时，很有技巧地把产品介绍给顾客。

4. **提及有影响的第三人**

告诉顾客，是第三者（如顾客的亲友）要你来找他的。这是一种迂回战术，因为每个人都有“不看僧面看佛面”的心理，所以，大多数人对亲友介绍来的推销员都很客气。如：

“何先生，您的好友张安平先生要我来找您，他认为您可能对我们的印刷机械感兴趣，因为这些产品为他的公司带来了很多好处与方便。”

打着别人的旗号来推介自己的方法虽然很管用，但要注意，一定要确有其人其事，绝不能自己杜撰；否则顾客一旦查对起来，就要露出马脚了。

为了取信顾客，若能出示引荐人的名片或介绍信，效果更佳。

5. **举著名的公司或人为例**

人们的购买行为常常受到其他人的影响，推销员若能把握顾客这层心理，好好地利用，一定会收到很好的效果。

“李厂长，××公司的张总采纳了我们的建议后，公司的营业状况大有起色。”

举著名的公司或人为例，可以壮自己的声势，特别是，如果您举的例子正好是顾客所敬仰的或性质相同的企业时，效果就会更显著。

6. **提出问题**

推销员直接向顾客提出问题，利用所提的问题来引起顾客的注意和兴趣。如：

"张厂长，您认为影响贵厂产品质量的主要因素是什么?"产品质量自然是厂长最关心的问题之一，推销员这么一问，无疑将引导对方逐步进入面谈。

在运用这一技巧时应注意，推销员所提问题，应是对方最关心的问题，提问必须明确具体，不可言语不清楚，模棱两可；否则，很难引起顾客的注意。

7. **向顾客提供信息**

推销员向顾客提供一些对顾客有帮助的信息，如市场行情、新技术、新产品知识等，能引起顾客的注意。这就要求推销员能站在顾客的立场上，为顾客着想，尽量阅读报刊，掌握市场动态，充实自己的知识，把自己训练成为这一行业的专家。顾客或许会对推销员应付了事，可是对专家则是非常尊重的。比如，你可以对顾客说："我在某某刊物上看到一项新的技术发明，觉得对贵厂很有用。"

推销员为顾客提供了信息，关心了顾客的利益，同时也获得了顾客的尊敬与好感。

8. **表演展示**

推销员利用各种戏剧性的动作来展示产品的特点，是最能引起顾客注意的。

一位消防用品推销员见到顾客后，并不急于开口说话，而是从提包里拿出一件防火衣，将其装入一个大纸袋，旋即用火点燃纸袋，等纸袋烧完后，里面的衣服仍完好无损。这一戏剧性的表演，使顾客产生了极大的兴趣。

卖高级领带的售货员光说"这是金钟牌高级领带"是没什么效果的，但是，如果把领带揉成一团，再轻易地拉平，说"这是金钟牌高级领带"，就能给人留下深刻的印象。

9. **利用产品**

推销员利用所推销的产品来引起顾客的注意和兴趣。这种方法的最大特点就是让产品作自我介绍，用产品的魅力来吸引顾客。

如广州表壳厂的推销员到上海手表三厂去推销，他们准备了一个产品箱，里面放上制作精美、琳琅满目的新产品，进门后不说太多的话，把箱子打开，一下子就吸引住了顾客。

10. **向顾客求教**

推销员利用向顾客请教问题的方法来引起顾客注意。

有些人好为人师，总喜欢指导、教育别人，或显示自己。推销员有意找一些不懂的问题，或本来懂却装不懂地向顾客请教。一般顾客是不会拒绝虚心讨教的推销员的。如：

"王总，在计算机方面您可是专家。这是我公司研制的新型电脑，请您指导，看在设计方面还存在什么问题?"受到这番抬举，对方就会接过电脑资料信手翻翻，一旦被电脑先进的技术性能所吸引，推销便大功告成。

11. **强调与众不同**

推销员要力图创造新的推销方法与推销风格，用新奇的方法来引起顾客的注意。

推销小知识

新奇的名片

日本一位人寿保险推销员，在名片上印着“76 600”的数字，顾客感到奇怪，就问：“这个数字是什么意思？”推销员反问道：“您一生中要吃多少顿饭？”几乎没有一个顾客能答得出来，推销员接着说：“76 600顿对吗？假定退休年龄是55岁，按照日本人的平均寿命计算，您只剩下19年的饭，即20 805顿……”这位推销员用一张新奇的名片吸引了顾客的注意力。

12. 利用赠品

人有贪小便宜的心理，赠品就是利用人类的这种心理进行推销。很少人会拒绝免费的东西，用赠品作为敲门砖，既新鲜又实用。

当代世界权威的推销专家戈德曼博士强调，在面对面的推销中，说好第一句话是十分重要的。顾客听第一句话要比听以后的话认真得多。听完第一句话，许多顾客就自觉不自觉地决定，是尽快打发推销员走还是继续谈下去。因此，推销员要尽快抓住顾客的注意力，才能保证推销访问的顺利进行。

6.2.2 初次接近顾客要点

初次访问的成功与否关系到以后的推销工作能否进行下去，因此推销人员应掌握一定的表现技巧给顾客留下良好的印象，为以后的推销工作做准备。

1. 轻松自然，彬彬有礼

初次和顾客见面不要紧张，要轻松自然，但不能因为轻松自然就随随便便不庄重，这样反而给顾客留下坏印象。另外，个人的言谈举止要适度得体，充分体现自己的业务素质。

2. 善于微笑

微笑服务可以带来许多好处，最明显的是，它可以缩短我们和顾客的距离。第一次拜访顾客的时候，要不时地微笑，使顾客有一种亲切感，减少顾客的抗拒心理，从而达到接近顾客的目的。

推销小链接

微笑的价值

它微不足道，但却能创造很多。

它丰富了接受它的人，而给予它的人并没有因此而变穷。

它虽然发生在瞬间，但对它的记忆却永存。

没有它，任何人不会富有；有了它，任何人也不会太穷。

在家里它创造幸福，生意场上它巩固了信誉，它也是确认朋友的信号。

对疲倦的人它是休息，对失去信心的人它是黎明，对伤心的人它是阳光。

它也是自然界解决问题的最好办法。

它能买到、乞求到、借到或偷到，但是只有当它给出去的时候，才是好东西。

假如在某一天，你的朋友们由于太累而不能带给你微笑，那么你为什么不试着给他们一些微笑？

没有什么人比那些两手空空、没有任何东西可给予别人的人更需要微笑。

让我们微笑吧！

3. **要热诚，有感染力**

推销人员开始做业务的时候，可能对业务知识不是很了解，但一定要非常热诚地对待顾客。例如，顾客可能请你喝酒，而你的酒量又不大，但只要顾客向你敬酒，你如果喝下去了，这样会使顾客认为你很热情，就会把订单给你。因此，推销人员在初次拜访顾客时，一定要热情、真诚和富有感染力，以赢得对方的好感和信赖。

4. **要积极主动**

在顾客面前一定要有一种积极进取的精神和态度，在任何情况下都要显出自己是一个积极主动的人。例如，在顾客那里千万不要说这样的话："我刚好路过这里，就来看看你。"顾客听了一定会非常不高兴。更不能这样说："今天没有什么事，所以来这看看。"顾客一句话就可以把你打发回去："你没有事来我这里干什么!"所以，我们要这样说："今天我专程来拜访您，我有很重要的事情向您请教。"这才是积极主动的态度。

5. **时刻为顾客着想**

在顾客面前要有敏锐的洞察力，在拜访顾客发现他非常繁忙时，就要站在顾客的立场上为顾客着想，不要去打扰他，可以把要和顾客洽谈的事情写在纸上，请别人转呈给他，让他感受到对他的尊重。

6. **要注意自己的仪表**

良好的仪表可以赢得顾客的好感，因此第一次拜访顾客的时候，一定要注意自己的仪表，审视自己的形象，力争给顾客留下良好的印象。

7. **约会要准时**

与顾客初次的约会一定要准时。为什么呢？因为顾客很可能非常忙，他不会把时间和精力全部用到一次约会上。如果双方约定好时间，而你没有准时赴约，顾客就会去做别的事情。另外，顾客还会认为你对他不尊重，对这笔业务不重视，所以你才迟到。因此，推销人员一定要做一个守时的人。为了保证自己准时赴约，可以把表向前拨 10 ~ 20 分钟，以防不测。

8. **热情握手**

与顾客初次见面时要积极主动地同顾客握手，以表示对他的敬意。

9. **牢记顾客的姓名，并给予对方正确的称谓**

作为推销人员一定要牢牢记住每一个顾客的姓名，并能给他一个正确的称呼。有时候顾客会多达几十个到上百个，但不管怎样都要想方设法将其姓名倒背如流，绝不能张冠李戴。同时必须给对方一个正确的称呼。如果推销人员将对方采购人员称为经理，可他的经理又恰恰在场，这会使采购员非常难堪，也会使成功的希望变得渺茫。

10. **赢得顾客，不可假设**

顾客与我们进行合作是以其获得利益为前提的，不要随便地认为有很好的关系就可赢得顾客。赢得顾客的关键是赢得他对利益的满足，而不是建立在个人交情之上的。

6.3　接近顾客的技巧和方法

6.3.1　访问中接近顾客的技巧

1．因人制宜，灵活机动

推销人员必须学会使用不同的技巧去接近不同类型的顾客。不同的顾客具有不同的购买方式、购买动机和购买行为。顾客不同，接近的方式也应有所区别。推销人员可以利用许多技巧和方法去接近顾客，也不应总是使用同一种接近方法。

2．鼓起勇气，增强信心

推销人员必须具有接近顾客的勇气和信心。在推销过程中，推销人员要与各种类型的顾客发生联系，就必须接近这些顾客，包括准顾客、老顾客、热情顾客和冷漠顾客、年轻顾客与老年顾客等等。从理论上讲，各种接近圈错综复杂，既然是“圈”，必定要把一些人圈在外面。因此，在接近顾客的过程中，推销人员可能遇到各种各样的困难，正视和克服接近困难是现代推销人员必须具有的基本品质。

3．把握顾客心理，力戒强行推销

推销人员必须掌握减轻顾客心理压力的技巧，避免硬性推销。从心理学角度讲，当推销人员接近时，顾客心里会产生一种无形的推销压力，似乎一旦接近推销人员就承担了购买的义务。正是由于这种心理压力，使一般顾客害怕接近推销人员。这种心理压力实际上是推销人员接近顾客的无形阻力。美国费城一位推销经理曾经雇用了一大批推销人员进行心理实验。他在一间普通的办公室里分别和推销人员或顾客进行了500余次实地交谈，在推销人员和顾客不明真相的条件下进行观察研究。结果表明，在绝大多数情况下，顾客方面存在一种明显的压力。换句话说，顾客感到推销人员总是企图推销什么东西，于是本能地设置一些障碍，严重地干扰和破坏了交谈的顺利进行。只要能够减轻或消除顾客的心理压力，就可以减少接近的困难，促进洽谈的顺利进展。

推销小链接

减压妙方

具体的减压方法很多，下面介绍常用的五种方法：

- 情景虚构法。就是推销人员不以顾客为直接的推销对象，而是另外虚构一个推销对象，让顾客感到推销人员不是向自己推销而是向别人推销。通过这种减压的方法，使顾客认为推销人员不是谈论自己的问题，自己不是推销人员的目标。
- 非推销减压法。推销人员首先说明今日来访的目的不在于推销，而是提供产品信息，唯一的愿望就是解释和介绍推销品。
- 征求意见法。推销人员首先告诉顾客这次访问是为了听取各方面的意见和反应，而不直接推销，希望顾客坦率地表明自己的态度。
- 直接减压法。推销人员一开始就告诉顾客，完全不必害怕推销人员的高压战术，如果顾客无心听取推销意见，随时可以要求推销人员离去而不必感到为难。在使用这种减压法时，推销人员应该自然诚恳，西方一些熟练的推销人员经常利用此法接近顾客。

• 兴趣减压法。在接近顾客时，推销人员要让顾客相信这次来访是完全值得的，顾客可以从中获得一些有趣或有利的收获，从而尽快减轻压力，顺利接近顾客……当然，推销接近的最终目的还在于说服顾客购买产品，而不能为了减压就只字不提推销，这就要求推销人员正确处理这种微妙的关系，做到既要让顾客乐于接近推销人员，又要乐于购买，接近起来轻松自如，购买起来心甘情愿。

有些推销人员一接近顾客就要求顾客购买，施加心理压力，这种做法使顾客大为反感，于是冷遇或干脆拒绝接近推销人员；也有些推销人员接近顾客时倒挺热情，一旦没有成交便风云突变，拉下脸来，甚至还要加上几句不堪入耳的恶语。其实，顾客购买活动有一系列决策过程，开始也许只是看看产品，问问价钱，然后还要进行比较决策，最后才下决心购买。有些推销人员由于不了解顾客购买活动的心理历程，似乎一问就得买，使得顾客不愿接近，从而失去一大批顾客；更有些推销人员是搞强行推销，如若不买有可能遭到报复，弄得顾客胆战心惊，自然不敢接近。由此可见，现代推销人员要努力树立正确的推销观念，讲究推销道德，尽量减轻顾客的心理压力，做到接近与不接近一个样，买与不买一个样，实行文明推销。

4. 讲究礼仪，文明接近

推销人员应该讲究必要的推销礼仪，掌握文明接近顾客的技巧。首先，应该认识到，推销礼仪不是一个可有可无的形式问题，而是影响推销工作成败的一个关键因素。不难想象，在推销中，一个蓬头垢面、油嘴滑舌、装腔作势、戴着墨镜的推销人员，必定更容易遭到冷遇和拒绝。其次，推销人员必须看到，接近之时，正是讲究推销人格和推销礼仪的大好时机，好的开始是推销成功的一半。另外，还要注意职业微笑应是发自真诚的微笑。一个为自己所从事的职业而感到自豪的推销人员当然会发出真诚的职业微笑。不管怎样，总是以自己的笑脸接近顾客，即使是一张机械的、呆板的笑脸，也比冷酷的面孔更令人亲近。所以，推销人员应该培养良好的心境，训练真诚自然的职业微笑，做一个礼貌的使者，必然会受到顾客的欢迎。

5. 控制时间，转入洽谈

推销人员必须善于控制接近时间，不失时机地转入正式洽谈。从整个推销过程来看，接近只是其中一个环节，接近的目的不仅在于引起顾客的注意和兴趣，更重要的是要转入进一步推销洽谈。因此，在接近过程中，推销人员一方面要设法引起和保持顾客的注意力，诱发顾客的兴趣，另一方面要看准时间不宜过长。国外有的推销学家对推销接近时间进行过大量研究，认为平均每次推销接近时间约 15 分钟。因此，推销人员应该尽量控制接近时间，具体时间的长短则应因人、因事、因地而宜，不可长久接近，也不可急于洽谈。例如，对于熟人或老顾客，接近时间可短一些；而对于从未见过面的准顾客，接近时间则可相应延长。另外，推销环境和推销气氛，顾客的个性特征以及其他相关因素，也会影响接近时间的长短。在推销中，有时很难分清接近和洽谈之间的时间界限，接近和洽谈是一个统一的连续过程，中间没有绝对界限，二者是相互影响、相互渗透和相互转化的过程。不过，接近和洽谈又是一个推销过程的两个不同阶段和环节，二者的目的和任务不同，所采用的方式也会不相同。从理论上做这样的划分，有助于推销人员明确目的，看准方向，正确地运用各种推销技巧，提高推销效率。

6.3.2 接近的基本方法

1. 问题接近法

这种方法主要是推销人员直接面对顾客提出有关问题，通过提问的形式激发顾客的注意力和兴趣，进而顺利过渡到正式洽谈阶段。不少推销人员在向顾客提问题时，缺乏精心构思，不论在什么场合，遇上顾客打招呼总离不开“吃过饭没有?”“生意好不好?”“近来忙不忙?”等，显得过于客套。一般来说，推销员提问一定要突出重点，抓住顾客最关心的问题，把发问点放在顾客感兴趣的方面。在向顾客提问时，不能含混不清、模棱两可，而要语气恳切、明确具体。

2. 介绍接近法

推销员与顾客的接近采用介绍的形式，可分为自我介绍法、产品介绍法和托人介绍法三种。

推销小案例

一次成功的推销接近

一位矿泉水推销员上门推销，下面是他与一位家住七楼的家庭主妇的对话。

推销员：“夏天到了，自来水供应正常吗？水质如何?”

家庭主妇：“供应不正常，水质也不好。”

推销员：“如果有一种既纯净又有保健功能的饮用水，你的家庭愿意接受吗?”

家庭主妇：“可以考虑。”

推销员：“如果我们每周两次送水上门，既经济，又很方便，这样的服务方式你会满意吗?”

家庭主妇：“非常好。那我就订三个月的用量吧。”

自我介绍法是指推销中先作自我口头表述，然后用名片、身份证、工作证等来辅助介绍，以达到与顾客相识的目的。口头介绍可以详细解说一些书面文字或材料无法了解清楚的问题，利用语言的优势取得顾客的好感，打开对方心扉。利用工作证、身份证，可以使顾客更加相信自己，消除心中的疑虑。名片交换非常普遍，给对方递上自己的一张名片同样也可弥补口头介绍的不足，并且便于日后联系。有时，推销人员还可以参加有关协会、学会等有名望、有影响的社会团体，这些团体组织信誉高，名声响，如果能够出示其会员证，就能使顾客更为放心，对你提出的推销请求也更容易接受。

产品介绍也是推销员与顾客见面时经常采用的方式。这种方法是指在推销中直接把产品、样本、模型摆放在顾客面前，使对方对其推销的产品产生足够的兴趣，最终接受购买建议。在这里，产品做了无声的介绍，成了联系推销双方的“中介人”。从下面这个例子可以看出，过硬的产品犹如广告，“此时无声胜有声”，产品也能起到接近顾客的媒介作用。

推销小知识

成功的产品介绍法

有一家橡胶轮胎厂的推销员到汽车制造公司去推销产品，他们随车带去了该厂生产的50多个品种的汽车轮胎，还有刚刚投放市场的最新式的子午线轮胎。进了对方厂门以后，他们并不做过多的口头宣传，只求汽车公司总经理看看随车带来的样品。满满一汽车轮胎，琳琅满目，应有尽有，最后对方拍板与该厂签订了长年订货合同，汽车公司生产的汽车全部采用这家橡胶厂的轮胎。

有时，推销人员还采用托人介绍的方法接近顾客。这种托人介绍法是推销员利用与顾客熟悉的第三者，通过打电话、写信函或当面介绍的方式接近顾客。在推销员与所拜访顾客不熟悉的情况下，托人介绍是一种行之有效的接近方法，因为受托者是顾客很熟悉的人，如亲戚、朋友、战友、同乡、同学、老部下、老同事等，这种方式往往使顾客碍于人情面子而不得不接见推销人员。

3．**求教接近法**

推销员利用顾客好为人师的心理来接近顾客，求教之后提出推销要求，进行推销宣传，往往收到较好的效果。在一般推销场合，顾客是不会拒绝虚心讨教的推销员的。一旦碰到这种情况，推销一方就可以自然地接近顾客了。

例如：

"张厂长，您是著名的农民企业家，在管理乡镇企业方面很有一套，我是否可以向您请教有关刚创办不久的乡镇企业应如何推销自己产品的问题?"

"赵工程师，您是电子方面的专家，您看看我厂研制投产的这类电子设备在哪些方面优于同类老产品?"

4．**好奇接近法**

好奇接近法主要是利用顾客的好奇心理来接近对方。好奇心是人们普遍存在的一种行为动机，顾客的许多购买决策有时也多受好奇心理的驱使。因此，推销员利用好奇心来接近顾客、招徕买家是一种行之有效的好方法。

推销小知识

引发好奇心

一位英国皮鞋推销员，口袋里揣着一份报纸，报纸上刊登了一则关于变更鞋业税收管理办法的消息，他认为店家可以利用这一决定节省许多费用。于是，他大声对鞋店的一位售货员说："请转告您的老板，就说我有路子让他发财，不但可以大大减少订货费用，而且还可以名利双收赚大钱。"推销员向老板提赚钱发财的建议，店家老板怎么能不动心呢？他肯定立刻答应接见这位远道而来的推销员。

5．**利益接近法**

推销员着重把商品给顾客带来的利益放在第一位，首先把好处告诉顾客，把顾客购买商品时能获得什么利益，一五一十道了出来，从而引发顾客兴趣，增强购买信心。利益接近法迎合了大多数顾客的求利心态，有时一些顾客不明真相，认识不到推销给自身带来的利益，推销员恰恰抓住了这一要害问题予以点明，突出了推销重点和产品优势，有助于很快达到接近顾客的目的。

推销小案例

明确利益点

一位文具推销员说："本厂出品的各类账册、簿记比其他厂家生产的同类产品便宜三成，量大还可优惠。"

"去年，高速公路上发生多起交通事故，有28%的事故原因是爆胎。"这是一位轮胎商行的推销员与顾客谈话的开始，他利用具体事实说明利弊，以引起对方的注意。

某地一家涂料厂的推销员这样告诉顾客："本厂生产的涂料每公斤8元钱，可涂4平方米的墙面，一个20平方米的房间，只用5公斤就够了，还花不到40块钱。"

6．演示接近法

这是一种比较传统的推销接近方法，如街头杂耍、卖艺等都采用现场演示的方法招徕顾客。在现代推销活动中，有些场合仍然可以用演示的方法招徕顾客。例如，一个推销员进入顾客的办公室后，彬彬有礼地向主人打过招呼，然后指着一块粘着污垢的玻璃说："让我用新投放市场的玻璃清洁剂擦一下这块脏玻璃。"果然，涂上这种清洁剂可以毫不费力地把脏玻璃洗干净。

这一番表演立即引起了顾客的兴趣，纷纷上前打量推销员手中的新产品。请看下面演示接近法的一个应用实例：

"我可以使用一下您的打字机吗？"一个陌生人推开门，探着头问。在得到主人同意后，他径直到打字机前坐了下来，在几张纸中间，他分别夹了一张复写纸，并把它卷进了打字机。

"您用普通的复写纸有这么清楚吗？"他站了起来，顺手把纸分给办公室的每一位，又把打在纸上的字句大声朗读了一遍。毋庸置疑，来人是上门推销复写纸的推销员，疑惑之余，主人很快被这复写纸吸引住了。当然，这位推销员得到了他想要的订单。

在利用表演方式接近顾客的时候，为了更好地达成交易，推销员还要分析顾客的兴趣爱好、业务活动，扮演各种角色，想方设法接近顾客，或者到顾客经常逗留的地方等待，或者在顾客需要帮助的时候出现。例如：

"让我帮您拿吧！"（顾客在商场购物出来，怀抱许多物品）

"噢，李厂长也喜欢看足球比赛啊！"（得知顾客正在球场看足球比赛，也前去并装作不期而遇的样子）

7．送礼接近法

推销员接近顾客的时间十分短暂，利用赠送礼品的方法来接近对方，以引起顾客的注意和兴趣，效果也非常明显。例如在日常生活中，我们发现许多上门来的推销员为了很快与对方熟识，往往借助一支香烟递给对方，引起双方的亲近，这就是最常见最典型的送礼接近法。

在推销过程中，推销人员向顾客赠送适当的礼品，是为了表示祝贺、慰问、感谢的心意，并不是为满足某人的欲望，或显示自己的富有。所以在选择礼品时，应挑选一些纪念意义强、具有一定特色又美观实用的物品。在选择所送礼品之前，推销人员要了解顾客，投其所好，买上一些顾客急需的东西。当然，赠送的礼品尽量与自己推销的产品一致起来，比如推销冰箱时可送温度计，推销高级音响可送几张激光唱片，推销洗衣机可送洗衣粉。送礼时还要讲究必要的礼节，考虑不同的情况，分清不同的时令，针对不同的场合赠送不同的礼物。礼品一般应当面赠送，不可让人代转，但碰到喜庆、节庆时亦可邮寄或派专人呈送，同时附上送礼人的名片和贺词。值得指出的是，推销人员赠送礼品不能违背党纪国法，不能变相贿赂，拉人下水，尤其是不要赠送高价值的礼品，以免被人指控为行贿而损害推销人员的声誉和形象。

以下是几个送礼接近法的陈述：

“罗小姐，这个高质量的高露洁牙膏是免费给你的，我只想占用你5分钟时间。”

“陈先生，送你一本漂亮的台历，上边刻有你的名字。每个月我都把一本体现我们产品特点的新日历放在空架上。比如说这个月的日历体现的是我们打字机的特点。”

8. 赞美接近法

著名的人际关系专家卡耐基在《人性的弱点》一书中指出：“每个人的天性都是喜欢别人赞美的。”在现实生活中，每个人都觉得自己有可以夸耀赞美的地方。赞美接近法就是推销员利用人希望自己被赞美的愿望来达到接近顾客的目的。

推销小知识

真诚的赞美

一个专门推销各种食品罐头的推销员说：“陆经理，我多次去你们商场，作为本市最大的专业食品商店，我非常欣赏你们商场高雅的店堂布局，你们货柜上也陈列了省内外许多著名品牌的食品，窗明几净，服务员和蔼待客，百问不厌，看得出来，陆经理为此花费了不少心血，可敬可佩！”听了推销员一席恭维话，陆经理不由得连声说：“做得还不够，请多包涵，请多包涵！”嘴里这样说，心里却是美滋滋的。这位推销员用这种赞美对方的方式开始推销洽谈，很容易获得顾客对自己的好感，推销成功的希望也大为增加。

当然，赞美对方并不是美言相送，随便夸上两句就能奏效的，如果方法不当反而会起反作用，不仅达不到接近顾客的目的，反而惹怒了顾客。因此，利用赞美的方法必须看准对象，了解情况，选对时机，不要信口开河，胡吹乱捧。推销员与顾客打交道，在赞美对方时要恰如其分有感而发，切忌虚情假意，无端夸大。

9. 调查接近法

所谓调查接近法是指推销人员通过进行调查的机会接近顾客的一种接近方法。在许多情况下，无论推销人员事先如何进行接近准备，总有一些无法弄清的问题。因此，在正式洽谈之前，推销人员必须进行接近调查，以确定顾客是否可以真正接受推销品。事实上，接近调查过程也就是推销的洽谈过程，问题的发现和解决也往往意味着交易的达成。在现代推销环境里，不同的顾客具有不同的需要，就是同一类产品的用户也有各自特殊的要求。因此，推销人员应该进行调查研究，以便提供最佳服务。请看下面此法的一些应用实例：

“张厂长，听说贵厂准备利用电子计算机进行科学管理，这是企业管理现代化的必然趋势，您可是先走一步了！我公司经营各类电子计算机，品种多，性能好，但不知贵厂适用哪一种型号的。您知道，如果不适用，再好的设备也是废物。为了提供最佳服务，我想先做一些实际调查，您看怎样？”

“李院长，您认为贵院一些实验室里应该安装空气调节机，这一点我已经知道。不过，我想就有关情况做进一步了解，您是否能花几分钟时间介绍一下?”这位推销人员在事先已经做好充分接近准备的基础上提出进一步调查的要求，使得顾客不好拒绝。

10. **陈述接近法**

所谓陈述接近法，又称报告接近法、说服接近法或说明接近法，是指推销人员利用直接陈述来引起顾客的注意和兴趣，进而转入洽谈的接近方法。陈述的内容可以是一件有关事实，也可以是其他顾客的评论。无论接近陈述的具体内容如何，都必须与顾客存在密切的利害关系，这样才能引起顾客的注意和兴趣。接近陈述常常以一个问题结尾，引起顾客思考并做出行为的反应。例如：“本产品比其他同类产品至少便宜20%”——这位推销人员提出一项市场情报，供顾客作为制定购买决策的依据；“这是本厂推出的最新产品”——这位推销人员直接报告一件新产品信息，以满足顾客的求新心理动机；“本公司产品保修20年，24小时提供修理服务”——这一陈述可以解除顾客的后顾之忧；“本厂已有100多年的历史，现在是定点生产的专业化工厂”——这一陈述强调工厂的历史和性质；“这是有关本产品的新闻报道”——推销人员说着递上一张报纸……从理论上讲，陈述接近法符合一般顾客认识产品和购买产品的心理过程。在正式接近顾客时，开门见山，直接陈述一件事实或一个深刻的道理，可以立即引起顾客的注意和兴趣，缩短与顾客的认识过程，迅速转入正式洽谈。

11. **震惊接近法**

所谓震惊接近法，是指推销人员利用某种令人震惊或震撼人心的事物来引起顾客的注意和兴趣，进而转入洽谈的接近方法。推销中推销人员的一句话，一个动作，都可能令人震惊，引起顾客的注意和兴趣。例如，有一位人寿保险推销人员利用一项统计资料接近顾客：“据官方最近公布的人口统计资料，目前有一件值得人们关注的事实，即平均约有90%以上的夫妇，都是丈夫先于妻子而逝，因此，你是否打算就这一事实早做适当安排，其中最安全可靠的办法，当然是尽快买下合理的保险。”这里所引用的事实十分令人震惊，若非推销人员的特别提示，常人一般不会予以关注；尤其是身强力壮的年轻夫妇，即使知道这一事实，若不经人提醒，也不会意识到问题的严重程度。有些人虽然知道问题的严重性，却不知如何解决，此时适时地提出解决的方案，往往会收到良好的效果。可见，震惊接近法符合多数人认识事物的心理习惯。在实际生活中，存在着许多令人吃惊但不为人所知的客观事物；有些人明知客观事实的存在，却熟视无睹，毫不在乎，看不到问题的严重性，或任其存在，或听天由命。一旦大祸临头，便怨天尤人，悔之莫及；更有些顾客顽固不化，因循守旧，视习惯为自然，把一切陈规陋习和过时观念统统看作天经地义，以不变应万变，而毫不知变通，拒绝接受新观念，拒购新产品，把推销人员关在大门之外。因此，推销人员确有必要使某些顾客震惊，清醒一下头脑，正视一下现实世界。所以，震惊接近法给推销人员提供了一个有力武器，使其有可能击溃某些顾客的心理防线，顺利地接近顾客。

12. **问候接近法**

所谓问候接近法，也叫招呼接近法或搭讪接近法等，即推销人员利用各种关系和机会主动跟顾客搭腔，进而接近顾客的一种接近方法。从理论上讲，构成接近圈的客观基础是人们之间的一定的社会联系，推销人员个人的直接社会联系总具有一定的局限性，个人接近圈远远不能适应推销接近圈的客观需要。推销人员必须跟自己个人接近圈以外的顾客打交道，必须不断地结识新朋友，不断地接近新顾客。在正式接近这些新顾客之前，推销人员可能完全不了解这些新顾客，甚至还不知道他们的姓名，也许未曾见过他们一面。当然，尽管这些新顾客对于推销人员一无所知，但是，由于可能的接近准备，推销人员却对这些顾客的情况有所了解，甚至了如指掌。然而，无论情况如何，在顾客的眼里，推销人员总是陌生人，推销人员也在不断接近陌生的顾客。在接近新顾客时，除了采用上述已介绍的接近法及其他有关接近方法之外，推销人员还可以利用问候接近法。例如：“您好！在上月举办的企业管理研讨会上，我曾听过您的演讲。现在冒昧前来拜访您……”——这位推销人员企图跟顾客拉上一点师生关系；“您好！我们好像曾在新时代公司的宴会上见过面，我是长江公司的业务员，有件事……”——这位推销人员也想跟顾客拉上一点关系，打进顾客的接近圈；“看您忙得满头大汗，请允许我来帮帮您吧”——无论何时何地，总有一些推销人员乐于助人。从理论上讲，虽然推销人员不应靠拉关系销售产品，但是，问候接近法也有一些特殊的效果。由于现代推销环境复杂多变，顾客难以直接接近，有些顾客宁可接受熟人的便函，也不爱理会生人的介绍信，尽管介绍信上盖满了许多大印，而且，在某些场合里，推销人员不必或不便拿出介绍信。因此，有时推销人员必须主动跟顾客搭讪，充分利用各种关系和机会，随时随地接近顾客。在推销中，应该根据实际情况，选择适当的问候方式，不失时机地接近顾客，而不可旁若无人，坐失良机。

13. **聊天接近法**

所谓聊天接近法又叫闲谈接近法或闲聊接近法，是指推销人员利用聊天的机会来接近顾客的一种方法，在现实生活中，随着休闲时间的增加，到处都可以看到凑到一起闲聊的人群，或谈论天下大事，或讲古代传奇，或说今日新闻等等。推销人员应该成为一个高明的聊天爱好者，打进聊天接近圈，以聊天的方式去接近那些高谈阔论的顾客。例如：“天气真热！近年来世界各地都很热，印度已经超过 50 ℃ 了，听说还热死了人呢！再这样下去冷气设备很快就会销售一空。”——不用说，这是一位冷气机或空调器的推销人员在跟顾客谈论天气状况；“先生，您这是几号的高尔夫球杆？您常用哪个高尔夫球用具……”从推销角度讲，聊天接近法是一种比较落后的接近顾客的方法。古代推销人员乐于用聊天接近法去接近顾客，是时间观念淡薄的表现；而现代顾客时间观念比较强，一般不愿与推销人员聊天。但是，对于少数喜欢聊天或不聊天就难以接近的顾客来说，聊天接近法也算得上是一种有效接近顾客的方法。在一定环境下聊天接近法可以消除接近障碍，减轻顾客的心理负担，有助于推销人员接近某些难以正面接近的顾客。

14. **连续接近法**

所谓连续接近法，也叫重复接近法、多次接近法或回访接近法，是指推销人员利用第一次或上一次接近时所掌握的有关情况，实施第二次或下一次接近顾客的一种接近方法。在推销中，有些顾客一次接近就可以成交，有些顾客则需要多次接近才能转入实质性的推销洽谈。有些国际推销明星为了成交一笔生意，常常是花费几年时间进行接近准备，多次接近顾客。由于现代推销环境复杂多变，购买要求越来越高，就连一般的顾客也往往需要反复接近，才能最后成交。因此，现代推销人员必须学会使用连续接近同一位顾客的方法，树立信心，培养毅力，百折不挠，知难而进。以下是连续接近法的一些应用实例：

“陈经理，上次您说还要研究研究，今天特地来访，不知您有何打算。”——也可能上次陈经理只是随便应付而已，却意想不到这位推销人员果真再次登门。

“钱先生，上月来访时给您留下产品说明书和价目表，您当时讲可以考虑。这次来访，主要是想听听您的高见。”——若发现顾客正忙于他事，推销人员留下推销资料作为再次接近的媒介，的确是先退后进的上策。

“韩董事长，去年跟您介绍一种新型电子计算机，你提出了许多问题，回去后我请教过有关专家，情况是这样的……”——解答顾客的疑问，让顾客放心，以便达成交易。

6.4 接近顾客的注意事项

6.4.1 具体要求

（1）成功的推销员，要能在最短的时间内，吸引住顾客的注意力。

（2）请注意，当你敲门时，顾客就已经开始对你评价了。

（3）要清清楚楚地自我介绍，不卑不亢，保持适当的尊严。

（4）询问时，要用平稳的口气。

（5）要认真听取对方的话，并表示真切的关心。

（6）要懂得抓住人心，做到以下几点：

①问话清楚，针对问题。

②用语简洁、有力，绝不啰嗦。

③要有自信心。

④接洽态度要认真诚恳。

⑤亲切、友善以争取好感。

⑥注意对方的长处。

⑦适当地赞美对方。

（7）说话、态度要能唤起别人的注意。

①注意第一印象。

②不可与顾客争论。

③诱导顾客能答应“好”。

④坐时不可斜靠一边，应正坐姿态以示郑重。

⑤面露笑容、表情愉快，针对话题、随时发挥。

⑥避免使用一般陈腐老套的做法。

6.4.2 应克服的不良习惯

成功推销员的塑造是从克服不良习惯开始的，不良习惯克服的过程就是推销员形象不断改善和素质不断提高的过程。在接近顾客时应克服的不良习惯主要包括：

1. 言谈侧重道理

许多刚从学校毕业的年轻人，说话过于书生气，会给人造成空洞、不切实际的感受，容易引起顾客的不信任感。推销员应努力积累社会知识和社会交往经验，树立起成熟、自信的形象，增强自身的感染力。

2. 说话蛮横

对于文化水平比较低的顾客，要有足够的耐心，不要因为对方的无理行为而轻易动怒；

相反，面对顾客的一些较低水平的表现，要显出涵养和素质，用真诚和耐心去打动对方。

3. **喜欢随时反驳**

有些人一听别人说话，就喜欢不假思索地进行反驳，这是一种性格上的缺陷，应学会尊重他人的意见，并以适当的方式提出自己的意见。从心理学的角度来看，习惯性地反驳顾客，容易使顾客走向自己的对立面。笔者曾经做过一种农用杀虫剂的市场调研，到农村的商店里进行调查，在向一位商店老板询问杀虫剂的销售情况时，这位老板就告诉我们一个特殊的情况：就是在他的店里，不管什么牌子的杀虫剂，只要是贵的，哪怕只贵一分钱，就不会有人购买。当时随行的一位助手就马上反驳：你们农村人素质真差，购买商品时根本不能只看价格。笔者立刻制止了这位助手的反驳，并告诉他农村市场和城市市场就是存在这样的差别，这位老板说的都是实际情况。这样一来，很快就赢得了这位老板的认同，并得到了他热心的帮助。

4. **内容没有重点**

拜访顾客时会有很多目的，可能是为了结账、推销新产品，或是为了联络感情。一定要明确自己的主要目的，并围绕这一主要目的展开谈话；不可漫无边际地展开交谈，使顾客摸不着边际。现代经营追求的是效率，没有人愿意把宝贵的时间花在无谓的闲谈中，拜访顾客时一定要做到目的明确，重点突出。

5. **自吹**

不要在顾客面前把自己吹得神乎其神。因为一般地说，推销人员的阅历总不及顾客的丰富，不适当的自我表现会引起很多不良后果。在顾客面前，自信的同时应表现出应有的谦虚，使洽谈能在友好的气氛中进行。

6. **过于自贬**

不能自吹的同时，也不可过于自贬。如果在顾客面前，总说自己的不足之处，久而久之，顾客也就逐渐认为你真的不行。这就要求推销员保持良好的精神面貌，充分展示出对自己、对公司、对产品的信心。特别是在涉及产品和服务的质量时，切不可含含糊糊，一定要做到心中有数，这样才能对顾客形成有效的说服力。

7. **言谈中充满怀疑的态度**

在和顾客展开业务关系之前，要充分调查顾客的资信情况。但在交往当中，不要总是疑神疑鬼，对顾客产生怀疑。如有一次曾经有一位顾客第一次就订了大批量的货，当时公司规定订货的限额是2万元，他超过了这一限制。公司的一位推销员就对其产生了怀疑，并询问对方一次订这么多货，到时候结不清账怎么办。顾客就非常生气，认为这是对他的不信任。后来公司经理就亲自拜访了这位顾客，首先对他的订货表示欢迎和谢意；其次向他解释2万元的限额是为了顾客的利益，因为公司的服务很出色，随时可以提供补货，因此顾客不需要大批量订货，这样既可以避免库存货物占用空间，又可减少资金占用。通过这次沟通，消除了顾客的误会，达成了彼此的信任，为下一步更好的合作打下了坚实的基础。

8. **随意地攻击他人**

有时顾客会反映其他厂家的产品在某些方面要比我们的产品好，经验不足的推销人员这时候就会立刻进行反驳，攻击顾客的观点。恰当的反应应该是用一种专业化的语言，首先认可其他厂商的产品确实不错，然后陈述自己产品的特点，说明自己产品在质量和性能上的优势。通过这种方式，我们的观点就比较容易被顾客接受。

9. **语无伦次**

推销人员的思路应有条理，表达时应有好的层次感，做到思路清晰，表达准确。一家大公司曾经有一位促销小姐工作表现不是很好，总经理找她谈过一次话，让她对自己的表现给出一个圆满的解释。她就告诉总经理，商店里店员们都欺负她，经理也不喜欢她，自己家里也有很多事情，说了半天，也不知道她的原因到底是什么，因为她的表达实在是语无伦次。推销人员应加强表达方面的训练，使自己成为出色的演讲家。

10. **好说大话**

说一些不着边际的话也是一种不良的习惯。随意许诺而不能兑现，会逐渐丧失顾客对自己的信任，对于没有把握的事情，万不可随意地满口答应，应适当采用迂回的战术，在调查清楚之后再给顾客以满意的答复。

11. **说话语气缺乏自信**

作为推销员要表现出足够的自信，特别是在与顾客交谈的时候，要用自己的信心去感染对方。顾客对推销员信心的建立往往是从推销人员的自信开始的，推销人员自信的建立源自对业务的熟悉和销售技巧的掌握，这需要长期的专业性的训练。

12. **喜欢嘲弄别人**

从心理学的角度讲，喜欢嘲弄别人的人，是最不受人欢迎的，在销售工作中要避免这种不良习惯。相反，要善于发现别人的优点，并及时地加以称赞，借此获得情感上的交流和认可。

13. **态度嚣张傲慢**

顾客永远都是上帝，一定要尊重顾客。特别在产品销得很好的时候，要避免产生骄傲自满的态度，应时刻提醒自己戒骄戒躁，以平常心与顾客进行交往。一家公司曾经去天津发展一家分销商，派去的销售代表表现得非常的傲慢和嚣张，结果他不仅没有完成任务，还受到了顾客的严厉批评。

14. **强词夺理**

推销人员不要只在口头上逞强，要尊重客观事实，实事求是阐明自己的观点。事实胜于雄辩，这是亘古不变的真理。

15. **使用很难明白的语言**

使用语言的目的是传递信息，进行交流，言简意赅是推销人员应追求的一种境界。用语要简单明了，要力避晦涩的语言表达。

16. **口若悬河**

“言多必失”，好的推销人员并不是口若悬河，讲个不停，应当是适可而止，讲究一个“度”字。笔者曾遇到一位店主停止了一种商品的分销，当询问他原因的时候才知道他非常反感对方的一个销售代表，每次来都滔滔不绝，让人耳根无法清静，后来干脆就连人带货一块拒之门外。

17. **开庸俗的玩笑**

庸俗的玩笑有别于幽默，它会有损于推销人员的形象，应予以避免，绝不勉强地随意开玩笑。

18. **懒惰**

顾客都喜欢勤劳的人，如果顾客非常繁忙，可以主动地上前帮忙。懒惰的人的精神面貌往往也是懒洋洋，没精打采，很难博得顾客的喜欢。

本章小结

接近顾客，是指推销人员为推销洽谈的顺利开展而与推销对象正式接触的过程。接近顾客的意义主要在于：吸引顾客的注意，激发顾客的购买兴趣和赢得顾客的满意。

接近的方法主要有：问题接近法、介绍接近法、求教接近法、好奇接近法、利益接近法、演示接近法、送礼接近法、赞美接近法、调查接近法、陈述接近法、震惊接近法和搭讪接近法等。灵活运用这些接近的方法有利于顺利地接近顾客，及时转入下一个推销阶段。

重要概念

接近顾客　利益接近法　问题接近法　赞美接近法

复习思考题

1. 举例说明如何接近顾客？
2. 请写出十句接近顾客的话语？
3. 接近顾客时应注意什么？
4. 请列举一些面对面接近顾客的方法？

角色扮演

接近的技巧

学生分组，每组4~5人为宜。每组选出一名扮演推销员、一名扮演客户，其他人根据情境设定角色。演练接近顾客的技巧，目标是成功接近顾客，进入到正式洽谈阶段。

背景设计：

1. 推销员：刚刚大学毕业，在比较著名的某大型形象设计公司工作，担任客户经理。经验虽然不够丰富，但是公司名气大。

2. 客户

A. 医院院长，30多岁，平时注重医院形象建设，还在电视台进行了医院的形象宣传。

B. 大学校长，50多岁，内向。她女儿正在这所大学读大二。这所大学因形象设计差，本年度招生数量有所下降。

C. IT男，30岁，借着自己开发的项目辞职进行创业。对公司形象设计一无所知，但公司初创，必须亲力亲为，不断学习。

延伸阅读

Xiaoling Zhang, Shibo Li, Raymond R. Burke, and Alex Leykin. An examination of social influence on shopper behavior using video tracking data[J]. Journal of Marketing, 2014.

本文采用贝叶斯模型和视频追踪技术来研究消费者购买行为中的影响因素。结果发现，非交互式社会影响（商店拥挤程度、购买群体大小）对消费者的购买行为具有负面影响，会降低消费者购买意愿。例如，当消费者拥挤感知过强时，他们会感觉到个人空间受到侵犯，从而离开商店。又或者，消费者是成群结队前来时，他们更少购买。

同时，交互式社会影响（群体的交谈、与推销员的交谈）经常对消费者的购买行为具有正面影响。当消费者对产品不了解时，他们需要其他的社会线索（如与其他顾客的接触）来增加对产品的推断。当推销员与顾客性别相同，或具有相同的种族以及年龄时，推销员这一交互社会影响的正面作用更强烈。

视频追踪的技术还显示，有几个行为线索能用以判断消费者是否具有强烈购买意愿，需要导购员帮助：带着购物袋、走路较慢、走直路、直接走进某“特定性别”区域以及独自购买。

资料来源：http://www.researchgate.net/publication/269111967/.

课堂自测题

一、选择题

1. 决定公司推销工作能否成功的前提是什么？（　　）

A. 激发顾客的兴趣　　B. 引起顾客的注意

C. 赢得顾客的满意　　D. 发现顾客的需求

2. 推销高手在开场白中常常会利用人类的什么动机？（　　）

A. 金钱欲　　B. 虚荣心　　C. 同情心　　D. 好奇心

3. 初次接近顾客的要点中不包括以下哪些内容？（　　）

A. 善于微笑

B. 要积极主动

C. 牢记顾客的姓名，并给予对方正确的称谓

D. 对方先伸出手再主动握手，以示尊敬

4. 访问中接近顾客的技巧中不包括以下哪些内容？（　　）

A. 最好由顾客来控制时间

B. 把握顾客心理，力戒强行推销

C. 讲究礼仪，文明接近

D. 因人制宜，灵活机动

5. 接近的基本方法中不包括以下哪些内容？（　　）

A. 问题接近法，介绍接近法　　B. 赞美接近法，电话接近法

C. 调查接近法，陈述接近法　　D. 震惊接近法，连续接近法

6. 在接近顾客时应克服的不良习惯是什么？（　　）

A. 讲大道理　　B. 自贬　　C. 适时反驳　　D. 骄傲

二、判断题

7. 赢得顾客的关键是建立个人交情，而不是赢得他对利益的满足。（　　）

8. 为避免顾客反感，推销人员应尽量避免连续向顾客推销产品。（　　）

9. 推销员不可与顾客争论，注意第一印象。（　　）

10. 推销人员要选择适当时机接近顾客，不可坐失良机。（　　）

课堂自测题答案

案例分析

陈玉婷的全能接近法

（下面“C”代表陈玉婷，“Z”代表客户）。

C：“请问朱小姐在吗？”

秘书：“不在，她在开会，半小时后你再打来吧！”

C：“嗯，好的，多谢！请您告诉她我是贝蒂介绍来的哦。”半小时，一定准时打过去。

C：“朱小姐，您好！我是×××的陈玉婷，方便打扰您3分钟吗？”

Z：“不方便，我现在在忙。”非常忙，这是第一个反对意见。

C：“当然了，您的好朋友贝蒂跟我讲过，您是个非常忙碌的人。像您这么功成名就的人，时间一定非常宝贵，贝蒂强调说我最多只能耽误您30分钟。请教一下，老板您觉得礼拜三还是礼拜四下午3点半，哪个时间比较方便？”

Z：“你留资料给我好了。”推脱的常见方式，第二次反对。

C：“我们的资料非常的多，我也非常乐意给您，但是呢，我们的资料都是量身订做的，您的朋友贝蒂说了，您是一个非常尊重专业的人。我们公司也非常专业，我提供给您的家庭保障计划，我个人无法确定是否适合，这需要您自己来判断。所以朱小姐，您觉得是礼拜三还是礼拜四下午3点半，哪个时间比较方便？”

Z：“陈小姐，姓陈对吧？我买了很多的保险。”此处第三个反对意见，怎么破？

C：“是的是的，我知道，贝蒂说了您是一位特别爱家的女士，她也接受了我们×××的服务，她个人觉得我给到她的个人家庭保障计划非常好，很适合她的家庭，所以也特地让我联系您，看看我做的计划是否符合您的需求，这都要您自己来做决定。那您看这个礼拜三还是礼拜四的下午3点半比较方便？”

Z：“陈小姐，我买了很多的保险，我的保费1年多的不得了！”第四次反对。

C：“当然了，朱小姐我非常了解，您有非常多的保单。我这次跟您约见，不是要跟您谈保险，我们公司推出的新型家庭保障计划，我相信对您非常有帮助。请问您看礼拜三还是礼拜四下午3点半比较方便？”

Z：“陈小姐，我妈妈就是卖保险的！”第五次。

C：“是吗？那相比您的妈妈，我算是后辈了，妈妈肯定是前辈。那您可以把妈妈约好一起出来，我也正好跟前辈请教一下，她是如何通过人寿保险工作，将您养育成为社会的栋梁的。还有，我的这套家庭保障计划，也可以让老人家帮我看一下，是否合理，我们互相可以做个分享。请教一下，您礼拜三还是礼拜四下午3点半比较方便？”

这回朱小姐彻底语塞，“陈小姐，那好，你来吧!”

C：“那您看是礼拜三还是礼拜四?”

Z：“礼拜三。”

C：“好的，那礼拜三下午3点半。是我去您的办公室，还是到我的办公室来?”

Z：“来我的办公室。”

客户会有5次左右的拒绝，5个之内，他一定会说YES，这有心理学的依据。

思考讨论题

1. 陈小姐使用了哪些形式的接近方法？利用了准顾客的一些什么心理？
2. 陈小姐所设计的全能接近法是否还有缺陷？如果有，应如何克服这些缺陷？

第7章

推销洽谈

“要做一个善于辞令的人，只有一种办法，就是学会听人家说话。”

——莫里斯

学习目标

◇理解推销洽谈的目标和原则

◇掌握并能运用推销洽谈的技巧

◇掌握洽谈中价格谈判的理论、技巧和基本策略

引　例

错在哪里

有位性急的手表批发商，他经常到农村推销产品。有一次，他驱车来到公路边的一家商店，他想反正是老主顾了，也懒得多费口舌去讨价还价，照上回的价格差不多就行了，于是，他直截了当地对这家店主说：“这次，咱俩少费点时间和唾沫，干脆按我的要价和你的出价来个折衷，怎么样?”店主不知他葫芦里卖的是什么药，不置可否。他以为店主同意了，就报了一个价。因为他的报价的确比上次优惠得多，想不到对方回答一个也不要。店主说：“你以为乡下人都是傻瓜？你们这些城里来的骗子，嘴里说价钱绝对优惠，实际上未必是真的优惠。”

思考一下，这位批发商错在何处？

资料来源：吴金法．现代推销理论与实务［M］．大连：东北财经大学出版社，2002.

推销洽谈是整个推销过程的关键性环节，推销洽谈的成功与否对买卖双方最后能否成功实现交易具有至关重要的影响。推销洽谈能否成功，取决于推销人员在推销洽谈过程中是否有好的表现，能有效地说服顾客。推销洽谈是指推销员运用各种方式、方法和手段去说服顾客购买产品的过程，也是推销员向顾客传递产品信息的过程。

7.1　推销洽谈的目标和原则

7.1.1　推销洽谈的目标

推销洽谈的最终目标就是说服顾客购买产品。这个目标能否实现，取决于两个过程：一是顾客购买活动的心理过程，包括顾客的认识过程、情感过程、意志过程；一是推销活动实

际的发展过程，寻找准顾客的质量、约见的成功与否、能否有效吸引顾客的注意、唤起顾客的兴趣、激发顾客享受产品或服务的欲望、成功地解决顾客的异议、促使顾客采取购买行为等。所以，推销洽谈的具体目标是进一步发现和证实顾客的需要，向顾客介绍说明产品或服务的信息，诱发顾客的购买动机，说服顾客采取购买行动。

1. 洽谈之前要进行顾客需求和问题的确认

一般来说，推销员拜访顾客之前往往已对顾客的需求进行了了解，接近准顾客后，似乎顺理成章地就可以开始向准顾客介绍推销的产品或服务了。然而，如果推销员这样做，就会犯错误。无论是哪个行业的推销员，在推销过程中的一个共同点就是：推销中的第一个目标是发现顾客的具体需求和可能存在的生产与经营中的问题。如汽车的推销员在向顾客推销汽车之前要弄清楚：顾客需要汽车的用途是什么？他们购买的关注点是什么？考虑的价位在什么范围？需要的是什么型号等等。通过对问题的询问和确认，可以为推销员提供机会，有针对性地介绍公司的产品以满足顾客的需求。所以，正式推销洽谈即对产品进行介绍说明之前，对准顾客需求和问题的确认就非常重要了。

2. 在洽谈过程中，向顾客介绍说明产品，传递信息

确定了顾客的需求和问题后，接着就可以进行产品的介绍说明了。介绍说明的目的就是要使推销员向顾客证明他有满足顾客需求和解决顾客问题的办法。

推销洽谈中，推销员要把真实、全面及最新的产品或服务的信息传递给顾客，包括产品的品牌、商标、功能、价格、质量、市场地位、企业的生产经营状况、产品的发展方向等信息。在介绍过程中推销员应清楚地意识到，顾客只会购买有利于自己的产品，他们只会对产品的特征以及这些特征能带来的利益感兴趣。顾客得到的利益可以从两方面来分析：一是从产品本身得到利益，二是从厂家或销售商手中得到利益，使顾客认识到产品的使用价值，进而产生强烈的购买欲望，起到说服顾客购买的效果。

3. 在洽谈过程中，应不断激发顾客购买欲望

推销员向顾客传递了产品或服务的信息，展示了产品或服务给顾客带来的利益之后，顾客的购买欲望未必很强烈，不足以使顾客做出购买决定或一次性大量购买。因此，推销员有必要利用理性和情感的手段，对顾客的购买欲望进行不断激发。可以利用现代的推销工具，包括因特网、幻灯、多媒体电脑、电视、广播等等，刺激和感染顾客；也可以通过价格、结算、交货期等方面给予优惠，提供完善的售后服务以及其他可靠的保证等，不断激发顾客的购买欲望。只有顾客的购买欲望达到一定的强度，才可能转化为购买行为。

4. 在洽谈过程中，有效促使顾客采取购买行为

推销活动的最终目的是要说服顾客采取购买行为。当顾客的购买欲望达到一定程度后，顾客会产生相应的情绪反应和意志行为，甚至会产生复杂的心理冲突。推销员应善于引导顾客妥善处理心理冲突，然后再接再厉，合理地利用顾客的情感，巧用语言、态度、情景，有效促使顾客做出购买决策，采取购买行为。否则，整个推销洽谈会因贻误时机而前功尽弃。

7.1.2 推销洽谈的原则

推销洽谈的原则是指指导洽谈双方具体洽谈、协商的准则。在推销活动过程中，买卖双方在利益上既有一致性又有争夺性，成功的推销洽谈是双方协调的结果，买卖双方都是赢家，都从中获得一定的利益。为实现成功的推销洽谈，推销员可采用灵活多样的方法和技巧。但无论采用哪种方法和技巧，在推销洽谈中推销员均应遵守一定的原则。

1. **满足需求原则**

满足需求原则是指在推销洽谈中，应坚持以买卖双方的需求得到满足为原则。现代推销观念认为：追求需求的满足是推销洽谈的起因，是推销洽谈的原始动力和终极目的。如果一方以牺牲另一方的利益来满足自己的需求，洽谈往往就会无法进行下去，难以取得预期的洽谈目标。

2. **参与性原则**

参与性原则是指推销员应设法鼓励和引导顾客积极参与推销洽谈，促进信息的双向沟通。推销的过程不应是推销员的“一言堂”，而应是洽谈双方共同的参与和意思的表达，成功的推销员在推销过程中想方设法引导顾客发表意见，提出问题。推销员认真听取顾客的讲话。认真的聆听既尊重顾客，能使顾客产生一种满足感；也能从顾客的谈话中获知顾客的需要，得到有针对性的信息。推销员积极鼓励顾客亲自操作、试用推销品，调动顾客的积极性和主动性，增强推销洽谈的说服力。

3. **灵活性原则**

灵活性原则是指推销员应根据顾客的不同情况进行具体的分析，随机应变，灵活行事。每个顾客都有不同的个性，顾客的个性心理差别很大，推销人员应针对不同的顾客心理采取不同的方法，才能达到推销洽谈的目标。虽然顾客的购买目的在于追求产品的使用价值，但顾客的购买动机是各不相同，推销员应根据产品的特点和针对顾客的购买动机进行推销。尽管推销员在洽谈之前已做了大量的调查，搜集顾客的资料，对推销洽谈内容做了充分的准备，对可能出现的问题也做了估计并设计解决问题的方法，但在实际的推销过程中，顾客总是会出现这样或那样的预料之外的问题，推销员应该灵活应变，才能达到预期的推销目标。

4. **诚实性原则**

诚实性原则是指推销员在推销洽谈的过程中，对顾客要坦诚相见，诚实守信。俗话说：“诚招天下客。”推销员应实事求是地介绍产品，凭实据，讲真话，切实做到对顾客负责；不要因为自己的利益，在顾客面前把自己的产品吹得天花乱坠，把竞争对手的产品贬得一文不值，对顾客的要求一概承诺，打包票。不玩弄骗术，做到文明推销，合法推销，才能取信于顾客并赢得顾客，才有可能与顾客建立长期稳定的关系。

7.1.3 推销洽谈前的准备

推销洽谈是推销过程中较为重要的一个环节，特别对一些大中型的项目，推销洽谈中更会受到诸多可控因素和不可控因素的影响，因此也是一个复杂的环节。俗话说：“不打无准备之仗，不打无信心之仗。”要有效地实现推销洽谈的预期目标，在推销洽谈前必须进行充分的准备。

1. **了解洽谈背景和双方的情况**

推销洽谈开始之前，推销员应事先对洽谈对象或洽谈组织的情况进行摸底。洽谈对象的信息包括：顾客的姓名、年龄、学历、职业、住址、家庭情况、兴趣、爱好、人际关系；顾客目前面临的问题、愿望、要求；顾客是否有决策权等等。洽谈组织信息包括：企业及行业信息、主要的竞争对手、当前的经济形势、该企业在行业中的问题或机遇，以及最近的发展趋势和技术创新。还要清楚本公司业务的特点、公司规模、市场占有情况、信用等级、企业的宗旨与政策。

2. **确定推销洽谈的目标**

推销洽谈的目标是指洽谈方对洽谈所要达到的结果的设定，它是指导推销洽谈的核心，是制定推销方案的依据。在整个推销洽谈过程中，洽谈人员的安排、洽谈方案的设计、实施等工作，都是为总体目标的实现服务的。

推销洽谈目标的制定，一般要有三种目标：一是最优期望目标。这是通过洽谈达到的最理想的目标，能最大限度地满足洽谈方的利益和需求，如达到理想的销售额、实现理想的价格、能进行长期的合作等。但这一目标在实际推销洽谈中很少有实现的可能，因为推销是各方利益互相兼顾和重新分配的过程，没有哪个推销员会心甘情愿地拱手把全部利益让渡给他人。也没有哪个推销员能在每场推销中独占鳌头。这种最优期望目标一般作为推销洽谈的起点。二是可接受目标。这是比较实际的、有实现可能的谈判目标，在特定力量对比下最大限度地满足了己方的利益，在实际推销洽谈中，只要条件允许，洽谈方要力争实现这一目标，不要轻易放弃。三是最低限度目标。这是推销洽谈中必须保证达到的基本目标，是洽谈成功的最低界限，如最低价格、最低销售额、分期付款的次数与期限、交货期限等，只有实现这一目标，洽谈方才能获得一定的利益。这个目标也即“底线”目标。

3. **推销洽谈的内容**

推销洽谈的内容就是洽谈的主题，内容十分广泛，不同的推销洽谈，其具体内容也有所差异。推销洽谈的内容一般包括：产品的品质、产品的数量、产品的价格与支付方式、销售服务以及其他方面的内容。

4. **推销洽谈的地点**

推销洽谈的地点可以在顾客的办公室、家里，可以在自己的办公室、家里，也可以在第三方的办公室、家里，还可以在公共场所。

5. **推销洽谈人员的选择与配备**

推销洽谈从一定的角度来讲是人才的对抗，是知识、能力、品质等综合素质的较量。在选择洽谈人员时主要应考虑四个方面：一是具有良好的思想素质和优秀品质，具有高度的原则性、责任感和纪律性，具有较强的法律意识，具有廉洁奉公、不谋私利的高尚品格。二是具有宽广的社会知识与较深的专业知识构成的“T”型知识结构，知识面越宽，洽谈中应变的能力就会越强，专业知识越深，就越能适应洽谈的需要。三是具有优良的心理素质，推销洽谈是一种短兵相接、为各自利益需求而战的激烈角逐，它不仅仅是人员知识、技巧的较量，也是其意志、毅力和胆识的较量。能在错综复杂的洽谈中做到从容不迫、思维周密、灵活应对、敢于决策，这与洽谈人员优良的心理素质是分不开的。四是具有较好的能力，如较好的语言、文字表达能力，敏锐的观察能力、推理判断和思维辨别的能力等。

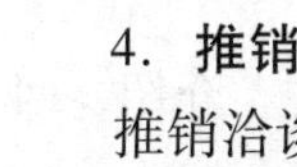

7.2 推销洽谈的技巧

不同的推销员，不同的顾客，不同的产品，在面对面的推销洽谈中所表现出来的特点各不相同。但大量的实践证明，在推销洽谈过程中，有一些技巧是可以概括出来的，这些技巧对推销员的推销活动是非常有用的，也可以说是一些规律性的知识。

7.2.1 营造和谐的洽谈气氛

任何一次的洽谈都是在一定的氛围中进行的，和谐的气氛能为正式洽谈奠定良好的合作基础，为洽谈铺平道路。因此，有经验的推销洽谈人员都十分重视营造和谐的洽谈气氛。

影响洽谈气氛的因素很多，洽谈的环境、用具、人数的多少、言谈举止以及贯穿洽谈全过程的各种情绪、沟通方式等等，但最初接触的印象起着重要作用。因此，见面时的第一印象是极其重要的一个环节。然而见面时留下的第一印象是在短暂的时间形成的，这种气氛基本上奠定了洽谈的基础。当然事物并不是绝对的，也会有特殊的情况。比如，当双方有了明显的分歧，经过共同的努力之后建立新的洽谈气氛，也是有可能的。

主动热情的寒暄，显示主动积极地关心对方，这对形成良好的洽谈气氛至关重要。最初见面时的交谈，话题最好是轻松的、中性的。比如双方可以随便聊聊以下内容：

（1）各自的经历，如曾经到过的地方，接触过的人等等。比较轻松的话题还有：球赛、股市消息、高尔夫球，甚至早上的新闻摘要。（只要不给对方带来不快）

（2）私人问题。应表现出真正关心他人的情况，不带任何威胁的语调。例如开始可以这样说："您好！"然后谈一些仅限于私人间的话题，如："这个周末我钓鱼去了。我很喜欢钓鱼，您周末是怎样度过的？"

（3）对于彼此有过交往的，可以先叙谈一下以往经历和共同获得的成功。

这样的开场白可以使双方找到共同的话题，为心理沟通预先做好准备。

7.2.2 洽谈中的语言技巧

推销洽谈的过程，实际上就是提问、介绍、倾听、回答、说服的过程。其中，介绍、回答、提问、说服等环节都离不开语言，可见语言在洽谈中是非常重要的。

1. 提问的技巧

推销主要是用问的，而不是靠说的，问问题的一方总是掌握销售对话的全局。

推销小案例

提问的技巧

有一位牧师问一位长老："我可以在祈祷时吸烟吗？"他的请求得到严厉的拒绝。另一位牧师再问同一位长老："我可以在吸烟时祈祷吗？"因为提出的问题措辞不同，他被允许了。

推销员提问是了解对方的需要，获取所需信息的手段，也是沟通双方感情的一种比较好的方式。在洽谈过程中，要善于结合不同的环境、不同的洽谈阶段、不同的情节提出不同的问题。常见的提问技巧有：

（1）简单明确地提出问题。

向顾客提出的问题应简单明确，使对方一听就能明白，并便于回答。如果提出的问题不明确，含含糊糊，似是而非，顾客会无所适从，不知如何回答。推销员每次提出的问题不宜太多，一般只提一两个，以免顾客记不住提问的内容或感到紧张，不知先回答哪个好。如果提的问题太多，顾客会产生厌烦的情绪，不利于推销员推销的进展。

（2）把握提问的时机，有针对性地提出问题。

提问时应注意把握时机，在顾客适宜答复问题的时间提问，不要打断对方的谈话。提问时应针对顾客关心的问题，不要无故发问，先从简单的问题入手，逐渐深入，转向特定的问题。

(3) 对于关键性的问题，要善于追问。

对于关键性的问题，顾客回答得不完整或故意避而不答时，推销员应善于耐心地追问，或变换角度继续提问，直至弄明白为止。如对某些重要问题或数据再次提问，除了表明自己重视外，客观上也是让对方明白自己的承诺，减少对方以后可能就此反悔的机会。

(4) 选择适当的提问方式。

在推销洽谈的提问中，推销员应根据具体情况选择适当的提问方式。常用的方式有：

①限制性提问。

这是一种目的性很强的提问技巧。它能帮助推销员获得较为理想的回答，减少顾客说出拒绝的或推销员不愿意接受的回答。即在一个问题中提示两个肯定的答案，供顾客选择回答的提问。如询问顾客何时给予答复时，可用这种限制性提问："你愿意下星期一还是星期二给我答复?"这样提问一般可以得到一个确切的回答。

②启示性提问。

这是一种声东击西、欲正故误、先虚后实、借古喻今的提问方法，以启发顾客对某个问题的思考，让顾客做出提问者想得到的回答或让对方谈出自己的看法。

③协商性提问。

这是一种以征求顾客意见的形式提问方法，应尽量用商量的口吻向顾客提出问题，如"你看这样写合同是否恰当"这种提问方法比较容易被顾客接受，而且就是顾客不接受你的条件，洽谈的气氛仍然能保持融洽，双方仍有合作的可能。

推销小知识

启示性的提问

一个孩子对父亲说："爸爸，您小时候也爱玩吗?"

父亲答："是呀。"

孩子再问："您小时候也常上街吗?"

父亲答："是呀。"

孩子最后要求说："您不愿意带我上街吗?"

父亲答："这个……"

④澄清性的提问。

这是一种针对顾客的答复，重新措辞以让其证实或补充的一种提问方法，目的在于让顾客对自己的话进一步明朗态度，如："你说你想买一部电脑，是不是?"

2. 叙述的技巧

叙述是一种不受顾客提出问题的方向、范围的制约，带有主动性的阐述，是传达大量信息、沟通情感的一种方法。它是在了解顾客需要、立场、观念等的基础上，通过陈述来表达对各种问题的具体看法，或告诉顾客应该购买这种产品或服务的理由，以便使对方有所了解。

叙述问题、表达观点和意见时，应当态度诚恳、观点明朗、语言生动流畅、层次清楚紧凑。具体来说，叙述的技巧有：

（1）叙述一定要围绕主题。

在洽谈过程中，叙述要得体，不要随意说一些与洽谈主题无关的个人意见，不要抛离主题、随心所欲、信口开河，也不要哗众取宠，抛离主题大发幽默之感。因为这样对己无助，还会使顾客感到厌烦，形成洽谈障碍。

（2）叙述应简洁，通俗易懂。

在洽谈中，我们要达到的目的就是让顾客相信我们所说的内容均为事实，并使其接受我们所说的观点。要实现此目的，应尽量使用能使顾客明白的语言、术语和尽量使用“共同语言”，特别对于一些专业性很强的专用术语，应尽量用简明易懂的话加以解释。每次叙述的时间不宜太长，如果你长篇大论，顾客会听不进、记不住、理不清，会产生不耐烦的情绪。

（3）叙述应主次分明，层次清楚，措辞得当。

在洽谈中，叙述应主次分明，层次清楚，推销员不仅有责任把自己心中的所想表达清楚，而且要让顾客能听得明白，产生兴趣，容易理解。在说的过程中，措辞要得当，言语要委婉、含蓄、幽默。尽量避免使用贬义的词语、否定的词语、刺激的词语、暧昧的词语和夸张不实的词语。如“你别讲了”“我就料到会这样”“你错了”等听起来就很不舒服，容易使顾客产生反感。

（4）叙述应客观真实，让顾客相信并产生信任。

在洽谈中，叙述的内容应客观真实，选择确切的事实和数据，准确、形象地加以说明。不要使用空洞无据的话语，当遇到某些数据、资料不很清楚或无把握时，应尽量回避或待搞清楚后再作说明，不要信口开河、冲口而出或随便敷衍。因为你说错了，以后更改非常困难，有时还会使顾客对你产生不信任。

（5）适当运用语言技巧及语调来增强表达效果。

不同的语言表达方式，会产生不同的效果。好的表达方式，会使讲者激昂，听者兴奋；讲者陶醉，听者自然愉快。因此，说话要抑扬顿挫，富有感情，适当变化说话的速度，陈述要点时斟字酌句，在要点前后做适当的停顿等，可以增强表达、叙述的效果。

3. 答复的技巧

答复既是回答顾客的询问，又是表明、解释或推销自己见解的过程。在洽谈中，答复与提问同样重要，因此也要讲究一定的技巧。如果回答不当，顾客会觉得你缺乏诚意，或对你产生误解，或认为你不值得信赖，因而造成不利于洽谈的局面。要有效地回答好顾客的问题，推销员应掌握一定的答复技巧，具体有：

（1）给自己留下思考的时间。

推销员在回答问题时应谨慎从事，对问题进行认真的思考，因此，回答问题之前必须要有充分的思考时间。

（2）不要彻底回答顾客提出的问题。

在洽谈中，顾客提出问题是想了解我方的观点、立场和态度，或是想确认某些事情。推销员在回答顾客的问题时，应将顾客的问话范围缩小，或者对回答的前提加以修饰和说明。如顾客询问产品的价格，如果彻底回答了顾客，把价格一说了之，那么在进一步的洽谈中，推销员一方就会显得比较被动，如果回答："我相信我们产品的价格会令你们满意的，请先让我把这种产品的性能说一下好吗？我相信你们会对这种产品感兴趣的……"这样回答，避免顾客的吸引力一下子就集中在价格上。具体如何回答，应视情况而定。

（3）不要确切回答顾客所提的问题。

推销人员在回答顾客提出的问题时，要给自己留下一定的余地。在回答问题时，不要过早暴露自己的实力。通常可先说明一件类似的情况，再拉回正题，或利用反问把重点转移。例如："是的，我猜想你会这样问，我会给你满意的答复。不过，在我回答以前，请先回答我的一个问题。"如果对方还是不满意，你可以回答："也许，你的想法很对。不过，你的理由是什么？"或者是："那么你希望我怎么解释呢？"

（4）顾左右而言他。

对于顾客提出的那些很难以直接从正面回答，但又不能以拒绝回答的方式来逃避问题，可以顾左右而言他。

（5）答非所问。

对于那种不能不答的问题，行之有效的答复方法就是答非所问。

（6）以问代答。

对于那些一时难以回答或不想回答的问题，可以用以问代答的方式，如同把对方踢过来的球又踢回去。

推销小链接

巧妙的回答

1960年春天，中国政府代表团在印度的一次记者招待会上，团长周恩来回答了各国记者提出的问题。当时北美新闻联盟和妇女新闻社记者谢巴德提出："你可否考虑邀请艾森豪威尔总统访问北京，但并不要求美国必须承认红色中国呢？"

周恩来总理听完反问道："既然美国政府不承认新中国，中国政府怎么能够邀请美国元首艾森豪威尔总统访问北京呢？"这个回答就是以问代答，巧妙地避开对方的话锋，掌握了主动。

（7）"重申"和"打岔"。

要求顾客再次阐述其所提的问题，为自己争取思考问题的时间。打岔的方式多种多样，如借口去洗手间，或去打个电话。

（8）使问话者不要继续保持追问的兴致。

回答问题的时候，说明许多理由，但不要把自己的理由说进去。

4. 推销活动中禁忌的语言

所谓"禁忌"，是指推销活动中，不能采用的语言和态度。

（1）禁忌任何有损对方自尊心的语言。

推销必须与各种各样的顾客打交道，其情趣、爱好各异，性格又各不相同，顾客的想法不可能与我们的想法完全一致，因此，推销员不应该把自己的观点强加给顾客，更不能有任何有意、无意伤害顾客自尊心的语言。"气话""俏皮话""讥讽话"都应禁忌使用。

（2）禁忌含糊其辞与简单生硬的语言。

语言简洁、精练，少说废话，是提高推销效率的重要方面。但精练不等于含糊其辞，更不等于简单生硬。对待提问不能用“不行”“只能如此”“没法考虑”等拒人千里之外的语言。这种生硬的语言，既不尊重对方，也给推销带来很强的心理障碍，同时也是自身缺乏素养的表现。

（3）禁忌用动作代替语言。

任何用动作去回答对方的询问，都是目中无人和不礼貌的行为。不论你是有意还是无意，都会使对方反感，并失去信任。用明确、礼貌的语言回答顾客的各种问题，是对现代推销人员最起码的要求。

（4）禁忌采用催促语言。

询问、挑选、比较、权衡是购买行为中普遍的心理现象。在推销中，顾客要挑选对比，这是很正常的；任何催促语言，都会破坏顾客思考的平衡心理，从而带来紧张和不满。推销员应从顾客的立场出发，帮助其分析和权衡，是推销成功所不能缺少的。

（5）禁忌在顾客没说完话以前就提出反对意见。

在顾客没说完话以前就提出反对意见，这不仅是一种急躁行为，也是缺乏礼貌和没有修养的表现。如果是卖方，很可能因此而使推销完全失败。在人际交往中，也会因此而失去众多的朋友。

7.2.3 洽谈中的倾听技巧

优秀的推销人员是那些能够问出好问题，又能专心听顾客回答的人。洽谈成功的另一个重要的条件就是要具备聆听他人讲话的能力、欲望与耐性，聆听不仅能建立信任，而且能使推销人员准确地获取信息。从人际关系的角度讲，听是尊重对方，改善或加深人际关系的手段；在推销过程中，多听是一种重要的洽谈策略。当你发问的时候，你就获得一个聆听的机会，而且你听得越多，顾客就越喜欢你，越相信你，就越能接受你的话，并且会渐渐开始考虑你的产品或服务。有些推销员认为必须将产品的资料提供给买方，越多越好，对于买方喋喋不休讲些不着边际的话，逐渐失去耐心，对于买方的批评与质疑，采取戒备的态势，不喜欢听有关竞争对手的事情，只喜欢听到内心期待听到的事情，没有听到对方真正讲的事情。

推销小知识

聆听的收获

老张是一家专门生产汽车内部装饰布公司的推销员。有一次他突然患了严重的喉炎，无法流利地讲话，恰巧此时一家汽车公司要大量购买装饰布，便邀请了这位说不出话的老张和另外两家做相同生意的业务员一起做产品介绍。他们想根据情况再决定与谁签约。但由于老张患喉炎无法讲话，只能请公司的其他同事替他介绍产品的特点、优点和利益，并替他回答有关产品的各种问题，老张在一旁认真地倾听，不时点头、微笑和以各种动作来表示他的关注和谢意。结果他意外地获得了成功，该汽车公司和他签订了总金额为160万元的订单。这是他做此项生意以来获取的最大成交额。老张认为这次的成功，归于他认真地听和谦恭微笑的态度，赢得了对方的好感，为达成交易奠定了基础。

1．重视聆听，可以得到许多的好处

（1）避免在错误的时机说错话，他们让耳朵告诉他们，应该说什么及什么时候说。

（2）他们可以知道周围人的动机。

(3) 对其他人更了解，所以更有能力去说服他们。

(4) 他们看起来比较聪明，因为其他人都把知道的事情告诉他。

(5) 他们听别人讲话，因此赢得这些人的尊敬。

(6) 他们让其他人尽情诉苦，避免他们发脾气。

(7) 他们牺牲宝贵的时间听别人讲话，因此让人觉得有尊严。

(8) 他们表现出对他人的关怀。

2. 专心聆听的方法

(1) 表现出注意听的态度。眼睛看着他，思考的时候也不要看着别的地方。顾客讲话的时候，你要坐得稍微向前倾；你讲话的时候，就稍微向后。不时点点头，扬起眉毛笑一笑。

(2) 不要被其他事情分心。顾客讲话的时候，不要对办公室东张西望。不要注意其他干扰的声音，有他人走进来也不要理睬。

(3) 少说话。你不可能又听又讲，所以少开口。每个问题让买方完整说完他的看法，即使对于买方提的观点，就是你有很好的答案，也不要打断他说话，在他讲完之后，才判断他说的是什么意思。

(4) 很满足的样子。注意听买方说话，不要表现出“还不就是这么回事”的态度，也不要评论顾客讲话的格调。

(5) 注意肢体语言。注意顾客的声调、高低、强弱、语气以及音量。想一想这些肢体语言传达什么样的意义？告诉你什么？

(6) 让顾客不断讲话。买方讲得差不多，但是你还希望他多讲一点，可以用以下的方法：

- 重复买方最后一句话，转换成问句：“你不相信这问题有这么严重吗？”
- 如果顾客说的是一个特别情绪化的经验，要让他继续说下去，你可以问他：“这对你一定很有趣/刺激/挑战/困难/痛苦吧？”
- 使用非直接的问法：“真的？”“接着呢？”“还有呢？”“还有谁？”“你觉得如何？”

(7) 证实你确实注意听。如果你认为顾客该说的都已经说完了，将你听到的解释一遍。(如“你说的是……”) 这个技巧也使你收回了发言权，同时证明你确实用心听他说话。这也告诉对方，你将要讲的话是回应买方刚刚所说的。

(8) 抑制争论的念头。你和你的对手之所以成为对手，意味着两者之间必有意见不一致之处。如果你打断顾客的谈话，或只是内心有此念头而已，也会筑起沟通的障碍。学习控制自己，抑制自己争论的冲动。

7.3 推销洽谈的策略

推销洽谈策略，是指推销员在洽谈中应付各种可能出现问题的基本对策。虽然在推销过程中，不同的顾客有不同的爱好和兴趣，他们的需求也很不相同，但是，在一些场合，顾客的反应确是非常的相像，也就是说：在顾客千差万别的需求和动机背后，却有着共性的一面，存在着某些有规律的东西，而且大部分是可以预料到的。如对价格的异议：“价格太贵了”，“市场上出售的同类产品比这要便宜得多”；对需求的异议：“总的来说不错，但对我们不太适合”，“我目前使用的产品很满意，不想尝试新的产品”；决策权的异议：“这不是我可以决定的”；等等。对于这些基本问题，推销员应善于进行总结，事先做好准备，并拟定解决问题的方法，以提高洽谈的成功率。

7.3.1 揣度顾客心理的策略

推销员准备拜访顾客之前，应该静思默想，把自己的注意力集中到顾客身上。有关顾客的情况可以概括为以下几个方面，推销员应认真揣度。

（1）顾客需要什么?

（2）顾客在工作方面和个人生活方面有哪些奋斗目标?

（3）哪些因素有利于顾客在工作和个人奋斗方面获得成功?

（4）哪些因素不利于顾客在工作和个人奋斗方面获得成功?

（5）顾客在公司中起什么作用?

（6）顾客对推销员的态度如何?

（7）顾客是什么样的一个人，是外向型，还是内向型？是心胸宽广，还是小心谨慎？是慷慨大方，还是吝惜小气？是墨守成规、不守信用，还是胆大妄为?

上述基本问题较少受到外部因素的影响。掌握了这些因素，推销员就基本上掌握了需要拜访的顾客的情况，做到心中有数，可以有准备地与顾客进行洽谈。

7.3.2 站在顾客角度考虑顾客需求的策略

在推销洽谈过程中，推销员应把满足顾客需求贯穿于洽谈的每一个环节，处处为顾客着想，真正了解顾客的需求，知道顾客心里想什么，然后就可以对症下药，使推销洽谈更富有成效。

推销人员是否真能理解顾客，特别是当顾客表现反常或出人意料的时候，推销员能够想象顾客在想些什么吗？这就应设身处地真正为顾客着想，能够真正满足顾客的需要。在推销洽谈的过程中，推销员应尽量多地使用“您”字，尽量少使用“我”字，多使用顾客的语言进行交谈。这样既是尊重顾客，又让人感觉到是为顾客着想，使推销洽谈更有成效。

推销小知识

使用顾客的语言交谈

一个年轻人和他父亲正在建设一座牛奶场，儿子管奶牛，父亲做细木匠，将赚来的资金投入牛奶场的建设以扩大牛群，两人都指望着有朝一日能靠这座牛奶场养老度终。这父子俩都承认，如果在今后10年内父亲发生什么意外，全家就不可能达此目标，因为现在牛奶场尚不能靠自己支撑下去，还需要父亲提供额外的资金。

一位人寿保险推销员向年轻人和他的父亲介绍保险，开始保险推销员告诉他们：“如果能给父亲购买足额的人寿保险，就可以保证他万一发生意外后他的保险金还能继续向牛奶厂提供必须的资金，把牛群扩大到可以赢利的规模。”当保险推销员说到必须每年交一笔保险费时，全家人都挥舞双手表示反对，说他们没钱，办不到。保险推销员马上换了一种说法来争取他们：“为了保证万一你们当家的遇到不幸你们能继续达到既定的目标，你们愿意把那两头牛的牛奶送给我吗？只当你们没有那两头牛好了。不管出什么天大的事，它们的牛奶都可以保证，你们在将来一定能建成赢利的牛奶场。”结果，他做成了生意。

7.3.3 寻找共同点的策略

成功的推销洽谈都是从寻找双方的共同点开始的。顾客需要的是什么？推销员需要的是什么？怎样才能把两种需要结合在一起？对这些问题，推销员应进行深入的考虑、策划，以能在洽谈中因势利导，控制洽谈的速度，使洽谈能按预定的设想并有秩序地进行。

7.3.4 不要与顾客争论的策略

"推销时绝不可以争论！"这是销售经理向推销新手提出的最好忠告之一。著名推销员布鲁·沃特尔经常说："不错，你可以随时向买主和其他人证明他的话显得很无知，但这样做你能得到什么？揭穿买主的愚昧没有任何好处，他绝不会因此而感谢你，在更多的情况下他会怀恨在心，你的生意早晚会受到损害。"有些推销员会不由自主地激发起顾客的对立情绪，这只能产生相反的作用。最常见的做法就是说上一通气话，表示这样一种意思："那好，早晚你都要买我的东西，我还会来找你！"

在美国西部的一座城市，有一个人寿保险推销员很纳闷，他弄不明白为什么有个男人他连续拜访了10年都没有做成生意，最近却向新到该城的另一个保险员认购了价值10万美元的保险单。其中的奥妙是：八九年前，第一个保险推销员在拜访了那个男人好几回没有成功之后有一天说："我将来一定会说服你的，老家伙！"毫无疑问，这句充满情感的话表明了他值得称赞的决心，但这话不该说出口，因为那"老家伙"立即叫道："不，你做不到，绝无希望！"打那之后他就一直坚守这种立场。他宣布这个决定时确实是由于一时的感情冲动，但他既然宣布了，他就要下定决心，不再后退。

因此，推销员必须自始至终保持这种态度：我来这儿是帮助你的，不是要跟你干仗的。

7.3.5 以退为进的策略

以退为进是推销洽谈中常见的一种制胜策略。在推销洽谈中，并不总是相互交锋、争斗激烈、据理力争的，有时也需要采取以退为进策略，为了将来的进攻而暂时退让，待机而进，以求取得谈判的成功。

推销小案例

以退为进

某家大型家电企业，想让电力公司以低价优惠供应电力，但遭到电力公司的拒绝，双方洽谈陷入僵局。后来该家电公司索性不谈了，声称由自己配建发电设备还划得来，而决定自行配建发电设备。电力公司听到这一消息后，立即改变原先的强硬态度，主动请人从中说情，表示能给予优惠价格，于是双方达成协议。

在这场推销洽谈中，家电公司采取了以退为进策略，把原先在电力公司的谈判主动权转移到自己手中，并达到了自己的目标。

7.3.6 笑到最后的策略

当推销洽谈接近尾声，将大获全胜时，推销人员切不可认为已成定局而露出得意洋洋的样子。因为洽谈成功与达成交易还有一定距离，假如碰到一些意外的情况，“煮熟的鸭子也会飞”。成功的洽谈只是实现交易的“雏鸭”阶段，除非交易已得到顾客的确认，否则推销员就不要高兴得太早。因此，推销员应向顾客复述协议书的内容。在复述时，顾客可能会提出一些反对意见。对此，推销人员要认真解释，打消顾客的疑虑，并向顾客再做保证，使顾客相信自己做出的选择是正确的，最终实现销售产品的目的。

7.4 推销洽谈中的价格谈判

7.4.1 影响价格的因素

商品的价格，是商品价值的货币表现。影响价格形成的直接因素主要有：商品本身的价值，货币的价值及市场供求状况。上述每一因素，又是由许多子因素决定的，并处于相互联系、不断变化之中。推销洽谈中的价格谈判，应当首先了解影响价格的具体因素。这些具体的因素有：

1. 市场行情

市场行情是指谈判的标的物在市场上的一般价格及波动范围。市场行情是市场供求的反映，是价格磋商的主要依据。如果谈判的价格偏离市场行情太远，谈判成功的可能性就很小。所以，谈判者必须掌握市场信息，了解市场的供求状况及趋势，从而了解商品的价格水平和走向，才能取得谈判的主动权。

2. 利益需求

由于谈判者的利益需求不同，他们对价格的理解也不相同。对于能满足头等需求的产品，顾客愿意出高价购买。如日常生活中一款新潮的时装，即使价格较高，年轻人也可以接受，而老年人可能不会接受，因为老年人比较注重衣服的面料质地，并据此来评价商品的价格。某公司从国外一厂商进口一批货物，由于利益需求不同，则谈判的结果可能有三种：一是国外厂商追求的是盈利的最大化，某公司追求的是填补国内市场空白，价格谈判的结果可能是高价；二是国外厂商追求的是打入我国市场，某公司追求的是盈利的最大化，价格谈判的结果可能是低价；三是双方都追求盈利的最大化，价格谈判结果是各自妥协后的可接受价，或者谈判失败。

3. 交货期要求

价格谈判中，如果对方迫切需要某原材料、商品、设备、技术，可能比较忽略价格的高低。如果某方只注重价格的高低，而不考虑交货期，也可能反而吃亏。如某远洋运输公司向外商购买一条旧船，外商开价 1 000 万美元，该公司要求降低到 800 万美元。谈判结果，外商同意了 800 万美元的价格，但提出推迟 3 个月交船，该公司认为价格合适，便答应了对方的要求。哪知道外商又利用这 3 个月运输，营运收入 360 万美元，大大超过了船价少收获的 200 万美元。显然，运输公司并没有在这场谈判中赢得价格优势。

4. 附带条件和服务

从整体产品观念来看，谈判标的物的附带条件和服务，如质量保证、安装调试、免费维修、供应配件等，是产品的组成部分，能为客户带来安全感和许多实际利益，往往具有相当的吸引力。人们往往宁愿“多花钱，买放心”，或“多花钱，买便利”，因此这些附带条件和服务，能降低标的物价格水平在人们心目中的地位和缓冲价格谈判的阻力。

5. **支付方式**

价格谈判中，货款的支付方式，是现金结算，还是使用支票、信用卡结算，或以产品抵偿；是一次性付款，还是分期付款或延期付款等，这些都对价格有重要的影响。因此，如能提出易于被对方接受的支付方式，将会使己方在价格上占据优势。

7.4.2 价格谈判的合理范围

推销洽谈中的价格谈判，尽管影响价格的因素很多，但价格谈判毕竟有它的限度，即合理的范围。

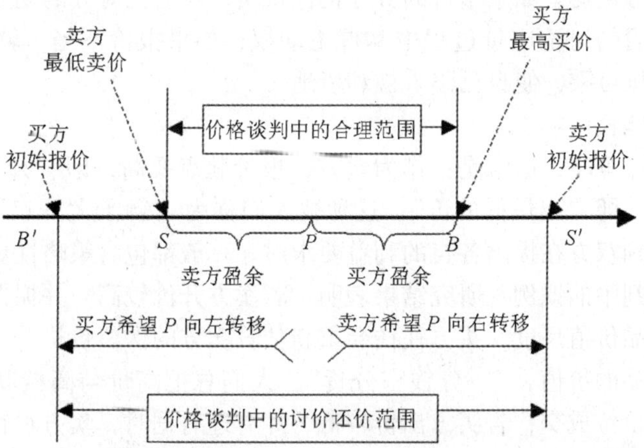

图7－1 价格谈判的合理范围

在图7－1中，S为卖方的最低售价，这是卖方在谈判中的保留价格或临界点。因为，卖方出售商品受成本和其他因素的影响，不可能以太低的价格出售，不可能没有一个最低的下限。作为卖方，当然是售价越高越好。B为买方的最高买价，这是买方在谈判中的保留价格或临界点。买方购买商品，受其价值和其他因素的影响，不可能多高的价格都会购买，不可能没有一个最高的上限。作为买方，当然是希望买价越低越好。一般来说，$B>S$，即买方的最高价必须高于卖方的最低售价，只有在这种情况下，价格谈判才有可能进行；否则，如果$B<S$，即买方的最高买价低于卖方的最低售价，价格谈判就无法进行。

在价格谈判中，双方的保留价格是不会向对方宣布的。交易双方只能根据各种因素和信息，自行确定自己的价格临界点S或B，同时估算对方的价格临界点B或S。而价格谈判的现实依据，只能是双方的初始报价。初始报价是指交易双方向对方第一次报出的最高售价和最低买价。一般来说，卖方的初始报价总是较高，肯定要高于其最低售价，往往也高于买方的最高买价；同样，买方的初始报价总是较低，肯定会低于其最高买价，往往也低于卖方的最低售价。于是，洽谈双方相继报出初始价格（开盘价格）后，便在此基础上展开价格谈判的讨价还价。图7－1中，S'表示卖方的初始报价，B'表示买方的初始报价，$B'\sim S'$区间表示价格谈判中讨价还价的范围。P表示洽谈双方达成协议的成交价格。如果$S<P<B$，能够为买卖双方共同接受。如果$P<S$或$P>B$，卖方和买方就不会接受，并会退出谈判。应该强调，成交价P往往不会在$S\sim B$区域的中点上，因为双方需求的不同，双方地位和实力的不同，尤其是双方价格谈判策略运用的不同等，这种状况称为价格谈判中盈余分割的非对称性。

7.4.3 报价的策略及技巧

报价，是指推销谈判中一方或双方向对方提出自己全部要求的过程。报价是价格谈判中一个十分关键的步骤，它标志着谈判者的利益要求的“亮相”，它不仅给谈判对手以利益信号，而且成为能否引发对方交易欲望的前奏。

报价绝不是报价一方随心所欲的行为。报价应以影响价格的各种因素、对价格的理解、价格谈判的合理范围等为基础，不仅要以己方可能获得的利益为出发点，更要考虑对方可能的反应和能否被对方接受。如果报价的分寸把握得当，就会把对方的期望值限制在一个特定的范围，使之在以后的讨价还价过程中掌握主动权；如果报价不当，就会助长对方的期望值，甚至使对方有机可乘，使自己陷入被动境地。

1. 报价起点策略

价格的报价起点策略，通常是：作为卖方，报价起点要高，即“开最高的价”；作为买方，报价起点要低，即“出最低的价”。这种被人们称为“狮子大开口”的报价起点策略，是合乎常理的。谈判双方在提出各自的利益要求时，一般都包含策略性虚报的成分，这种做法，其实已成了谈判中的惯例。研究结果表明：若卖方开价较高，并振振有词时，为买方提供一个评价卖方商品价值尺度，买方往往会重新估算卖方的保留价格，一般情况下，价格总是能够基本反映商品的价值，“一分钱一分货”，人们总把高价与高档联系在一起，因此双方往往能在较高的价位成交；若买方出价较低，并有理有据时，卖方往往也会重新评价买方的保留价格，双方可能在较低的价位成交。同时，“开价要高，出价要低”的报价起点策略中的策略性虚报部分，为下一步的讨价还价过程提供了充分的回旋余地和准备了必要的交易筹码。在这种策略下，倘若双方能够有理、有利、有节地坚持到底，在谈判不致破裂的情况下，往往会达成双方满意的成交价格，使双方都能获得预期的利益。但要注意，开出高价并不是漫天要价，出价要低并不是胡乱杀价，否则就会失去谈判的机会。

2. 报价时机策略

价格谈判中，报价的最好时机是等对方充分了解商品的使用价值和为对方带来的实际利益，待对方对此发生兴趣后询问价格时，报价往往就会水到渠成；如果推销洽谈刚开始，对方就急于询问价格，这时对方对商品或项目尚缺乏真正的了解，过早报价会徒增谈判的阻力，最好的策略是听而不闻。但假如对方坚持即时报价，应把价格与商品可给对方带来的好处尽量联系起来做介绍。不能故意拖延，以免让对方感到不尊重而产生反感。

3. 报价的表达策略

报价无论是采取口头或书面方式，表达都必须十分肯定、干脆，似乎不能再做任何变动和没有任何商量的余地。“大约”“大概”“估计”一类含糊其辞的字眼，在报价时是不适宜使用的，因为这会使对方感觉报价不实，给对方提供还可以商量的信息。

4. 报价的差别策略

同一商品，因客户性质、购买数量、需求急缓、交易时间、交货地点、支付方式等方面的不同，会形成不同的购销价格。如对老客户或大批量需求的客户，为巩固良好的客户关系或建立起稳定的交易联系，可适当实行价格折扣；对新顾客，有时为了开拓新市场，也可视情况给予适当的让价；对于某些需求弹性较小的商品，可适当实行高价策略；对方“等米下锅”，价格则不适宜下降；旺季、应时商品价格应较高，淡季、背时商品价格应较低；交货地点较远的地区，应适当加价，一次支付比分期付款或延期付款，价格应给予优惠等等。

5. **报价对比策略**

价格谈判中，使用报价对比策略，往往可以增加报价的可信度和说服力，报价对比可从多方面进行。例如，将本商品的价格与另一可比商品的价格进行对比，以突出相同使用价值的不同价格；将本商品以及附加各种利益后的价格与可比商品不附加各种利益的价格进行比较，以突出不同使用价值的不同价格；将本品的价格与竞争者同一商品的价格进行比较，以突出相同商品的不同价格。但如果买方以对比第三方的出价低为由胁迫时，你应明确告诉他“一分钱一分货”，并对第三方的低价毫不介意。只有当对方表现出真实的交易意图，为表明至诚相待，才可在价格上开始让步。

6. **报价分割策略**

这种报价策略，主要是为了迎合买方的求廉心理，将商品的计量单位细化并尽量使用小的计量单位报价。如房子报价不用“套”为单位，可用“平方米”报价，使对方在心理上产生便宜感而容易接受。

7.4.4 讨价还价策略及技巧

1. **买卖双方的价格目标**

一般来说，在价格谈判开始以前，买卖双方都会为或都应为自己准备好几种价格的选择方案，并确定谈判的价格目标，以便为下一步的讨价还价和最终达成交易所遵循。

一般来说，买方和卖方的价格目标，都有三个层次，即临界目标、理想目标和最高目标，如图7－2、图7－3所示。临界目标是由双方各自的临界价格规定的目标，理想目标是双方各自的理想价格规定的目标，最高目标是双方初始报价的价格目标。

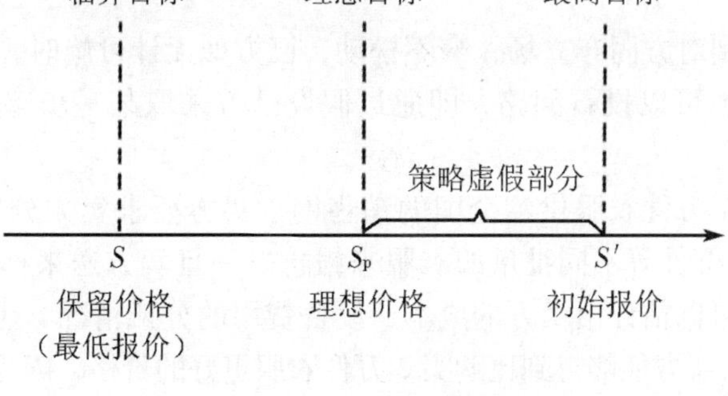

图7－2 卖方价格目标

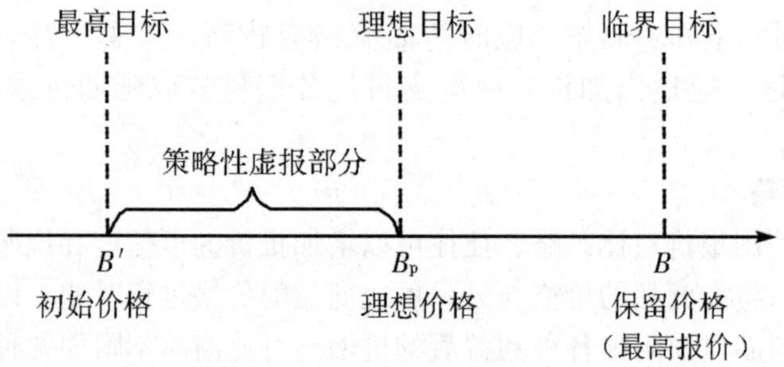

图 7－3　买方价格目标

2. **讨价策略**

讨价，指要求报价方改善报价的行为。讨价不是买方的还价，而是启发、诱导卖方自己降价，以便为买方还价做准备。

（1）以理服人

“硬压”对方降价，可能过早地陷入谈判僵局，对买方也不利。因此，特别是初期、中期的讨价，务必保持信赖平和的气氛，充分说理，以理服人，以求最大的收益。一般来说，在报价太离谱的情况下，其价格解释总会有这样那样的矛盾。只要留心，不难察觉。当以适当方式指出报价的不合理处时，报价者大都有松动。此时，使价格调整的幅度不是很大，或者理由也不甚合乎逻辑，作为买方，也应表示欢迎。

（2）相机行事

买方做出讨价表示得到卖方回应，必须对此进行策略性分析。若首次讨价，就能得到对方改善报价的迅速反应，这可能说明报价中策略性虚报部分较大，价格中含虚头、水分较多，或者也可能表明对方有急于促成交易的心理。一般有经验的报价方，开始都会固守其价格立场，不会轻易降价，并引证那些比他报价还要高的竞争者的价格。而对于那些首次讨价即许诺降价者，应根据其实际情况或可能，继续采取相应的讨价策略。

（3）投石问路

价格谈判中，当遇到对方固守立场，毫不松动，己方似无计可施时，为了取得讨价的主动权和了解对方的情况，可以投石问路，即通过假设己方采取某一步骤，询问对方做何反应，来进行试探。

例如，假设要购买 1 万件衣服供给全国的销售网。买方要求卖方分别就 200 件、2 000 件、1 万件、2 万件和数万件等不同批量的衣服来报价。一旦卖方送来标价单，买方就能从标价单得到许多资料，可以估计出卖方的成本、设备费用的分摊情况、生产能力、经验丰富与否及价格策略。因此，买方能够得到比购买 2 万件衣服更好的价格，因为通常很少买主愿意失去比 200 件还要多 100 倍的生意。

7.4.5　还价策略

还价，也称还盘，一般是指针对卖方的报价买方做出的反应性报价。还价以讨价为基础。卖方首先报价后，买方通常不会全盘接受，也不至于完全推翻，而是伴随价格评论向卖方讨价；通常也不会轻易允诺，但也不会断然拒绝，为了促成交易，往往伴随进一步的价格解释对报价做出改善。在经过一次或几次讨价之后，为了达成交易，买方就要根据估算的卖方保留价格和己方的理想价格及策略性虚报部分，并按照既定策略与技巧，提出自己的反应性报价，即做出还价。

1．还价方式

还价中，谈判者要确保自己的利益要求和主动地位，首先就应善于根据交易内容、报价以及讨价方式，采用不同的和对应的还价方式：①按可比价还价；②按成本还价。

2．还价起点的确定

还价应确定还价的起点。还价起点，是指买方的初始报价。还价起点的确定，从原则上讲有两条：①起点要低。还价起点低，能给对方造成压力并影响和改变对方的判断及盈余要求。②不能太低。还价起点要低，但也不是越低越好。还价起点要接近成交目标，至少要接近对方的保留价格，以使对方有接受的可能性。

3．还价技巧

（1）吹毛求疵

在价格磋商中，还价者为了给自己制造理由，也为了向对方表明自己是不会轻易被人蒙骗的精明内行，常常采用“吹毛求疵”的技巧。其做法通常是：

①百般挑剔。买方针对卖方的产品，想方设法寻找缺点，“鸡蛋里挑骨头”，并夸大其词、虚张声势，以此为自己还价提供依据。如一个购买彩电的顾客，说是非要名牌，拿来名牌样机后，又说样式太旧、机壳颜色太暗，进而又说屏幕亮度不够、没有录音插孔、电视机路线图不清等等，要求对方降价。

②言不由衷。本来满意之处，也非要说成不满意，并故意提出令对方无法满足的要求，表明自己“委曲求全”，以此为自己的还价造成借口。

③真真假假。在挑毛病时，将真的（实际当中确实存在的问题）和假的（不好认定的或与价格没有关系的问题）混在一起向对方提出，使对方不好反驳。

④夸大毛病。在挑对方产品毛病的同时，还可抓住对方建议或意见中的缺点，加以夸大，提出指责，以加强自己还价的理由和力量。

互动情景

老板给薪金

一个老板想雇用A先生在他公司里任职。A先生提出5万元的年薪要求，而老板只愿意付给他3万元左右。老板没有说：“就3万元，接不接受随你便。”因为这样说，太伤害人了。老板说：“你应该得到你所要求的，这很合理，但在这个级别的薪酬等级中，我所能提供的薪水是2.8万元到3万元之间，你想要多少？”

A：“我想要3万元。”

老板略加抵抗：“2.9万元，你认为怎样？”

A：“不，我要3万元。”

老板叹了口气，投降说：“好吧，如果你坚持这个数目，我只好答应了，就3万元吧。”

明明是老板的意见，最后竟成了洽谈对手A先生的意见和努力的目标，这样的洽谈是不可能不成功的。

在这个案例中，老板提问时，注意了答案的语序，收到了理想的效果。请你分析为什么在价格洽谈中要把自己希望对手采纳的意见放在后面？

资料来源：曾振华，等. 谈判心理战 [M]. 广州：暨南大学出版社，2002.

（2）最大预算

这是一方对另一方的某个方案表示感兴趣，但又以自己的最大授权或最高预算不允许为由，逼迫对方再对方案进行修改的策略。如卖方将某项报价从 6 万元降至 5 万元，买方说："你的方案内容不错，我也感兴趣，但我只有 4.5 万元的预算。"或买方给出 4.5 万元，相对卖方的 6 万元还有不小的差距，卖方会说："你的还价很有意义，但我无权作这么大的让步。"一个讲买方的资金预算，一个讲卖方的权限范围，都是以自身以外的理由来限制和回绝对手提出的要求。

（3）抬价技巧

当你已经与对方谈好了条件，就要成交时，对方却又提出条件，要么成交，要么"散伙"。而此时你已经为洽谈付出了代价，投入了精力，于是抬价策略就得逞了。如，在服装市场上，有件时装要价 800 元，有位买主看中了，经过讨价还价，以 600 元成交。然后，买主准备付款时，可是掏遍了全身只有 550 元，卖主摇头顿足，但又不想放弃这桩生意，只好成交。

抬价技巧也可以为卖方采用。当你在市场上看中了某件衣服，卖主报价 180 元，你却认为不值那么多钱。你正准备还价时，卖方却改口说他报错了价，是 198 元而不是 180 元。这时，你就会怀疑自己的判断是否正确，至少你会重新调整还价基数，没有经验的洽谈者会说："说好 180 元不能改。"卖主说："算我倒霉，赔本给你了。"于是你会庆幸，你从对方报错的价格中赚到了便宜。其实你大错特错，那件衣服最多 100 元左右对方就会出手。

本章小结

推销洽谈是推销人员与顾客进行面对面的接洽、会谈，是指推销人员运用各种方式、方法和手段去说服顾客购买产品的过程，也是推销员向顾客传递产品信息的过程。它是整个推销过程的关键性环节，推销洽谈的成功与否对买卖双方最后能否成功实现交易具有至关重要的影响。

推销洽谈的目标是在洽谈之前要进行顾客需求和问题的确认，在洽谈过程中，向顾客介绍说明产品，传递信息，不断激发顾客购买欲望，有效促使顾客采取购买行为。

推销洽谈应遵循满足需求的原则、参与性原则、灵活性原则、诚实性原则。

推销洽谈之前，推销人员应做好充分的准备，主要有了解洽谈背景和双方的情况，确定推销洽谈的目标、推销洽谈的内容、推销洽谈的地点、推销洽谈人员的选择与配备。

推销洽谈要取得成功，推销人员必须掌握一定洽谈技巧，如营造和谐洽谈气氛的技巧、洽谈中的语言技巧、洽谈中的倾听技巧等。还必须掌握一定的推销洽谈策略：揣度顾客心理的策略，站在顾客角度考虑顾客需求的策略，寻找共同点的策略，不要与顾客争论的策略，以退为进的策略，笑到最后策略等等。

价格谈判是推销洽谈的核心，它直接关系洽谈双方经济利益目标的实现。价格谈判首先应了解影响价格的因素，把握价格谈判的合理范围，在此基础上，掌握报价、讨价、还价的策略及技巧。

重要概念

推销洽谈　洽谈目标　洽谈原则　推销洽谈策略

复习思考题

1. 推销洽谈的主要目标有哪些？
2. 推销洽谈应遵循哪些基本原则？
3. 为什么要做好推销洽谈前的准备？
4. 推销洽谈的语言技巧有哪些？
5. 推销人员应掌握哪些倾听的技巧？
6. 为使顾客保持积极的讲话姿态，推销人员采用的技巧主要有哪些？
7. 价格谈判中影响价格的具体因素有哪些？
8. 怎样理解价格谈判的合理范围？

延伸阅读

1. Sucharita Chandran, Vicki G. Morwitz. The price of freedom: consumer sensitivity to promotions with negative contextual influences. JCR, 2006.

促销方式通常有两种，一种是现金促销，即打折，一种是送免费赠品。本文发现，当出现负面背景信息时，例如有不利的产品质量信息出现时，相比起同等的现金促销方式，免费赠品这一促销方式更不易受到负面背景信息的影响。

2. Itamar Simonson, Aimee Drolet. Anchoring effects on consumers' willingness to pay and willingness to accept. JCR, 2004.

买家愿意接受的支付价格和卖方愿意接受的销售价格，取决于他们心中的锚定。

资料来源：http://www.jstor.org/stable/10.1086/425103/.

课堂自测题

一、选择题

1. 顾客购买活动的心理过程有（　　）。

A. 认知过程、精神过程、情感过程　　B. 精神过程、情感过程、意志过程

C. 认知过程、精神过程、意志过程　　D. 认知过程、情感过程、意志过程

2. 推销洽谈的原始动力是（　　）。

A. 诚实性原则　　B. 参与性原则　　C. 满足需求原则　　D. 灵活性原则

3. 推销洽谈的过程不包括（　　）。

A. 提问　　B. 反问　　C. 回答　　D. 说服

4. 推销洽谈的策略不包括（　　）。

A. 适当寻找差异点的策略　　B. 不要与顾客争论的策略

C. 以退为进的策略　　D. 笑到最后的策略

5. 报价的策略不包括（　　）。

A. 报价起点策略　　B. 报价时机策略

C. 报价类同策略　　D. 报价分割策略

6. 讨价策略包含（　　）。

A. 以情动人，以理服人，相机行事　　B. 以情动人，相机行事，投石问路

C. 以情动人，以理服人，投石问路　　D. 以理服人，相机行事，投石问路

二、判断题

7. 在推销洽谈的过程中，不宜不断激发顾客的购买欲望。(　　)

8. 虽然双方有了明显的分歧，但是经过共同努力也有可能建立新的洽谈氛围。(　　)

9. 在价格磋商中，还价者为了给自己制造理由，也为了向对方表明自己是不会轻易被人蒙骗的精明内行，常常会采用“鸡蛋里挑骨头”的技巧。(　　)

10. 抬价技巧不仅可以为买方采用，也可以为卖方采用。(　　)

课堂自测题答案

案例分析

百科全书的演示

小王销售的产品是百科全书。公司已经开发了一个演示程序让销售员使用。公司要求销售员筛选顾客，只拜访那些有上小学孩子的家庭。

小王来到了张家并敲门，向开门的张太太做了自我介绍后，告诉张太太，他正在做一项有关教育情况的调查，希望能问张先生和张太太几个问题，下面是他们的对话。

小王：两位好！今天，我来这是做一个调查，调查的目的是选出一个家庭接受一项不同寻常的计划。我们公司经过多年的计划和大量投资，刚刚推出了一个家庭教育图书馆，为了使销售初期的工作容易进行，我们决定把我们的图书馆建在一个合适的家庭中。这绝对不需要任何代价，您觉得怎么样?

张先生：听起来还不错。

小王：好。我先给您看一张教育图书馆的照片。毕竟百闻不如一见，您看看这些漂亮的摆设和与之相配的书架吧，这是价值 1 000 多元的书和 250 元的书架。这绝对不需要任何代价。您觉得怎么样?如果您喜欢这个教育图书馆，我希望您做三件事：一是给我一封证明信；二是这封信复印后让推销员将之做演示的工具；三是希望您的图书馆藏书一直是最新的。您听明白了吗?

张先生：听明白了。

小王：很好。当您谈起这个图书馆时，我们希望您的朋友和邻居也想见到它。因此，我们希望他们看到最新的丛书。(小王出示参考书的图例并表明修订词典如何插入其中）为了协助您保持图书馆是最新的，您每天需在银行里存 5 角钱，如果您不愿意在 10 年内每天都在银行存 5 角钱，您只要在一年内付款就可以保证 10 年之内图书馆是最新的。通过这种方式，您将免费得到 9 年的修订版本。因此，如果您愿意现在就在这协议上签字，并付第一个月 145 元，免费图书馆将在三天之内送到。在一年之内，您要每月付款，当然这能使图书馆保持 10 年藏书还是新的。我非常高兴您符合所有要求，祝贺您得到了免费图书馆，请一定转告您的朋友有关情况。

张先生：……

思考讨论题

1. 评价小王所用的销售陈述与演示。你的第一印象是什么?

2. 从道德的角度讲，你对这种“调查式”销售方法有什么看法？该公司继续使用此法合适吗?

3. 从上述销售介绍中获得信息，改写它，并通过一种你认为有效的方式演示出这个销售陈述，同时解决所有的道德问题。

第 8 章

处理顾客异议

"对别人的意见要表示尊重。千万别说'你错了'。"

——卡耐基

学习目标

◇了解顾客异议在推销中的重要性
◇掌握顾客异议的基本原则
◇熟悉顾客异议的种类
◇掌握顾客异议的处理技巧

引　例

辨认虚实

有一天，某高级公寓销售公司的推销员来问我："你能把资金投到高级公寓来吗？"

我这个人向来都是这样，不管哪一位推销员来，我都会洗耳恭听他们的讲话。于是，和往常一样，我一边翻看广告小册子，一边评论说："是啊！装上这种细长的空气调节器，加上厨房的四周也很讲究，实在是很壮观啊！"那位推销员听了很高兴，他原想一定会吃闭门羹的，不料我还会夸奖备至，并说这幢房子的"价钱很公道"，他竟流露出一副很满意的样子。

然而，在我和那位推销员开始攀谈起来以后，我说："××先生，人们都说，人不可貌相，实际上，我家也是这种情况，虽然过的是普通生活，可是被借贷所逼，明天也许连饭都吃不上，当然更谈不上买高级公寓了。"

我原想，从推销员嘴里会说出"请不要开玩笑"的应酬话来，他却用深切理解的表情说："啊！原来是那样！"拿着我退给他的名片和小册子就走了。

但是，不到两个月，我又通过别的推销员，买到了类似的高级公寓。作为一名推销员，应该知道，顾客既说假话，又说真话，在吐露真心话当中，往往也带有虚情假意。

资料来源：二见道夫，杨延梓．日本推销员秘诀百条［M］．宋维炳，译．北京：北京出版社，1991.

许多感觉得到的异议并不是真正的异议，它们只是疑问，它们甚至也起不到核实购买的作用。它可能只是一个简单的问题，旨在获得更多信息。买主不是完美无缺的，可能他会忘了告诉你什么，或忘了问你什么。推销员也不是完美无缺的。可能你会忘了提什么或没有很好地陈述信息，或提供了错误的信息，或做了一些其他的差强人意的事。销售过程是一个动态的过程，一个事物的出现可能会导致另一个事物的产生；推销员说的某件事很可能在顾客的头脑里引发另一件事。这就是疑问的开始。

在有序进行的销售过程中，一个关键性的环节就是“处理异议”，即让买主得以暂缓的环节。《韦氏辞典》将“暂缓”定义为“在痛苦、工作或勤务中获得间歇性的暂时的休息或缓解”。这是推销员开始陈述前的一次深呼吸，也是司机开车上路前最后看一下反视镜。买主也需要在决策前或面临变动的苦恼中有一个停顿，而后再承诺。

8.1 顾客异议的成因和类型

疑问不一定都是异议，异议也不一定都是阻止买卖的。有些疑问会成为异议，而许多疑问却代表了买主合情合理的关注。这些疑问的发展就是异议的形成过程。

对顾客来说，表示异议是他的天职。顾客有权获得最优惠的价格、最好的质量和最佳服务。而保证他们获得这些权力的唯一途径就是对推销提出质疑。采取的方式是对一个或几个推销特色提出疑问或表示异议。即使他们发现这笔交易总体上是可以接受的，顾客们也总是会提出一些这样那样的疑问来核实买卖。

对推销员来说，应该欢迎这些异议。因为它们体现了潜在顾客对推销品感兴趣。只要销售牵涉人们的态度与看法的交流，异议就会产生，它是销售过程的一个正常组成部分。当顾客不知道你的产品如何能满足他们的需要时，他们就会提出异议。如果你不能有效地回答顾客的问题或解决异议，你就不能达成交易。通过潜在顾客提出的异议，销售人员还可以了解顾客到底在想什么，同时也有助于确定潜在顾客处于购买过程的哪一个环节，是注意、兴趣、欲望，还是准备成交。根据调查发现异议在推销过程中有着很重要的作用。如图 8－1 所示，当异议不存在时，交易只有 54% 的成功率；当顾客有异议时，交易的成功率达到了 64%。由此可以看出异议在推销过程中的重要性。

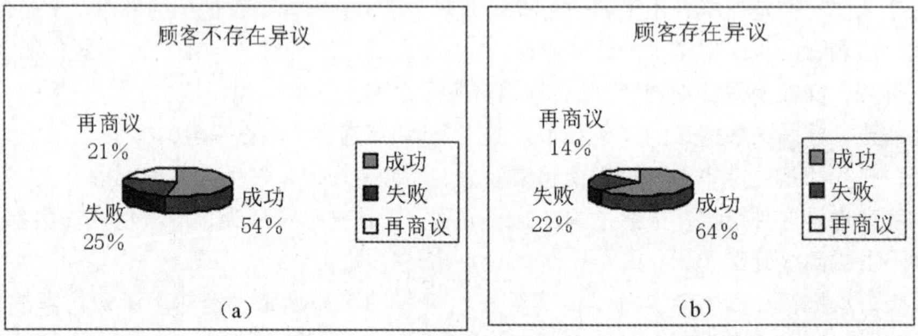

图 8－1　异议有助于销售

资料来源：罗纳德·B. 马克斯. 人员推销［M］. 郭毅，江林，等译. 北京：中国人民大学出版社，2002.

8.1.1 顾客异议的成因

推销活动的最终目的是要达成交易，但是不论推销品能够带给顾客多少利益，顾客都必须为此而付出与推销品市场价值相等的代价。对于这种代价顾客理所当然地站在自身利益的立场上对这种“等价”的付出做出评价，并考虑由此而将承受的风险和后果。从这个意义上来讲，顾客是天生的异议持有者。顾客为了保护自己避免被迫交易，只有在与推销人员建立起协调的可以信赖的关系，并让他感到推销员及其所代表的企业能真正地给予他帮助时，顾客才不会拒绝推销。

顾客异议产生的根源是多种多样的。这些根源既有必然因素又有偶然因素，既有可控制因素又有不可控制因素。为了更科学地预测、控制和处理各种顾客异议，推销人员应该了解产生顾客异议的主要根源。本文在这里介绍几种主要根源。

（1）缺乏商品知识。

随着现代科技的发展，产品的生命周期日趋缩短，新产品层出不穷。有些新产品和新服务，特别是高科技产品的特点与优势近期内不能一目了然，因此，容易使顾客产生疑问。推销人员应当以各种有效的展示与演讲方式深入浅出地向顾客解说推销商品，消除顾客异议。

（2）偏见或习惯因素。

偏见与习惯的内容十分复杂并带有强烈的感情色彩，不是一种靠讲道理就可以轻易消除的。在不影响推销的前提下，推销人员应尽可能避免讨论偏见和习惯问题。在处理这类顾客异议时，推销人员首先要推销的是新的消费观念和消费方式，引导顾客改变生活方式。

（3）已有固定的供销渠道。

大多数企业在长期的生产经营活动中，已经形成了比较固定的采购关系，双方相互了解和信任。当新的推销人员及其企业不能使顾客确信可以得到更多的利益和更可靠的合作时，顾客是不敢冒险丢掉以往的供货关系的，因而对陌生的推销员和推销品怀有疑惑、排斥的心理。

（4）产品的问题。

由于产品的性能、款式、质量、包装、价格等问题引起顾客异议。

（5）服务的问题。

由于推销人员没有提供给顾客足够的信息情报、服务态度欠佳等导致顾客异议。

（6）企业的问题。

由于企业形象欠佳、知名度不高、服务安排不周到等导致顾客异议。

8.1.2　顾客异议的类型

推销人员遇到的异议有很多种（如表 8－1 所示），这里我们介绍六种典型的异议类型，以及它们的特征。推销人员在异议出现之前应该知道如何去处理每种情况。事先考虑好如何处理这些异议的方案会改善你作为解决问题能手的形象，从而有助于使你成为优秀的推销员。

推销小知识

顾客异议分类

实际异议：一般指客户所表述的问题是具体、真实的，对购买造成实质性的影响。售楼代表需要通过一些实质性的工作或措施去加以解决，才会让客户消除顾虑。

心理异议：是指客户一种心理上的障碍，而不是很具体的条件上的困难。因此，对于客户的“心理异议”，销售人员应以说服为主。

表 8-1 顾客经常使用的 10 种典型的借口

（1）拒绝 我不需要这件新产品 没理由现在就买新的 （2）托词 我没钱买 （3）抱怨 我老板不喜欢这种产品 我妻子（丈夫）不喜欢这种产品 （4）弱化产品 花这笔钱不值得 我不认为它有多大价值	（5）辩解 企业不景气付不起这笔钱 （6）诋毁 听说这种产品很容易坏 （7）是的，我们很想买但不是现在 （8）无能为力 我无权决定 （9）别无选择 我尽力了，但是我不得不服从多数 （10）捏造事实 我们的采购系统很好，我们只是在缩减供应商的数量

资料来源：罗纳德·B. 马克斯. 人员推销［M］. 郭毅，江林，等译. 北京：中国人民大学出版社，2002.

1. **隐含式异议**

把重要的问题或把自己的真实含义隐藏在沉默的面纱后面的潜在顾客持有的异议是隐含式异议。他们不谈对某一产品的真实意见，因为他们觉得你不可信，或者他们希望你能介绍更多的东西。

这样的潜在顾客可以不动声色地与你进行很好的交谈。你必须提出问题，并且仔细地聆听，以了解问什么样的问题才能让潜在顾客暴露出他们对你产品的真实异议。

把隐含式异议挖出来，常常是一件不容易的事。仔细倾听顾客的语调，观察面部表情和举手投足，密切注意潜在顾客说的话。为了发现他们的真正异议，有时你可能必须领会他的言外之意。所有这些因素都有助于你发现异议是真的还是只是掩盖异议的借口。

推销小案例

发问进行沟通

售楼代表：“王太太，王先生，你们都来两次了，其实我观察到，你们都很喜欢凤凰阁 28A 单元，但到现在为止，你们还是比较犹豫，我想其中一定是有些难点让你们难下决定。如果你们能将问题拿出来，我就可以从专业的角度给你们提供更多的有价值的意见，这样就能让你们心里更有底了……”

顾客：“陈小姐，不瞒你说，这套房子我们是比较喜欢的，但我们同时也比较喜欢山水庭园的一个单元，目前我们正在这两套房子之间做比较，如果您能提供给我们一些专业意见作参考，当然最好了。”

售楼代表：“首先非常感谢两位对我的信任。为了能更有针对性地为您做一个客观的评估，我们再做一次小小的沟通和交流好吗？”

顾客：“好的。”

售楼代表：“首先我想请两位简单谈一谈，你们喜欢山水庭园哪一方面？认为它在哪些方面还不能满足你们的要求好吗？”……

不明原因是销售中最大的问题。要成功地引导成交，关键就是要让客户将心理的难题明确出来，使销售人员能够和客户共同面对、共同解决。如何让客户说出心中所想，需要很多的技巧，最重要的技巧是以发问进行沟通，以发问进行引导。

2．敷衍式异议

敷衍式异议即顾客并非真正是对推销品不满意，而是有别的不便于明说的原因而提出异议。例如，有的顾客为了掩饰自己无权做购买决定，就推说商品质量有问题，或者托词“要比较比较再决定”。在这种情况下，推销员即使消除了顾客的借口也不能达成交易。对于这类顾客异议，推销员应当首先了解顾客隐藏在借口后面的真实动机，帮助顾客消除真正的障碍。但要注意给顾客一个下台阶的借口。

3．无需求式异议

无需求式异议是顾客提出自己不需要所推销的商品。下面是最常见的无需求异议的说法。潜在顾客说：“听起来不错。我确实喜欢你说的话，我也知道你的产品很好，可我现在不感兴趣。我们现有的产品（供货或商品）运行良好，我们仍要保留它。”他站起来结束这次会面，说道：“感谢你来拜访。”这种异议会把任何一个没有防备的推销员打得丢盔卸甲。

这种异议是对推销的一种拒绝，根本就不需要洽谈如何购买。顾客提出这类异议，或许是确实不需要推销的商品，或许是借口，或许是对推销品带来的利益缺乏认识。推销人员应该对顾客需求异议做具体分析，弄清顾客提出异议的真实原因，妥善加以处理。

无需求式异议使用得很广泛，因为它能礼貌地赶走推销员，同时他还强烈地暗示着销售访问的结束。

4．价格式异议

有一类顾客总是喜欢一个劲地杀价，他会告诉你他未必买你的产品，同样的产品，其他公司开的价格更便宜。他还会对你说，其他商家在价格方面是如何的优惠，要是你不愿意降价，他就要把生意给别人等等。

讨价还价的客户有时会搞突然袭击。他会先让你觉得他不但财力雄厚而且通情达理。然后，正当你垂涎欲滴，感觉一笔大买卖已经近在咫尺，而且今后的生意也会源源不断的时候，突然开始抱怨价格太贵。当你感觉到一位客户正在显示他对你的生意非常重要的时候，你就应该有所防备了。

价格异议是精明老练的买主希望保证最优和绝对最低价格而使用的讨价还价工具。但是，除了精明的讨价还价之外，通常还有别的因素。如果买主只是想验证一下，以保证公布的价格是最好的价格，这是明显的购买信号。但也许潜在顾客真的认为价格太高了。为什么有的顾客已经信服产品不错、价格公道，但又想确认一下这是最好的价格，而别的买主可能真的认为要价高于货物所值呢？潜在顾客可能只不过是想试探着看看还会不会有额外的折扣。而另一个则可能是：潜在顾客不看产品或服务的任何利益，看的就是价格。如果是这种情况，“太贵了”是一个能够克服的合理异议，方法是把产品特点转化成对买主的优势和利益。

5．产品式异议

产品式异议是顾客对推销品的使用价值、质量、式样、设计、结构、规格、品牌、包装等方面提出的异议。它表明顾客已经了解自己的需要，但却担心推销品能否满足自己的需要。这类异议带有一定的主观色彩，主要是顾客的认识水平、购买习惯以及其他各种社会成见影响造成的，与企业的广告宣传也有一定的关系。例如：潜在顾客是正在使用竞争产品，或曾经用过，或听说过的人，或者认识用过此产品的人。这时推销员应有充分的产品知识，必须用肯定的语气，使用保证、鉴定书、独立的调查结果和演示来解释产品式异议才能消除顾客的异议。

消除顾客对产品异议的最好方法是推销员自己也要喜欢推销产品，并对产品充满信心。如果对自己经手的商品都感觉不到魅力，怎能使第三者喜爱呢？

"迷恋"自己推销的商品，这对推销员来说，是重要的精神基础。但是，并不是只沉醉于经手的商品，还要知道竞争商品的性能、质量、规格以及其他所长。只沉醉经手商品的推销员，不是一个好的推销员。一名优秀的推销员，在迷恋经手商品的同时，也能通晓其他竞争商品，掌握行业内商品知识是很重要的。

6. 货源式异议

货源式异议是顾客对推销品来自哪个地区、哪个厂家，是何种品牌，甚至对推销员的来历都提出的异议。顾客可能对货源来路的真实性有疑问，或者是不愿意接受信不过或不知名企业、品牌的推销品。顾客常常提出"我们一直用××厂的产品，从来没有买过你们厂的产品，也没听说过你们这个企业"，"这种产品质量不好，我愿要别的厂家生产的"，等等。

这种异议通常很难处理。企业信誉存在着比较多的不确定性，像服务脱节、部门之间不协调、准备不充分、备货量不够、语言沟通不便等，都将影响到企业信誉。

货源式异议有时并不都是真实的，只是想向销售员施加压力，使自己在谈判中处于有利地位，以达到降价等目的。推销员必须善于判断货源异议的真假。在确信货源式异议为假时仍要谨慎，不要使顾客感到难堪而不愿说出心里话。推销员可以针对顾客心理主动提出自己产品价格比较低，可以分期付款或免费安装等等，当然这必须在合理的、企业能够承受的范围之内。

以上介绍了几种主要的销售异议。在推销工作中正确地处理异议对推销员和潜在顾客双方都有益。推销员越能有效地满足顾客的需要，解决他们的问题，就越能在销售中掌握主动性并取得成功。如果害怕异议，并对异议做出笨拙的解答，这通常将导致交易失败。

推销小知识

巧答货源式异议

面对这样的异议，销售人员可以这样应对：

(1)"我一定会充分尊重您的选择，但能告诉我为什么吗？"

(2)"您这种想法的背后一定还有别的原因，我可以问问是什么吗？"

(3)"我们怎么做才能赢得您的关照呢？"

(4)"我们公司还有其他产品和服务，也许您会喜欢的。"

(5)"您是否从别处听到了关于我们公司的一些传闻呢？"

(6)"是我在某一方面做得不够，才使您不愿购买我们的产品吗？"

8.2 处理异议的原则

推销人员可以忽视处理异议的办法，却不能忽视异议本身。在处理异议时应当遵循以下原则。

1. **尊重顾客**

一个推销员应当欢迎潜在顾客的反对意见。因为常常在推销员和成功的成交之间就只有那么一个主要的反对意见。有一些潜在顾客，在产品介绍过程中缄口不言，有一些看起来总是同意销售人员的话，但他们可能掩饰了自己的感觉，从而很难与他们达成交易。推销人员应该知道，顾客有异议是十分正常的，无论是对顾客还是对顾客提出异议的行为，推销人员都应该给以尊重。

2. **永不争辩**

对于顾客的异议，特别是过激的言行，推销人员要本着永不争辩的原则去处理。当然，不争辩不是不能解释。推销员不应该用“不”字来答复反对意见，以致造成争吵。此外，万万不可使用“反对”这个词，而是应将其换成“有趣的一点”或“问题”。销售人员还应记住，有些反对意见是无法回答的。即便是最好的产品，也不可能具备潜在顾客所需要的一切优点；即使是最佳的回答，也不可能是充分的，当一个反对意见不能获得满意的答复，销售人员应转入关于产品的正面的论述，如“我完全理解你的意思，先生，我已经尽力解释它了，关于产品的其他一些方面，我们尚无机会涉及”等。

3. **避免提供太多的信息**

有些推销员具有这样一种倾向，即认为某种反对意见有很多的含义，在回答它时，由于推销员提供了过多的信息，反而把潜在顾客给弄糊涂了。在处理反对意见后，推销员应当展示销售的其他正面的因素，而不要过多停留在反对意见上。必须记住，一个潜在顾客之所以购买是为了产品的价值，而非推销员处理反对意见的技巧。

4. **维护顾客自尊**

即使推销人员发现顾客的异议属于无理取闹，或是明摆着的虚假异议，也要注意维护顾客的自尊，给顾客留有走下来的台阶。推销人员应该时刻注意，如果你维护了顾客的自尊，就会为你争得利益；反之，如果你争得了面子，则失去的是生意。

5. **强调顾客利益**

反对意见经常是一种拖延手段，从而使潜在顾客摆脱不必做决定的局面。当一个潜在顾客说他想与公司里其他人商量一下或公司现在买不起时，可能是个无效的理由。这通常表明，潜在顾客正在犹豫或太焦虑，难以做正确的购买决策。这时推销员应该讲述产品的特征、优点，特别是要注意强调顾客所获得的利益，帮助潜在顾客确认他做的购买决策是正确的。

推销小链接

处理顾客异议的关键原则

只有在处理异议大原则的范围内，我们才不至于在处理过程中激怒顾客甚至得罪顾客，让我们离成交越来越远，而所有原则中最关键的则是做好准备。

有句话说得好：机会总是留给哪些有准备的人。做任何事情都一样，事先有准备对于处理顾客异议来讲尤为重要。顾客异议的产生主要有 6 个方面因素：产品因素、品牌因素、人员因素、服务因素、价格因素及时间因素。既然如此，那我们要做的准备内容就必须围绕这几个方面来开展，熟悉产品知识，掌握产品的特点、优点、利益点，甚至产品的缺点、产品的定制方案；了解公司的企业文化，对公司的发展情况了如指掌，企业的品牌定位，如何塑造公司的品牌形象都需要非常清楚；导购人员自身的素质修养、沟通能力和销售技巧运用都需要做好准备；服务方面一定要清楚服务的流程、服务的礼仪，售后服务原则也是我们必知之内容；清楚公司的价格体系，懂得价格转化的技巧，引导顾客关注除了价格外的其他方面；掌握产品生产的流程，了解顾客的使用频率，适时引导顾客、帮助顾客下决定的技巧。

这些内容不但是我们在销售之前必备的常识，同时也是顾客可能会产生异议的问题根源，事先想到顾客可能有的异议，然后清楚怎么回答，将问答形成统一处理异议的话术，就可以做到兵来将挡水来土掩，处理异议就显得游刃有余。

什么事都有它的处理原则和规范，否则一切都会乱套。销售中处理顾客异议尤其如此，相信大家通过认真研读和细细揣摩，对于处理顾客异议必会有所理解和感悟。

8.3 处理异议的方法

为了降低顾客购买风险，处理反对意见有很多成功方法，如转化法、反平衡法、直接否定法、间接否定法、规避法和提问法。

1. **转化法**

转化法是将顾客的异议转化成购买产品理由的一种方法，是推销人员直接利用顾客异议中有利于推销成功的因素，并对此加工处理，转化为自己观点的一部分去消除顾客异议，说服其接受推销。例如，顾客提出："你们的产品又涨价了，我们买不起。"推销员回答："您说得对，这些东西的价格又涨了。不过现在它所用的原材料的价格还在继续上涨，所以商品的价格还会涨得更高。现在不买，过一段时间更买不起了。"

转化法是一种有效的处理顾客异议的方法。这种方法是"以子之矛，攻子之盾"。推销员可以改变顾客异议的性质和作用，把顾客拒绝购买的理由转化为说服顾客购买的理由，把顾客异议转化为推销提示，把成交的障碍转化为成交的动力，不仅有针对性地转变了顾客在关键问题上的看法，而且使之不再提出新的异议。推销员直接承认、肯定顾客意见，在此基础上转化顾客异议，这样可以保持良好的人际关系和洽谈气氛。这种方法如果运用不当，可能会让顾客觉得被人钻了空子或受了愚弄，从而引起顾客的恼怒和抵触，也可能会使顾客失望而提出更难解决的异议。因此，使用这种方法时应注意如下几点：

（1）要竭诚地赞美顾客异议。推销员不仅应赞美和肯定顾客异议的实际性、合理性与积极性，而且应做到态度诚恳、语言热情、方式得当，并保持良好的推销气氛。

（2）必须认真分析与区别对待顾客异议。要抓住顾客异议中正确与错误同在的矛盾，利用异议中正确与积极的那部分内容，去转化顾客拒绝购买的意向。

（3）应当正确分析顾客购买动机与影响商品推销的各项因素，向顾客输出正确的信息。但是绝不可传递错误的信息欺骗顾客。

2. **反平衡法**

反平衡法是通过引证既往达成交易的例子来还击无法拒绝的反对意见。对销售人员来说，其中一个较困难的问题就是努力说服一个有充分理由的反对意见。当一个有力的反对意见提出时，销售人员应指出被拒绝之处的优点，试图减小反对意见的规模而非完全推翻它，除非这个反对意见毫无根据，此时拒绝法就可以使用了。一些潜在顾客的反对意见是一个根深蒂固的观念，试图完全说服他们可能使双方对立起来，并使销售人员失去信用。

例如，潜在顾客说："这台电脑复印机很难进行维修。"推销员回答说："公司这样设计是为了使未经授权者和未经培训者不能擅自改动机器。其他公司，如同贵公司一样，已经发觉这个特点使未授权者很难维修或改动电脑，从而明显减少了维修次数。"

3．直接否定法

当顾客对公司或产品有误解以致阻碍了推销时，可以使用直接否定法，正面告诉顾客他们错了。因为很少有人愿意听到别人说自己错了。因此，在运用直接否定法时，讲究策略是至关重要的。只要有可能，就应该提供支持性的数据资料，或过几天设法提供肯定销售人员正确的证据。讽刺或傲慢的回答只会疏远潜在顾客。在事实、逻辑和礼貌的基础上进行的直接否定能够有效地说服异议。如果预期客户说："我本来会考虑购买贵公司的一些产品，但据我所知，贵公司正濒于破产。"销售人员应这样解释："是的，先生，我也听过这个谣言，本公司正想找出这个谣言是怎样开始的。这当然不是真的，去年是本公司最好的年份之一。我很乐意给你过目本公司去年年终和上个季度的报表。"

4．间接否定法

当客户的评论不便于直接反驳时，间接否定法就很有用。这种方法，也叫作"是的，但是"法。销售人员不直接说明客户错了，而是先与顾客观点保持一致，以减缓顾客的戒备，然后再纠正异议。

例如，当预期客户说："我知道贵公司的汽车是以退货率高而著称的。"销售人员可用间接的方法回答："是的，洛佩斯先生，我们早期的样式确实有几年存在这个问题，但在过去的几年里我们公司花了五亿美元来解决这个问题。结果是在过去的两年里我们的汽车没有被客户退过货。"

5．规避法

推销员对异议既不否认，也不回答，只不过暂时地规避一下。销售人员不应忽视反对意见，然而，有些情况下最好的方法就是忽视。如果一个反对意见很荒唐甚至预期客户自己也不真正相信，或反对理由没有分量并不会阻碍销售时，与其直接交锋不如装作没听见。这种方法不应常用，只有那些善于听取预期客户的意图和语调，善于观察预期客户的肢体语言的销售人员才可使用。因为即使是一个很小的反对理由，若未谈及，也会阻碍销售。

我们把规避处理法作为处理异议的第一种技巧，因为你既可以独立使用它，也可以把它与其他的技巧配合使用，比如说放过异议、重新询问、拖延回答、把异议挡回去或使用第三方的回答处理法等等。

6．提问法

提问法在澄清或处理预期客户反对意见方面特别有用。销售人员听到反对理由时提出问题，能使预期客户重新解释问题，再次思考反对理由，减少重要性。预期客户再次陈述反对意见通常与原来的陈述形式不同，有助于销售人员辨清反对意见。

推销小案例

提问法的运用

面对常见的价格异议时，我们可以采用提问法来处理。

销售人员可以这样应对：

“给您的已经是最优惠的价格了，我想知道如果真的没有折扣，您会因此放弃自己梦寐以求的生活吗？”

“如果您购买两套房子，我就一定给您申请，您认为怎样？”

本章小结

在推销实践中，顾客对推销品、推销人员、推销方式和交易条件等产生怀疑、抱怨，提出否定或反面意见是常见的，也是正常的。正确对待和恰当处理顾客异议，是推销人员必须具备的素质和基本功。

从顾客异议产生的主体来看，异议可归纳成六个基本类型，即隐含式异议、敷衍式异议、无需求式异议、价格式异议、产品式异议、货源式异议。从顾客方面来考察，产生顾客异议的成因可能是因为没有认识自己的需要，也可能是因为忠于以往的品牌，还可能由于其他方面的原因。从推销者方面来看，既可能有产品质量、价格等方面的原因，也可能有推销方式、服务等方面的原因。

认真分析顾客异议的类型和原因，有利于有效地恰当处理并化解顾客异议。正确处理顾客异议就应该做到尊重顾客、永不争辩、维护顾客自尊、强调顾客利益。处理异议的方法包括转化法、反平衡法、直接否定法、间接否定法、规避法、提问法。处理异议贵在实践和创新。要结合推销对象的具体情况，灵活使用，不能生搬硬套。

重要概念

顾客异议　顾客异议的类型　处理顾客异议的原则

复习思考题

1. 在一般情况下要尽可能地预见所有的拒买理由，并把它们转化为卖点。怎样把预见到的拒绝购买的理由转化为卖点，请你举例说明。

2. 如果销售人员确信预期客户并不是真的反对，那么，销售人员该怎么做？

3. 销售人员应该认真对待客户的反对意见。如果一个客户拒绝对他的推销做出回答或拖延时间，那么，应采取什么行动呢？

4. 销售人员经常遇到预期客户提出的很多拒绝购买商品的理由。为了成交成功，找出真正的拒绝理由是非常关键的，如果一个潜在顾客提出了拒买商品的原因，你怎样辨别出他是否给出了真正的原因？你运用什么技巧来辨别出真的原因呢？

角色扮演

学生分组，每组2~3人为宜。每组选出一名扮演推销员，一名扮演客户，其他人根据情境设定角色。演练如何处理顾客异议（真实和虚假）的方法，目标是有效恰当地处理并化解顾客异议，保证沟通顺畅和谐。

背景设计：

1. 推销员：某国产电子产品/化妆品推销员

2. 客户：

A. 只是随便看看，内心并不打算购买。

B. 对推销产品很好奇，但对较高的价格不满意。

C. 对产品的很多功能/功效产生怀疑。

D. 对同类产品（包括竞争对手的产品）都相当了解。

延伸阅读

1. 肖丽，姚耀. 关系类型对服务失败后顾客反应的影响［J］. 南开管理评论，2005.

本文探讨了真正服务关系、虚假服务关系和偶遇服务关系三种关系类型对服务失败后顾客反应的影响。研究显示，在遭遇服务失败后三种关系类型的反应差异明显，具有真正服务关系的顾客在服务失败后比其他两类关系类型的顾客具有更高的顾客满意度、更少的负面口碑以及更高的重购倾向，而虚假关系的顾客比偶遇关系的顾客又表现出较高的满意度、较少的负面口碑以及较高的重购倾向。所以关系能够提供防御性服务补救作用，而且相对于其他补救策略更显得未雨绸缪。

2. 唐小飞，贾建民，周庭锐，等. 遭遇员工态度问题和不公平价格的顾客满意度补救研究［J］. 管理世界，2009.

顾客赢回是指顾客满意度从低到高的认知转变过程。本文采用动态纵向的研究方法证明：（1）不同流失原因（遭遇员工态度问题和遭遇不公平价格）与不同补救策略（有形补救和心理补救）所形成的 2×2 组间设计，其满意度和购买意图存在显著差别；（2）大量的营销现象表明，补救策略对顾客满意所造成的影响可能是非线性的（如美国快运 UPS 公司 1997 年的遭遇），本文拟合顾客满意度与购买意图之间的函数曲线也验证了这一观点；（3）用失望理论和展望理论诠释了流失前和受补救策略作用后的顾客满意度与购买意图拟合的函数曲线所承载的重要管理意义。

课堂自测题

一、选择题

1. 顾客异议产生的主要根源不包括（　　）。

A. 太了解商品知识　　B. 偏见或习惯因素

C. 已有固定的供销渠道　　D. 服务的问题

2. 顾客异议的类型包含（　　）。

A. 隐含式异议、敷衍式异议、无条件异议

B. 无需求式异议、无条件异议、产品式异议

C. 价格式异议、产品式异议、成本式异议

D. 敷衍式异议、货源式异议、产品式异议

3. 以下不属于顾客对推销品的产品式异议的是（　　）。

A. 使用价值、质量、样式、设计　　B. 使用价值、结构、规格、品牌

C. 使用价值、质量、包装、价格　　D. 结构、规格、品牌、包装

4. 处理异议的原则不包括（　　）。

A. 适当运用“反对”一词　　B. 尊重顾客

C. 强调顾客利益　　D. 避免提供太多的信息

5. 处理异议的方法主要有（　　）。

A. 转化法、平衡法、直接否定法　　B. 转化法、规避法、间接否定法

C. 提问法、平衡法、直接否定法　　D. 提问法、规避法、完全否定法

6. 顾客经常使用的典型借口不包括（　　）。

A. 托词　　B. 抱怨　　C. 诋毁　　D. 赞美

二、判断题

7. 疑问不一定都是异议，但异议一定会阻止买卖。（　　）

8. 迷恋自己推销的商品，对于推销员来说是大忌。（　　）

9. 一个潜在顾客之所以购买是为了产品的价值，而非推销员处理反对意见的技巧。（　　）

10. 货源式异议是针对推销品而不针对推销员来历提出的异议。（　　）

课堂自测题答案

案例分析

找到拒绝的理由

陈波：您好！是王老板吗？我是美国倍科实验室的陈波，听说贵公司经常有一些产品需要检测，不知道我有没有这样的机会。

客户：什么？检测？你们烦不烦啊。你是两天来找我谈测试的第五个了，你是听谁说我有测试项目？我们有稳定的合作实验室。

陈波：这个我十分了解，您是个非常成功的商人，您的公司产品出口量很大，有合作伙伴很正常，如果不介意的话，您能告诉我为什么不考虑其他实验室吗？

客户：好吧，告诉你也无妨。其实我觉得目前合作的这家公司很好，我很满意。

陈波：是的，您说的没错，除此之外，还有没有其他原因让您拒绝其他实验室呢？

客户：这就是我不考虑其他实验室的唯一原因，难道这个原因还不够吗？

陈波：不好意思，我可以请教您一个问题吗？

客户：说吧。

陈波：您一直没有换过实验室测试，应该是对目前合作的测试公司满意吧？

客户：对，我很满意。

陈波：假设有一家实验室的服务更好，测试周期更短，费用还较优惠的实验室与您合作，你是否会考虑换一家测试公司试试呢？

客户：我想我会考虑的。

思考讨论题

1. 案例中，陈波运用了哪些处理客户异议的方法和技巧？

2. 如果你是陈波，你会怎么处理客户的异议？

第9章

促成交易

“语言的真正作用与其说是表达我们的需求，不如说是掩饰我们的需求。”

——哥尔斯密

学习目标

◇了解成交的含义
◇熟悉顾客的购买信号
◇掌握成交的方法

引 例

不该卖的就是不卖

张总自己开了一家乳业有限公司，主要经营鲜奶制品。公司大量的业务工作是需要每天把鲜奶送到千千万万的订户家里，并随时接受新的订单。在业务开展初期，张总自己都要充当业务人员。有一次，张总接到一家住户的订单，该订户要为家中的小孩订酸奶。张总觉得自己的产品属于鲜奶类的产品，不是酸奶类的产品，太小的孩子喝了不容易适应，会出现坏肚子的现象，于是就告诉这家订户说：“我的产品不适合你的小孩，你的孩子太小，你还是订别人的酸奶吧。”当时，这位订户没有订张总的鲜奶。可是，到了晚上，张总接到这位订户的电话，认为通过上午与张总的接触，觉得张总是个值得信赖的人，现在他要为全家的四个大人每人订一瓶鲜奶。一直到现在，这个订户还是张总的顾客。

每当张总提到这件事情时总是说：“不该卖的就是不卖，诚实是金。”

9.1 成交的内涵和障碍

9.1.1 成交的内涵

成交（close）就是推销人员帮助顾客做出购买决策的活动过程。成交是洽谈所取得的最终成果，是洽谈的延续。如果在洽谈中就解决了所有的问题，则达成交易是顺其自然的事，它只不过是整个推销过程中的一个步骤而已。经验丰富的推销员都知道，尽管你的推销陈述已经非常完美，尽管你已经很好地处理了顾客的异议，顾客却还是在犹豫不决，迟迟不做出购买的决定。这时就需要推销人员向前推一把，积极促成顾客的购买行动。

成交过程可以从以下几方面来把握其内涵：

1. **成交是推销活动过程的延续**

在推销过程中，一旦推销人员给顾客进行介绍说明和示范操作之后，顾客必然有所反应。如果这种反应是积极的（即有利于成交的），则必将向最终达成交易迈进，拿到订单只是履行例行手续而已；如果顾客的反应是消极的，则可能远离订单，需要推销人员消除顾客对推销品及推销建议的疑虑，并审视自身的推销洽谈设计是否合理，在此基础上重新对推销品进行说明介绍或展示。因此，成交是对良好洽谈的积极反应和回报，是对推销人员与推销建议、推销品的认同与肯定。如果没有促成交易，推销活动就没有结束。

2. **成交是顾客接受推销建议的渐进过程**

成交是一个双向交流的过程，也是双方心理的活动过程。除推销员向顾客做需求分析、受益说明，帮助顾客做出购买决策之外，同时也是顾客进行心理斗争，由排斥推销员及推销品到信服，并最终做出购买决策、接受推销品的活动过程。这就要求推销员在洽谈中善于洞察准顾客的心理，抓住时机及时促成交易。

3. **成交是顾客接受推销建议的行为**

尽管成交是洽谈的后续工作，也是洽谈的努力成果，但洽谈毕竟不是成交，也不一定必然导致成交。如果推销员不善于抓住成交的良机，可能会使已经谈好的最终交易条件发生变故，进而导致顾客怀疑，改变主意，甚至最终使成交破裂。因此，推销员对准顾客的反应不应该熟视无睹，不能等待顾客向推销员“示爱”，推销员应积极地发挥主导作用，主动请求签订买卖合同，一举促成交易的达成，避免不必要的争议。

9.1.2 成交的障碍

成交的障碍来自于顾客和推销人员两个方面。来自于顾客方面的成交障碍主要是顾客对购买决策的修正、推迟、避免等行为；来自于销售人员方面的成交障碍主要是心理和技巧两方面。

1. **顾客的修正、推迟、避免行为**

在成交阶段，顾客常常受风险意识的影响从而修正、推迟已做出的购买决策，或者避免做出购买决策，使推销人员的努力付诸东流。在顾客的潜意识里，任何购买行为都有一定程度的风险，因为他们无法确定购买行为的后果如何。要降低顾客的风险意识，就要求销售人员具有极大的耐心，并谙熟顾客的心理和促进成交的方法。

推销小案例

耐心才能促成交易

客户说：“我现在没空！”

推销员回答说：“先生，美国富豪洛克菲勒说过，每个月花一天时间在钱上好好盘算，要比整整30天都工作来得重要！我们只要花25分钟的时间！麻烦您定个日子，选个您方便的时间！我星期一和星期二都会在贵公司附近，所以可以在星期一上午或者星期二下午来拜访您一下！”

如上案例，推销人员应具有极大的耐心，同时不能冲撞了顾客，使其反感，才有可能获得成交的机会。

2. **销售人员的心理和技巧**

（1）害怕失败。

有时销售人员越想成交，越害怕提出成交要求，害怕顾客说“不”；有时是害怕促进成交时过于勉强而冒犯顾客，故而面部表情过于紧张，让顾客觉得不舒服，造成成交失败。

其实心理上我们应该明白，顾客与你一样需要成交，需要有一个恰当的结果。你不提出成交而他提出，像他求你买东西似的。再说，顾客也希望再次得到保证，希望你说他们的决策是正确的，“买下它，没问题”，若把成交看成是满足买主的需要和购买欲望的话，那成交就更轻松了。

（2）单向沟通。

推销人员像做广告一样一个人滔滔不绝，说个没完，没有试探性地询问问题，没有倾听，没有注意购买信号，这就是所谓的单向沟通。双方缺乏交流，自然难以成交。

（3）缺少训练。

成交既需要丰富的知识，也需要严格训练，经常实践。盲目、仓促上阵，难免出问题。成交时需要掌握一定的技术与策略，只有经过大量的实践，销售人员才能把握成交工作中的方方面面。

（4）计划不周。

成交只是推销过程的一个环节，因此，促成力量的大小，将依据推销人员所拟订的推销活动计划的周密程度。若推销计划欠周到，就难以成交。推销展示是否充分，是否让顾客满意，也是成交能否成功的关键。

（5）强迫推销。

我们看见许多不称职的销售人员，毫不在意顾客的感受，总是强迫催促顾客即刻购买，这无异是强迫顾客向你说“再见”。不知大家听过这个故事没有：有一个主人想把自家的牛拉回家，主人越拉牛越往后退，后来这家的主妇看见了，就用搅菜的手伸到小牛嘴里，小牛含着主妇手指轻快地回家了。因此，推销人员要懂得顾客习性，要引导顾客。一般而言，人们都喜欢自己做决定，而不喜欢做他人强迫自己做的事。

推销小案例

确保双方都了解疑虑所在，并针对处理

其中一个有效的求证方法是总结对方的观点，并加上确定性的句子，例如：“……这样就可以啦！对不对……”

（1）“你的决定是因为……对不对？”

（2）“你真正想知道的是……对不对？”

（3）“你想了解的是……是不是这样？”

这样你可得到客户对“疑虑”的确认，并容许你加以处理。而你正在协助客户仔细分析他的疑虑，并鼓励客户继续聆听。另一个重点是如果客户反对你的总结，明显地你必须进一步加深了解客户的疑虑。

9.2 顾客的购买信号

购买信号是指通过顾客的言行等所表现出来的打算购买的一切暗示或提示。购买信号暗示准顾客正处于顾客购买心理活动的确信阶段，表明他可能采取购买行动的信息。如果顾客已经产生购买意图，那么这种意图总会有意无意地通过语言、表情、行动流露出来。尽管有了购买信号也不一定导致成交，但却是提示购买的重要信息。推销人员需要善于把握顾客的购买信号，及时促成交易的完成。

顾客的购买信号是多种多样的，一般可以分为语言信号和非语言信号两大类。

推销小知识

观察到购买信号我们应该怎么做

（1）顾客不再提问，进行思考时。——不要轻易打断，回答要果断，不能吞吞吐吐，用肯定的语气。

（2）当顾客靠在椅子上，左右相顾突然双眼直视你。——表明客户内心已经做了决定或者已经有了想法，业务员此刻要敢于问："怎么样，没有疑问了吧。"

（3）一位专心聆听、寡言少语的客户，询问付款及细节时，表明顾客有购买意向。——讲清楚付款方式及注意事项，比如贷款还是准备一次性付款，针对不同方式，他选哪个哪个就比较好。

（4）话题集中在某产品时。——针对此产品，突出其优点，要有比较和说服力。

（5）顾客不断点头，对销售员的话表示同意时。——同顾客随便应付相区别，"不错""挺好"。

（6）顾客开始关心售后服务时。——对产品已经基本满意。

（7）顾客与朋友商议时。——现场商议和电话咨询，中间不要插话，如果有问题问你的时候再详细解答，自己解决不了的直接告之找现场经理，务必短时间内解决。

9.2.1 语言信号

当顾客有采取购买行动的意向时，推销人员可以从顾客的语言中发现。语言信号的种类很多，有表示赞同的，有表示惊奇的，有表示欣赏的，有表示询问的，也有表示反对的，而以上所述的种种信号，都必须具体情况具体分析，只要销售人员有意捕捉和诱发这些语言信号，就可以顺利促成交易。如顾客提出并开始谈论以下问题：

（1）向周围的人问："你们看如何?""怎么样？还可以吧?"这是在寻找认同。很明显，至少他心中已经认同了。

（2）开始讨价还价，或对商品提毛病。

（3）褒奖其他公司的商品，甚至列举商品的名称。

（4）问及市场反映如何、品质保证期、售后服务等。

（5）请教商品的使用细节。

（6）对产品的款式，如包装、颜色、规格等提出很具体的意见与要求。

9.2.2 非语言信号

著名的人类学家、现代非语言沟通首席研究员雷·伯德威斯特尔（Ray Birdwhistell）曾经做过估计，他认为，在典型的两个人的谈话或交流中，口头传递的信号实际上还达不到全部表达意思的35%，而其余65%的信号必须通过非语言信号的沟通来传递。心理学家艾伯特·梅拉比安（Albert Mehrabian）认为，人的感情与态度可以由文字表达的只有7%，语调表达的为38%，而非语言行为却能表达55%。推销人员也可以通过观察顾客的动作、神态识别顾客是否有成交的倾向。因为一旦顾客拿定主意要购买产品时，他会出现与推销人员介绍产品时完全不同的动作和神态。

1. 行为信号

行为信号是指顾客在举止行为上所表露出来的购买意向。如不断用手触摸商品，并不住点头，拍拍推销员的手臂或肩膀，做出身体自然放松的姿势，等等，均是有意成交的表现。

2. 表情信号

表情信号是顾客的心理在面部表情中的反映。如目光对商品的关注或分散，面带微笑，表情严肃，等等，均是判断成交时机的重要依据。

9.3 促成交易的方法

推销员发现顾客表现出购买的信号后，应及时提出成交建议，促成交易的实现。合适的成交方法应根据顾客、销售条件、潜在顾客的兴趣和此时得到的种种迹象的暗示来决定。专业的推销人员掌握着每一种完成交易的方法，并且根据不同的情况采用不同的方法，在一个推销过程中，经常把多种方法结合起来使用。

1. 假定成交法

假定成交法是推销人员假定顾客已经接受推销建议而直接要求顾客购买推销品的一种成交技术。正确地使用假定成交法，可以节省推销时间，提高推销效率。假定成交法的力量来源于推销人员的自信心和对成交信号的准确判断力。

- “冯厂长，我借用一下您的电话，告诉公司下个月把货送来。”这时如果冯厂长同意借电话给你，事实上说明他已经同意了。但是从另一方面来看，现在的信息联系手段已经非常普及，每个人都有手机用来相互联系，如果推销人员还来借用对方的电话，就显得有些不够礼貌了。
- “张经理，这个月要多少货?”不管顾客要多少货，只要他要了货，也算是达成一次交易。
- “王厂长，请您在这儿签个字。”签了字就是接受了订货。

只要使用得当，假定成交法是一种很有效的成交方法。它的优点主要有：

（1）减轻顾客的心理压力，节约推销时间，提高推销效率。当推销人员接近顾客时，往往会给顾客的心理上产生一种无形的购买压力，这种压力会直接或间接地破坏推销气氛。在使用假定成交法时，推销人员直接假定顾客已经决定购买推销品，这样就减轻了给顾客带来的心理压力，从而节约面谈时间，提高推销效率。

（2）把顾客的成交信号直接转化为成交行动，直接促成交易的达成。在整个推销过程中，顾客随时都会有意无意地流露出成交的意向。对此，推销人员可以抓住时机，恰当地运用假定成交法将成交信号转化为成交行动，把成交暗示转化为成交明示，即假定顾客已经决定购买推销品，假定已经成交，从而直接促成交易的达成。

正是由于假定成交法具有以上优点，因而成为推销活动的基本成交方法，同时也为其他一些成交方法如选择成交法、小点成交法等的应用提供了理论基础。但假定成交法也有一定的局限性：

（1）可能产生过高的成交压力，破坏成交气氛。在使用假定成交法时，如果推销人员没有看准成交时机，主观盲目地假定顾客已经决定购买推销品，这样，极有可能给顾客带来过高的成交压力，从而破坏成交气氛。

（2）不利于进一步处理有关的顾客异议。假定成交法是以假定顾客没有任何成交异议与购买障碍为前提条件的，但实际上如果顾客确实存在着一些没有解决的问题，就极有可能导致顾客的反感，提出更多的购买异议，甚至是一些无关的或虚拟的异议，不利于进一步推销。

（3）可能使推销人员丧失成交的主动权。在使用假定成交法时，推销人员并不能完全确认顾客已经做出购买决策，完全接受推销建议，而是主观地假定。这样就可能使顾客感到成交压力，从而拒绝成交，使推销人员丧失成交的主动权，甚至丧失最后的成交机会。

在应用假定成交法时应注意下列问题：

（1）推销人员要密切注意各种成交信号。成交信号是顾客成交意向的外在表现，是一种成交暗示。假定成交法就是把成交信号假定为成交行为，在考虑使用这一方法时，推销人员必须准确判断顾客的成交信号，确信顾客必定购买推销品时才使用这一方法。

（2）推销人员必须具有很强的自信心。假定成交法是推销人员假定成交，而不是假定顾客主动要求成交，而成交实际上是推销主体双方一致的行为。正因为如此，很多推销人员因害怕顾客拒绝成交而不敢大胆地假定，从而导致推销工作的失败。所以，在使用假定成交法时，推销人员应该具有很好的信心，在得到顾客成交信号之时，相信自己的判断，大胆地进行假定，以利于交易的达成。

（3）推销人员要善于创造融洽的成交气氛，选择适当的成交假定方式。为了尽量使顾客达到一定程度上的心理平衡，减轻购买压力，有效地促成交易，推销人员应该保持自然的成交态度，善于创造融洽的成交气氛。为此，推销人员应选择适当的假定方式（主要有言语假定和行动假定两种），如使用委婉、温和、商量的语气，切忌语气咄咄逼人，形成高压气氛，以致顾客望而却步。

2. 选择成交法

选择成交法就是推销员向顾客提供若干种可供选择的购买决策方案，来促成交易的一种成交技术。选择成交法是假定成交法的应用和发展。这种销售技术可以用于任何一种产品中，包括汽车、电器、个人电脑、打印机、机电产品和其他产品。有经验的推销员认识到潜在顾客有时需要帮助去除一些选项，当只有两三个样品剩下来时，潜在顾客就非常容易做出相应的选择。

选择成交法是利用顾客购买心理的一种技巧，不管对方选择哪一种方案，都可以算是成功地达成了一次交易。最简单的选择成交法是二项选择法。

- “汤经理，您看先要10吨还是20吨？”
- “王主任，我们是在星期三交货还是在星期五交货？”

推销人员在假定成交的基础上向顾客提出成交决策的比较方案，先假定成交，后选择成交。顾客不是在买与不买之间选择，而只是在推销品不同的数量、规格、颜色、包装、样式、交货日期等方面做出选择，使顾客无论做出何种选择，导致的结局都是成交。

选择成交法的优点是：

（1）既可以减轻顾客的心理压力，又使推销人员有回旋的余地。选择成交法从表面上看似乎把成交的主动权交给了顾客，而事实上却是把成交的选择权交给了顾客，让顾客在一定的成交范围内做出自己的选择，主动参与成交活动。这样，既调动了顾客决策的积极性，又减轻了顾客的成交心理压力，创造了良好的成交气氛；同时，推销人员掌握了成交的主动权，让顾客在成交范围内做出选择，使顾客很难全面地拒绝成交选择方案，给推销人员留有一定的成交余地。

（2）成功地运用了选择提示的基本原理。请顾客在成交的范围内进行选择是一种有效的推销手段，推销人员可以利用这一手段来达到自己的特定目标。选择成交法把成交的选择权交给了顾客，把顾客的购买决策限定在目标范围之内，无论顾客做出什么样的选择，都在目标范围之内，从而实现推销人员的成交目的。

当然，推销人员必须慎重、合理地使用选择成交法。如果不经过仔细分析和观察而滥用这一方法，则会对顾客产生成交高压，甚至使顾客失去购买信心，增加新的成交心理障碍。同时，还可能会浪费时间，降低推销效率，不利于推销活动的开展。推销人员在应用选择成交法时要注意以下问题：

（1）必须针对顾客的购买动机和购买意向，把顾客的购买选择限制在有效的范围之内。这就要求推销人员在提供选择方案时，应提供能使顾客产生积极心理效应的选择方案，但不要向顾客提供非成交性选择方案或否定性成交方案。

（2）应掌握成交主动权，积极促成交易。在使用选择成交法时，推销人员既要把成交选择权交给顾客，促使顾客自动成交，又要掌握成交的主动权，对顾客施加适当的成交压力，主动促成交易。

（3）应主动当好顾客的购买参谋，帮助顾客做出正确的成交选择。面对众多的成交方案，有时顾客就会感到无所适从，为了提高成交的效率，推销人员应主动向顾客介绍各种成交选择方案及其特点，帮助顾客做出适当的购买决策。

3. 从众成交法

从众成交法，即是推销人员利用从众心理来促成准顾客购买推销品的成交方法。譬如计算机的推销员说：“这是今年最流行的机型，我们一天就卖100多台，请问先生什么时候要货?”

在日常生活中，人们或多或少都有一定的从众心理。从众心理必然导致趋同的从众行为。作为人们的购买行为，当然受到自身性格、价值观念、兴趣爱好等因素的影响，同时又受到家庭、参考群体、社会等环境因素的影响，因而顾客在购买商品时，不仅要依据自身的需求、爱好、价值观选购商品，而且也要考虑全社会的行为规范和审美观念，甚至在某些时候不得不屈从于社会的压力而放弃自身的爱好，以符合大多数人的消费行为。譬如，一名在校大学生，尽管对足球一点都不感兴趣，但为了表明自己不是“异流”，有时也不得不违心地跟着同一宿舍或同班的同学顶着烈日去“享受”足球的乐趣。

从众成交法正是抓住了人的这一心理特点，力争创造一种时尚或流行来鼓动人们随大流，促成交易的成功。从众成交法主要适合于推销具有一定时尚程度的商品，且要求推销对象具有从众心理。如果商品流行性差，号召力不强，又遇到自我意识强的顾客，就不宜采用此法。

在具体运用从众成交法时应注意把握以下要点：

（1）使用从众成交法推销商品前，先期发动广告攻势，利用名人，宣传名牌，造成从众的声势。

（2）寻找具有影响力的核心顾客，把推销重点放在说服核心顾客上，在取得核心顾客合作的基础上，利用他们的影响力和声望带动、号召大量具有从众心理的顾客购买。同时还要注意为顾客提供证据，比如："王经理，这是半球牌压力锅，全国大城市的主要商店都经销我们的产品。您看这是其他单位的合同，您准备要多少呢？"

4. **小点成交法**

推销员利用成交小点来间接促成交易。一般来说，重大的购买决策问题能够产生比较强的成交心理压力，而较小的成交问题则产生较小的成交心理压力。在重大的成交问题面前，顾客往往比较慎重，一般不会轻易做出成交决定，而对小点成交则比较马虎，随便可以很快做出成交决定。数量小的，异议少的，都可以作为小点处理。

- "张经理，您就先试销 10 台，如果满意，我再继续给您送货。"（先促成小数量的成交额，再为大批量销售铺好路）
- "李厂长，既然您接受甲类的展销摊位有困难，那就考虑乙类的吧。"（大点成交缺乏信心，退一步选择，也能做成生意）

使用小点成交法可以减轻顾客成交的心理压力，有利于推销人员主动要求成交，保留一定的成交余地，有利于推销人员合理利用各种成交信号，有效地促成交易。

推销小链接

及时促成交易

某办公用品推销人员到某办公室去推销碎纸机。办公室主任在听完产品介绍后摆弄起样机，自言自语道："东西倒是挺合适，只是办公室这些小年轻毛手毛脚，只怕没用两天就坏了。"推销人员一听，马上接着说："这样好了，明天我把货运来的时候，顺便把碎纸机的使用方法和注意事项给大家讲讲，这是我的名片，如果使用中出现故障，请随时与我联系，我们负责维修。主任，如果没有其他问题，我们就这么定了！"

资料来源：刘敏兴．销售人员专业技能训练［M］．北京：中国社会科学出版社，2003.

5. **优惠成交法**

优惠成交法，即是推销人员利用优惠的交易条件来促成顾客立刻购买推销品的成交方法。人们普遍都有"求利"的购买动机，优惠成交法正是利用了这一心理特点，抓住准顾客可能存在的对价格、运费、折扣、让价、赠品等交易条件方面种种好处的渴求，诱使顾客做出购买决策。譬如，某太阳能热水器公司的推销员对房地产开发商经理说："每安装 10 套热水器，我们就免费为客户安装 1 套，别的公司可没有这么优厚的条件哦。"优惠成交法又称为让步成交法或大点成交法。

优惠成交法与最后机会成交法结合起来运用，更能增强对准顾客的刺激强度，诱导性更强烈。优惠的机会"千载难逢"，特别是当未来预期对准顾客不利时，谁都希望搭上"末班车"，这对达成交易将更为有利。如商场里的电视机厂家营业员对顾客说："您看我们公司从今年6月份起大屏幕彩电价格下调了30%，而且国家又出台了利息征收所得税的政策，物价可能会上涨，千万不要犹豫了，趁此大好时机赶紧选购。”

以下就是两个优惠成交法的例子：

• “方经理，我们的货有批量的优惠规定。100吨可按八折供应。您还是多订一些为好！”——这既满足了顾客求利的购买动机，也可大量成交，可说是两全其美。

• “试销期间，买一送一，不计成本，意在宣传。”——香满楼牛奶赠送优惠很有魅力，不少人就是受此法的引诱，立即购买。

6. **机会成交法**

机会成交法也称为无选择成交法、唯一成交法、限制成交法或最后机会成交法，是指推销人员直接向顾客提示成交机会而促使顾客立即达成交易的方法。提示成交机会，可以引起顾客购物的浓烈兴趣，集中顾客的成交注意力，造成良好的成交气氛，产生有利的机会成交心理效应。譬如，汽车推销员说：“这种车型的汽车非常好卖，这一辆卖出去以后，我们也很难进到同样的车子。”或“由于原材料需要进口，这批货卖完后，可能要很长时间才有货。”

机会成交法要求推销人员利用购买机会原理，向顾客提示“机不可失，时不再来”，施加一定的成交机会压力，促使顾客珍惜时机，最终达成购买。购买者错过一定的购买机会实际上也是一种损失，可能会导致诸如支付较高的价格、停工待料等直接损失，也可能会导致诸如寻找新的供应商、投入更多的时间和精力等间接损失。因而，对成交机会的认识，不仅表现在推销人员失去销售机会上，也表现在顾客需要机会的损失上。

在运用机会成交法时应注意：

（1）通过广告宣传造成一定的成交氛围，强调成交机会千载难逢，失去机会就等于损失金钱。

（2）推销人员应该直接向准顾客提示成交机会，诱发顾客的购买动机，促成顾客对推销品的占有欲望，刺激顾客当即购买。

（3）使用机会成交法时，所选择和利用的机会一定要属实，不能欺骗顾客，应该让顾客认识到你所提示的最后机会是在向他们提供重要的信息，目的是帮助他们做出理智的决定。

（4）推销人员应把各种可资利用的机会牢记在心，不失时机地加以运用。

（5）不能频繁地使用此法。一年四季都在“跳楼大削价”只会让顾客识破商家的诡计，永远卖不完的“最后一天”只能是自欺欺人。

7. **SRO成交法**

SRO（standing-room-only close）成交法也是机会成交法的一种应用。当你面对一个优柔寡断的准顾客，或者你希望准顾客大量购买，但种种迹象表明，如果他们现在都不购买的话，则将来更不可能购买。此时，即可用SRO成交法促成顾客立即采取购买行动。譬如：

• 我不能保证还有这种尺寸的存货。如果有现货，您想要吗？

• 很多客户一直在购买我们的产品，我不能确信是否有多余的卖给您？

• 好了，我知道您正盘算订购多少数量。我们确实期望您多订购一些，因为我们有现货供应，但到了夏天我们就不能保证能满足所有客户的订购要求了。

• 这种设备下周就要提价10%，您看是今天就装运呢？还是愿多付10%的价款呢？

对于适宜的产品、推销对象及适当的情形，SRO 成交法是一种很好的方法。无论是零售商品的推销员还是产业用品的推销员，都可以使用此法来激发准顾客产生迫不及待的占有心理，当然使用这种方法时也必须诚实：因为准顾客也明白诸如罢工、天气、运输、通货膨胀、存货缺乏等意外情况的发生，确实可能在将来难以买到所需要的产品。抓住准顾客的这种心理，用 SRO 成交法就可鼓励准顾客马上购买。

8. 总结利益成交法

总结利益成交法是指推销人员在推销洽谈中记住准顾客关注的主要特色（features）、优点（advantages）和利益（benefit），在成交中以一种积极的方式成功地加以概括总结，以得到准顾客的认同并最终取得定单的成交方法。

譬如，吸尘器推销员运用总结利益成交法，他可能说："我们前面已经讨论过，这种配备高速电机的吸尘器（特征）比一般吸尘器转速快两倍（优点），可以使清扫时间减少 15～30 分钟（利益），工作起来轻轻松松，使您免去推动笨重吸尘器身心上的痛苦（更多的利益），是这样吧？（试探成交，如果得到积极回应）您是要这个大型号的还是那个小型号的？"

总结利益成交法也许是争取定单最流行的方法。施乐公司培训中心的销售教员 Fallmett Reagan 说，他们传授的大多数成交方法都是由总结利益成交法的三个基本步骤组成。

（1）推销洽谈中确定准顾客关注的核心利益；

（2）总结这些利益；

（3）做出购买提议。

因而，总结利益成交法特别适用于直来直去的客户，而不是有特殊个性的顾客。

推销小知识

促成交易 5 大忌

（1）忌：拖拖拉拉。要趁热打铁，在客户决定下定后，要在最短时间内让客户把钱交进去。

（2）忌：不紧不慢。制造紧张气氛，你不定马上就会有人定这个铺子的。

（3）忌：嘻嘻哈哈，随随便便。要求客户下定时，态度要诚恳，语气要庄重。

（4）忌：面露喜色，兴高采烈，手舞足蹈。客户答应成交后，不要表露自己喜悦的心情，那样客户会觉得这笔交易最大的受益者是你。

（5）忌：急功近利。不要以貌取人，过早放弃客户，即使客户不下定也要照常服务客户。

9. 连续点头成交法

连续点头成交法（continuous-yes close）与总结利益成交法有类似之处，但推销员不直接总结产品的利益，而是提出有关利益的一系列问题让准顾客回答的成交方法。例如：

推销员：张女士，您说您喜欢我们优质的产品，对吧？

准顾客：没错。

推销员：而且也喜欢我们快捷的交货方式，是吧？

准顾客：是的。

推销员：您对我们较高的毛利率和付款条件也很喜欢，是这样的吧？

准顾客：没错。

推销员：张女士，我们的产品优质、交货快捷、付款条件优厚、赚头大，将给您提供额外的附加价值，必将招引大量顾客光顾您的商店。（推销员顺利地完成了总结利益成交法所要做的一切）

在本例中，推销员通过洽谈了解到准顾客喜爱的四种利益：产品优质、交货快捷、毛利率大、有利的付款条件，洽谈后推销员提出三个问题让准顾客有机会表达对这四种利益的深刻印象，通过这些富有进取性的问题的“堆积”，推销员就促成准顾客连续地说：“是的，我喜欢这些利益。”

准顾客积极进取的心态，对产品积极的态度，使她在得到购买提议时连续不断地附和。

当然，也要认识到某些准顾客也可能先假装同意你所陈述的所有产品利益，但当你提出购买请求时却出人意料地说“不要”，有意想看到你惊奇的表情。此外，多疑的准顾客可能把连续点头成交法视为陷阱，或看成是对他们智商的伤害，无助于购买决策。无论是对于恶作剧准顾客还是多疑的准顾客，心平气和地看待和处理是推销员必须具备的职业素养。

10. **保证成交法**

保证成交法是直接向顾客提供成交保证来促使立即购买的一种成交技术。顾客在购买商品时往往怕上当受骗，或因承担的风险太大而迟迟不愿成交，尤其在购买其高价值商品时更是犹豫不决。此时，推销人员应针对顾客的购买心态，向顾客提供一定的保证，消除顾客的成交心理障碍，让顾客放心购买推销品，及时促成交易。保证成交法是一种大量成交法，直接提供成交保证，直接促成交易。以下就是两个保证成交法的例子：

- “先生，您不必担心冰箱的质量问题，我们提供10年的保修服务。”——可靠的保证，有效地消除顾客心中的忧虑，增强购买信心。
- “本治疗仪如经一个月的使用，确实感到无效，又没有人为的损坏，可凭发票退回全款。”——有了这项保障，谁不愿意解囊？当然，此法应建立在产品质量过得硬的基础上。

使用保证成交法的时机应该选择那些产品的单价过高，交纳的金额比较大，风险比较大，顾客对此种产品并不是十分了解，对其性能质量也没有把握，产生心理障碍或犹豫不决的时候。

使用保证成交法时也应注意看准顾客成交的心理障碍，针对顾客所担心的几个主要问题直接提示有效的成交保证条件，以解除顾客的后顾之忧，增强成交的信心，促使成交。

正确地运用保证成交法，可以增强说服力，诱发顾客购买动机，提高推销工作的效率。

11. **请求成交法**

请求成交法也称为直接成交法，是一种比较常用的成交法。这是推销人员直接要求顾客购买推销品的一种推销技术。推销人员应该利用各种成交机会，抓住成交信号，积极提示，主动向顾客提出成交要求，努力促成交易。

- “江厂长，既然没有什么不满意的地方，就请您在这里签个字。”
- “王科长，既然东西又好价钱又不贵，还是趁早买下吧！”

使用请求成交法的时机要求：一是面对老顾客时，推销人员了解顾客的需要，而老顾客也曾接受过推销的产品，因此老顾客一般不会反感推销人员的直接请求。二是如果顾客对推销的产品有好感，也流露出购买的意向，发出购买信号，可一时拿不定主意，或不愿主动提出成交的要求，此时推销人员可以使用直接成交法。三是在有些时候，顾客对推销的产品表示有兴趣，但思想上还没有意识到成交的问题，这时推销人员在详细地介绍了产品之后，特别是在回答了顾客的问题之后，就可以提出成交的请求。

使用请求成交法有以下优点：可以快速地促成交易；可以充分地利用各种成交机会；可以节省推销的时间，提高工作效率；可以体现出一个优秀推销人员的机智、灵活和主动的精神。

但是使用请求成交法也有一些局限性，如果应用的时机把握不当，可能会给顾客造成成交压力，破坏成交的气氛，反而会使顾客产生一种抵触的情绪，不利于交易的促成。

12. **异议成交法**

异议成交法也称为处理异议成交法，是指推销人员利用处理顾客异议的机会，直接向顾客提出成交要求，促使顾客成交的一种方法。异议成交法是请求成交法的一种应用和发展。推销人员可以认真分析各种有关顾客的异议及其根源，利用顾客异议来促成交易，把成交信号转化为成交行为，促使顾客立即购买推销品。

- “王科长，既然您也承认这产品的质量很好，我们就准备送货了！”
- “王主任，既然您已经相信这种新包装的优点，您打算要哪一种规格的？大包装的还是小包装的？”

使用异议成交法的优点，是可以把顾客的异议看成是一种成交信号，将其转变为成交行为。在实施过程中向顾客施加一定的成交压力，会迫使顾客产生购买的行动。

13. **T 形成交法**

T 形成交法也称为平衡表法或优缺点成交法，是指通过对产品的优点和缺点进行归纳分析促使顾客购买的一种成交法。我们知道，资金平衡表的一个最大的特点就是要使平衡表的左边与右边相等，资金来源与资金运用相等，即左边与右边相等。现在是要使左右不相等，通过左大于右的形象促使顾客产生购买行为。在使用 T 形成交法时，推销人员需要准备一张白纸，在纸上画出 T 形表，如表 9－1 所示。在一边与顾客交谈时，一边把顾客已经没有任何异议的优点放在表的左边，把缺点放在右边，通过很多优点的左边与只有少数缺点的右边的不平衡，优点多于缺点的关系促使顾客达成交易。

表 9－1　T 形表

优　点	缺　点
1. ……	1. ……
2. ……	2. ……
3. ……	
4. ……	
5. ……	

本章小结

成交是一切推销活动的最终目的。推销人员要想取得推销的成功，必须善于识别顾客的购买信号，把握住有力的时机，采取合适的促成交易的方法，推动、促成交易的完成。

重要概念

成交　成交的障碍　购买信号　成交方法

复习思考题

1. 试述成交的含义及其障碍。
2. 顾客的购买信号都有哪些?

角色扮演

学生分组,每组4~5人为宜。每组选出两名扮演推销员,两名扮演客户,其他人根据情境设定角色。演练促成交易的方法,目标是成功推动、促成交易的完成。

背景设计:

1. 推销员

A. 经验丰富的推销员,善于察言观色。

B. 销售领域的新人,在校期间学习成绩优秀,熟知推销理论各方面知识。

2. 客户

A. 厂长,为人豪气但善变,比较注重公司长期发展。

B. 采购部经理,有预算压力,对市场行情很了解。

延伸阅读

Lan Jiang, Joandrea Hoegg, Darren W. Dahl, Amitava Chattopadhyay. The persuasive role of incidental similarity on attitudes and purchase intentions in a sales context. JCR, 2009.

本研究发现,一些偶发性的相似性,例如,推销员与顾客具有相同的生日或相同的出生地时,顾客会具有更好的产品评价以及更高的购买意愿。本文还探索了这一效应的中介机制以及边界条件。

课堂自测题

一、选择题

1. 成交的主要内涵不包括(　　)。

A. 成交是推销活动过程的延续

B. 成交是顾客接受推销建议的渐进过程

C. 成交是顾客接受推销建议的行为

D. 成交是洽谈所取得的最终成果

2. 来自于顾客的成交障碍不包括(　　)。

A. 顾客的修正行为　　B. 顾客的风险行为

C. 顾客的推迟行为　　D. 顾客的避免行为

3. 顾客的购买信号一般可以分为(　　)。

A. 表情信号、非表情信号　　B. 行动信号、非行动信号

C. 情境信号、非情境信号　　D. 语言信号、非语言信号

4. 促成交易的方法不包括(　　)。

A. W 成交法　　B. 假定成交法

C. 优惠成交法　　D. SRO 成交法

5. 在运用小点成交法之时，我们需要注意（　　）。

A. 推销员利用该方法来直接促成交易

B. 较小的成交问题却会产生较大的成交心理压力

C. 顾客面对小点成交比较马虎，随时可以做出决定

D. 数量少的，异议少的，顾客少的，都可以作为小点处理

6. 在运用机会成交法时应注意（　　）。

A. 推销员需要强调成交机会千载难逢

B. 推销人员应避免直接向准顾客提示成交机会

C. 使用该方法可以适当夸大机会，使得准顾客尽可能把握住机会

D. 最好单独使用一种机会，避免反感情绪

二、判断题

7. 成交只是推销过程的一个环节，然而，促成力量的大小却不一定依据推销人员所拟订的推销活动计划周密程度。(　　)

8. 即使推销员判断出顾客的行为信号或者表情信号，也不能证明购买即将成交。(　　)

9. 总结利益成交法特别适用于直来直去的客户，而不是有特殊个性的顾客。(　　)

10. 保证成交法是利用一定方法使得顾客向推销员提供成交保证来促使购买的一种成交技术。(　　)

课堂自测题答案

案例分析

追　　问

推销员：约翰，我们发现奥克纯（Octron）灯泡将减少你更换存货需要的储存空间。它能给你们的设计者提供高清晰度的颜色输出信号，这种信号能降低视力疲劳和朦胧之感。我是这周安排送货还是下周？

买　主：你说得不错，不过我仍不准备购买，太贵了。

推销员：你是说，你想知道，我们产品到底有什么样的特殊利益，使它的价格略高一些。我说的对吗？

买　主：我想是这样的。

推销员：前一段时间，我们发现就延长灯具的使用寿命以及节省能源费用而言，你若使用通用瓦特·迈泽兹（GE Watt-Misers）来替换现在的灯具，那么你每年可以节约375元。约翰，这表明用我们的产品能节省钱，对吗？

买　主：是的，我想你是对的。

推销员：太好了！你是想在这个周末安装还是下周下班之后呢？

买　主：都不想，我需要再考虑考虑。

推销员：你现在犹豫不决一定有充分的理由。如果我问是什么原因，你介意吗？

买　主：我想我们一次支付不起所有新的照明设备的价款。

推销员：除此之外，还有别的原因吗？

买　主：没有。

推销员：假设你能使自己信服成批更换要比少量更换便宜……你想这么做吗？

买　主：我想会的。

推销员：成批更换并不是必需的，不过，它却能让你马上看到在所有装置上实现的能源节约费用。成批更换灯具能节省很多现场更换的劳动成本，因为成批安装灯具有生产线的效率。你明白我的意思吗？

买　主：是的，我明白。

推销员：你觉得是在晚上安好还是周末安好？

买　主：我还是想考虑一下。

推销员：一定还有别的原因造成你现在犹豫不决。我想问一问可以吗？

买　主：我们现在没有做这种投资的款项。

推销员：除此之外，还有别的原因吗？

买　主：没有。我的上司不让我买任何东西。

推销员：你也同样认为买这批货会给你们公司省钱，对吗？

买　主：是的。

推销员：好了，约翰，现在去拜访你的上司怎么样？告诉他除了节省存货空间和减少你们员工的视力疲劳之外还能给公司节省货款。也许该让我们两人一起去拜访你的上司。

资料来源：欧阳小珍．销售管理［M］．武汉：武汉大学出版社，2003.

思考讨论题

1. 分组讨论买主使用了哪些异议，找出并说明。找得越多越好。
2. 分组讨论推销员运用了哪些成交方法，找得越多越好。

第10章

签订合同与售后服务

"诚信，一份双赢的合同。"

——格言

学习目标

◇熟悉销售合同的订立、履行和变更的法律规范

◇加强对已成交客户的服务与联系，努力稳定和扩大客户群体

引 例

IBM 公司

在计算机这个发展最迅速、经营最活跃的行业里，IBM 公司始终处于领先地位，被公认为是世界上经营最好、管理最成功的公司之一。这家公司之所以获得如此辉煌的成就，"用户至上"、为用户提供优质的服务是一个重要的因素。

什么是销售的第一要素？公司认为，不是价格低廉，而是质量和服务。计算机系统是一项价格昂贵、精密度很高的高技术产品，买主放在第一位考虑的是购置后如何操作和维护保养，坏了以后如何维修，而不是首先追求低廉的售价。为此，公司要求销售人员不仅应对所推销的产品性能、用途等情况了如指掌，而且要求能为用户提出解决问题的方法和指出未来的发展方向。公司建立了一支由各行各业的专家组成的销售队伍，这个队伍按各个主要行业划分，每个行业下面又分设部门，各个部门都有自己的专家，如运输部门有航空、公路、铁路方面的专家，百货部门有百货商店、超级市场等方面的专家，金融部门有储蓄、财务和贷款等方面的专家。由于他们具有丰富的专业知识和特有的洞察力，因而当他们访问用户时，绝非单纯的商品销售人员能与之相比，他们所提供的良好服务，决不仅是所谓的"微笑服务"，而是还必须能为用户尽可能地迅速地解决问题。

为了在服务方面充分满足用户的需要，IBM 公司把售后服务放到了特别重要的位置。他们认为：真正的销售是在设备安装好以后才开始的；在用户付款购买后，为用户做些什么比为赢得这桩买卖做过什么更为重要。为此，他们不惜工本，加强售后服务，力求建立良好的服务信誉。IBM 公司建立了一支规模宏大的现场维修服务队伍，为提高这支队伍的业务素养和应变能力，投入大量的资金进行业务培训。公司要求这支队伍的成员必须接受过机械技术、公司基本方针和教育项目等方面的系统培训，都是精通各类机械的多面手，他们向用户保证不会因计算机出故障停止运行而造成生产上的紊乱和停顿。他们还要求服务维修人员必须懂得依靠集体，遇到特别棘手的问题时，可向数百名在总部和各部门工作的专家求援。如某个用户有严重的库存管理的问题时，总部的专家由于对业务有更为充分的了解，就能估计到问题的所在，并设计出解决问题的方案。

10.1　合同的订立与履行

10.1.1　合同的订立

通过成功的洽谈，知道顾客有成交意愿后，应及时把这种成交的意愿以书面合同的形式固定下来，防止谈判成果付诸东流。

1. 订立合同的程序

订立销售合同一般要经过两个法定程序，一个是要约，一个是承诺（也有人称这两者为发价和还价或发盘和还盘），即一个是提出订立合同的建议，另一个是接受订立合同的建议。在一个高度抽象的、极为简单的交易关系中，买卖双方只需经过这两个阶段就可以成就交易。但是在现实生活中，销售合同不大可能只经过一个回合的"要约—承诺"就能成立，当事人之间往往要讨价还价，在经过多次磋商后才能达成协议，也就是要经过要约—反要约（新要约）—再要约—再反要约，直至承诺，最终才能达成双方均可接受的合同。

推销小知识

要约与承诺

• 要约

所谓要约是指一方当事人期望和他人订立合同的意思表示，该意思表示的内容必须确定，并表明一经受要约人同意后即受其约束。提出要约的一方一般被称为要约人；而对方，即接到要约的一方一般被称为受要约人。在销售合同当中，买卖双方既可以是要约人，也可以是受要约人。要约的做出，通常采用口头或书面两种方式。口头方式，又称对话方式，通常表现为面对面或打电话商谈方式。书面方式，又称非对话方式，主要包括以信函、传真、电报等方式发出要约。

• 承诺

所谓承诺，是指受要约人同意接受要约全部条件并愿意缔结合同的意思表示。承诺的法律效力在于一经承诺并送达于要约人，合同便宣告成立。因此，承诺是合同成立的标志。

承诺的方式：要约人可以在要约中规定承诺的方式，如果要约人没有对承诺方式做出特别规定，受要约人可以采用如下方式来承诺：

①通知的方式，包括口头或书面的通知，为了避免日后就合同是否成立发生纠纷，承诺人最好以书面的方式承诺。

②默示方式。所谓默示就是通过实施一定的行为或其他方式做出承诺，通常这种方式主要适用于长期交往、已有了一定交易习惯或惯例的老客户、老关系之间，或者根据当事人的当地交易习惯，无需事先声明承诺者。

2. 销售合同的形式与格式条款

订立合同，可以采用书面形式、口头形式和其他形式（比如默示形式），但法律、法规规定应采用书面形式的，就应当采用书面形式。

采用格式条款订立的合同即格式合同。所谓格式条款是当事人为了重复使用而预先拟定，并在订立合同时未与对方协商的条款。日常生活中的飞机票、保险单、购买房产合同、提单等都运用的是格式条款，因而都属于格式合同。以格式条款订立合同的好处是简捷、省时，能够降低交易成本。但其弊端在于造成买卖双方订立合同时的地位不平等，对于接受格式条款的一方，只有订不订的自由，没有选择合同条款的自由，因此可能会出现提供格式条款一方凭借其优势制定有利于自己而不利于对方的条款，出现侵害对方利益的情形。

因此，采用格式条款或格式合同的形式订立销售合同时，应注意如下事项：

（1）提供格式条款的一方提出的免除其责任、加重对方责任、排除对方主要权利的条款均属无效。

（2）提供格式条款一方应采取合理的方式提请对方注意免除或者限制其责任的条款，并有按照对方的要求对该条款予以说明的义务。

（3）在对格式条款的理解发生争议时，要按照习惯的理解予以解释。如果对格式条款有两种以上解释的，应做出不利于提供格式条款一方的解释。

推销小知识

口头协议书面化

有些情况下，交易协定是以口头形式达成的，如电话订货，只要购买者信用尚可被接受，即为顾客送货。但有些情况下，交易必须以书面的购销合同来认同。为此，口头达成交易后将交易协定书面化，作为双方责任和义务的法律认可，以避免日后出现拒绝发货、拖欠货款或不承认成交条件（如双方约定价格、成交量、交货期及其他条件等）的纠纷时无据可依。

有的产品推销是不需要或可免去签订书面合同这项工作的，如达成交易协定的同时实现产品和货款交换的推销就不需要另订购销合同。再有，就是买卖双方经过长期的合作和了解，相互间恪守约定的承诺，形成信誉交易关系。

3. 销售合同的内容

销售合同的内容由推销员与购买者之间共同商定，一般包括以下条款：

（1）当事人的名称（单位）或者姓名和地址或住所。

（2）标的。销售合同的标的是指买卖双方当事人的权利和义务共同指向的对象。

（3）数量。供方的交货数量，是衡量标的物和当事人权利义务大小的尺度。当事人计算标的数量，要采用国家规定的计量单位和计量方法。

（4）质量。质量是标的物的内在素质和外观形式优劣的标志，买卖合同中应做出明确的规定。对于标的物的质量，国家规定有技术标准的，双方当事人应在合同中写明标的物的技术标准及标准编号和代号；国家没有规定技术标准的，由双方当事人通过商定，在合同中明确约定。

（5）价款。价款是合同一方当事人交付产品后，另一方当事人支付的款项。价款的确定，要符合国家的价格政策和价格管理法规；价款的支付，除法律另有规定外，必须用人民币支付；价款的结算，除国家规定允许使用现金者外，必须通过银行办理转账或票据结算。

（6）履行的期限、地点和方式。履行的期限是指双方当事人履行义务的时间范围；履行的地点，是指当事人完成所承担义务的具体地方，应根据标的物的特征或法律规定和当事人的约定而确定；履行方式，是指采用什么样的方法来履行合同规定的义务，如一次履行还是分期分批履行，汽车送达还是火车送达等。

（7）违约责任。违约责任，是指合同当事人由于自己的过错，没有履行或没有全面履行应承担的义务，按照法律和合同的规定应该承担的法律责任。违约责任的具体条款，当事人可以依据《合同法》在合同中进一步约定。

（8）解决争议的方法。《合同法》规定，解决合同争议有和解、调解、仲裁和诉讼四种方法，当事人应在合同中约定解决合同争议所采用的方法。

除此之外，合同中还有必要包括包装方式、检验标准和方法等条款。

推销小链接

粮食订购合同

甲方（订购方）：________________________________

地址：__________ 邮码：__________ 电话：__________

法定代表人：__________ 职务：__________

乙方（交售方）：______________________

地址：__________ 邮码：__________ 电话：__________

法定代表人：__________ 职务：__________

甲、乙双方根据国家粮食购销管理政策，在平等、自愿、合作、互利的原则下，经充分协商达成如下协议。

一、甲方向乙方定购粮食__________公斤（________市斤）。

1. 品种：
2. 订购数：
3. 订购价：

二、合同订购的粮食质量、等级、水分执行国家规定标准。

三、合同订购的收购：

四、甲方必须做到及时收购，保证不借故压车、退车，做到认真执行国家质价政策，保证不压质压价。对乙方交售的粮食，结算形式不限，现金、转账由甲方任选。除农业税外，不代任何部门扣款，不打白条。

五、乙方必须做到按签订的合同订购品种、数量，种足种好各种作物，正常年景保证按合同规定的品种、数量交售。遇灾可向甲方申请减免。

六、在执行本合同期间，乙方负责人（承包人）有变动时，由接替人继续执行本合同。

七、乙方交售粮食时，需携带本合同，每次结算，甲方要在合同的附表内给予记载。

八、本合同一式三份，甲乙双方、粮管所各一份。

甲 方：__________________

法定代表人：__________ ______年____月____日

乙 方：__________________

法定代表人：__________ ______年____月____日

资料来源：海萱农业法律咨询网，http://hxfw.51.net，编者有改动.

4. 预防销售合同纠纷

销售合同纠纷的预防，既可以在订立合同前进行，也可以在合同订立时进行，还可以在合同履行过程中进行。具体而言，预防合同纠纷，主要有以下几项措施：

（1）充分了解《合同法》及其相关法律、法规、司法解释的规定。对《合同法》及一些其他有关合同的法律、法规、司法解释，应该适当了解，做到心中有数，以避免因合同条款不符合法律规定而无效，进而引起纠纷。

(2) 充分做好订立合同前的准备工作。如果没有合法、有效的合同作为基础，企业的经营目标就是空中楼阁。而对于企业来讲，在订合同前，必须了解对方企业的性质、经营状况、声誉，与本企业合作的真实意图，查清签约对方当事人的身份及证明文件；还必须进行合同可行性研究，分析合同订立后是否能顺利的实施。

(3) 精心准备合同条款，避免因条款的不完备或歧义而引起纠纷。除法律有强制性的规定以外，其他条款都可以在平等、自愿、公平、诚实信用的基础上进行充分协商，然后详尽约定下来。如果需要补充说明的内容，可同时订立附件，但应注意合同附件的内容须与主合同保持一致，不可前后矛盾。

(4) 完善各项手续，避免因形式问题导致纠纷。销售合同订立后，当事人应按规定签字、盖章后合同才能生效。有些合同，法律规定必须办理批准、登记等手续后才生效的，当事人应当及时依法办理相关手续，以免因此产生纠纷。

(5) 加强合同管理。建立销售合同档案，由专人负责收集、分类；建立定期、定向的信息反馈制度，随时注意了解销售合同执行情况，针对合同订立、履行过程中存在和可能存在的问题及时与对方进行沟通，提出解决方案或改进措施，以防患于未然。

(6) 合同的鉴证或公证。除法律、法规有强制性规定外，销售合同的一方或双方如果对合同的真实、合法和有效性没有把握，可以在自愿的基础上，办理合同鉴证或公证，从客观上加强对合同的监督、管理，提高合同的履约率。

10.1.2 合同的履行

1. 销售合同的履行

(1) 双方共同履行的义务

买卖合同订立以后，购销双方当事人应当按约定全面履行各自的义务。买卖双方当事人应当遵循诚实信用的原则，根据合同的性质、目的和交易习惯履行以下基本义务。

①通知。买卖合同当事人任何一方在履行合同过程中应当及时通知对方履行情况的变化，遵循诚实信用原则，不欺诈、不隐瞒。

②协助。买卖合同是双方共同订立的，应当相互协助，具体体现在：当事人除了自己履行合同义务外，要为对方当事人履行合同创造必要的条件；一方在履行过程中遇到困难时，另一方应在法律规定的范围内给予帮助。

③保密。当事人在合同履行过程中获知对方的商务、技术、经营等秘密信息应当主动予以保密，不得擅自泄露或自己非法使用。

(2) 出卖人履行的职责

①向买受人交付标的物或者提取标的物的单证。买受人交付标的物，可以实际交付，也可以以提单、仓单、所有权证书等能提取标的物的单证作为交付。当事人在合同中约定交付的方式、时间、地点等，对于合同成立后标的物所产生的利益，如无特别的约定，应归买受人所有。

②转移标的物所有权。转移所有权，一般以标的物交付时间为转移时间，并以此作为划分标的物毁损或灭失的风险转移时间，在标的物交付前由出卖人承担，交付之后由买受人承担。

③出卖人必须按合同规定的期限和地点交付标的物。标的物的交付，可以规定一个具体的日期，也可以规定一个交付的期限。如果当事人约定了交付期限，则出卖人可以随时向买受人交付。出卖人应当按照约定的地点交付标的物，没有约定交付地点或原约定不明确，依照《合同法》关于履行的规定。

④出卖人应当按照约定或者交易习惯向买受人交付提取标的物单证以外的有关单证和资料，如专利产品附带的有关专利证明书的资料、原产地说明书等。

⑤出卖人应当按照约定的质量要求交付标的物。出卖人提供有关标的物质量说明的，交付的标的物应当符合该说明的质量要求；出卖人交付的标的物不符合质量要求的，买受人可以依照《合同法》的有关规定要求承担违约责任。凭样品买卖的当事人应当封存样品，并可以对样品质量予以说明，出卖人交付的标的物应当与样品及其说明的质量相同。

⑥出卖人应当按照约定的包装方式交付标的物。对包装方式没有约定或者约定不明确，依照《合同法》关于合同履行的规定仍不能确定的，应当按照通用的方式包装；没有通用方式的，应当采取足以保护标的物的包装方式。

（3）买受人履行的职责

①买受人收到标的物时应当在约定的检验期间检验。没有约定检验期间的，应当及时检验。买受人应当在约定的检验期间内将标的物的数量或质量不符合约定的情形通知出卖人，买受人怠于通知的，视为标的物的数量或者质量符合规定。当事人没有约定检验期间的，买受人应当在发现或者应当发现标的物的数量或者质量不符合约定的合理期间内通知出卖人。买受人在合理期间内未通知或者自标的物收到之日起一定时限内未通知出卖人的，视为标的物的数量或者质量符合约定，但标的物有质量保证期的，适用质量保证期。

②买受人应当按照约定的时间、地点足额支付价款。出卖人多交标的物的，买受人可以接收，也可以拒绝接收。如果买受人接收多交部分，则需按照合同规定的价格支付价款；拒绝接收多交部分，应当及时通知出卖人。

推销小链接

“合同的履行”相关法律条文

第六十条　当事人应当按照约定全面履行自己的义务。当事人应当遵循诚实信用原则，根据合同的性质、目的和交易习惯履行通知、协助、保密等义务。

第六十一条　合同生效后，当事人就质量、价款或者报酬、履行地点等内容没有约定或者约定不明确的，可以协议补充；不能达成补充协议的，按照合同有关条款或者交易习惯确定。

第七十六条　合同生效后，当事人不得因姓名、名称的变更或者法定代表人、负责人、承办人的变动而不履行合同义务。

资料来源：《中华人民共和国合同法》第四章.

2．销售合同纠纷的解决

为了保护当事人的合法利益和维护正常的交易秩序不受损害，销售合同一旦发生纠纷，就应当及时、公正地解决，而要做到这一点，选择适合的解决纠纷的方式起着关键作用。根据《中华人民共和国合同法》的规定，当事人可以通过以下四种方式解决销售合同纠纷。

（1）协商和解。销售合同纠纷的当事人，可以在自愿互谅的基础上，通过摆事实、讲道理，达成和解协议，自行解决纠纷。协商和解的好处在于其程序简便，能及时迅速地解决纠纷，既省时、省力、省钱，不会伤害相互之间的感情，还能有效地防止损失的进一步扩大，有利于继续和巩固业已形成的销售合同关系。

（2）调解。发生销售合同纠纷，通过第三者调解，往往也可使纠纷双方“化干戈为玉帛”。采用调解的方式解决纠纷，必须遵守自愿、合法的原则。

（3）仲裁。运用仲裁方式解决合同纠纷是各国商贸活动中通行的惯例，在我国也越来越多地被采用。仲裁又称“公断”，是由仲裁机构依据合同双方在合同中订立的仲裁条款或自愿达成的仲裁协议，对合同进行居中裁断，以解决纠纷。与诉讼相比，仲裁具有方便、简单、及时、低廉的特点。

（4）诉讼。在协商、调解的方式都不足以解决销售合同纠纷，或没有订立仲裁协议或仲裁协议无效的情况下，销售合同当事人可以向法院起诉。诉讼程序法院审理销售合同纠纷，一般经过起诉和受理、调查与调解及开庭审理几个程序。

10.1.3 合同的变更与解除

1. 销售合同的变更

销售合同的变更是指合同条款的更改，这在合同履行中是经常遇到的。销售合同的变更与其他合同变更一样，只要发生当事人认为需要变更的情况或条件时，都可以向对方提出变更的要求。销售合同的变更实际上是买卖一方向另一方提出了新的要约，需要像订立合同一样，经过双方的协商一致，才可改变合同约定的履行条件。

变更销售合同应当符合下列条件：

（1）主体合法。只有原合同的主体才能有权要求变更合同，否则，就可能因主体不合法而归于无效。

（2）变更的程序要合法。原来是书面合同的，必须是书面协议才能变更，不能口头变更书面合同。双方通过的电报、传真、会议纪要等达成的协议也是书面形式，但要经过确认才是合法有效的。

（3）变更的内容必须合法。如果内容违法，则变更不能成立。当事人仍然要按照原合同的规定履行各自的义务。

（4）变更的请求必须是当事人的真实意思表示。如果是因为对方的胁迫、欺诈等行为所做出的变更意思表示，则变更也不能成立。

2. 销售合同的解除

销售合同的解除是指在合同尚未履行或者尚未全部履行完毕的情况下，终止合同的效力，双方不再履行合同。解除销售合同的情况很多，例如因为一方违约而导致对方认为履行合同已经没有必要的，对方可以提出解除合同；一方认为自己无力履行合同规定的义务时，也可以提出解除合同。解除合同可以由双方协商，也可以因一方违约而另一方根据合同规定单方提出解除。但不论是单方解除还是双方协商解除，都要遵守一定的程序。

解除合同应当注意的问题是：

（1）除经双方协商一致的，当事人要解除合同必须符合法定的事由，如果没有法定事由发生，则不能提出解除合同。

（2）合同解除后，双方应根据各自的过错程度而合理分担损失。解除合同是指对合同中如果还未履行的责任不再履行，对已经履行的要进行清算。例如，买方如已经支付了预付款，而卖方不能交付货物，则解除合同后，卖方必须退还货款；如果是卖方的过错造成不能成交的，卖方要承担违约责任，给买方造成损失的，还要赔偿损失。

（3）解除合同应当是书面形式。因为解除合同表明合同的终止，因此，在形式上应当是书面的，要通过法定形式将要解除合同的要求和理由通知对方，并提出对解除合同后的债权债务的处理意见。合同的解除是销售合同的一项重要内容，一定要依照法律的规定进行。

互动情景

请你裁决

1992 年 9 月 15 日，某中外合资公司（以下简称甲方）与某乡镇企业（以下简称乙方）签订了一份购销合同。合同规定，甲方向乙方购买电话机配套用变压器 10 000 个，单价 15 元/个，交货期为 1992 年 10 月 15 日。1992 年 9 月 25 日，甲方认为价格过高，即派员到乙方协商降价事宜。双方协商后，乙方同意降价，但要求甲方增加订货数量，为此，甲方业务员与乙方又签订了一份补充合同。该补充合同规定，甲方购货数量增加到 15 000 个，单价由原来 15 元/个降为 13 元/个，但该补充合同未经甲方盖章，仅由其业务员签了名。乙方按期交货，甲方全部验收，亦未提出任何异议。然而，甲方未按期付款，当乙方要求甲方如数付款时，甲方以未授权其业务员增加订货数量，补充合同未经其盖章为由，不承认其中有关条款的法律效力，仅同意按原合同规定的数量和 13 元/个的价格付款。为此，双方发生争议，乙方以甲方违约为由向法院提起诉讼。试分析甲方业务员与乙方签订的补充合同是否有效？为什么？

10.2　回访与售后服务

在非洲一个人迹罕至的地方，有一位先生驾驶的一辆劳斯莱斯汽车突然发生了故障，抛了锚。这位先生设法打了个电话给劳斯莱斯汽车制造厂。出乎意料，该厂当天就派人坐着直升机前来修理，很快车就修好了。这位先生高兴得开着车又打了个电话探询修理费，但得到的回答却是：“我们没有修理过先生的车子！”这位先生后来才弄明白，劳斯莱斯汽车制造商认为售后服务是理所当然的，卖出去的汽车坏了，一般不收维修费。

你的准客户变成客户这一刻并不是推销工作的终止，它是一种新的关系的开始。在这种关系中你作为一个销售人员，承担着很大量的（也许是最大量的）责任。赢得这笔生意意味着毫无保留地接受这个责任。

推销工作到什么时候能够结束呢？在我们看来，没有尽头，除非你退出推销员的舞台。合同拿到手，绝不意味着推销完成了，推销员应该努力实现自己的承诺，并且与客户保持友好关系，不能“人走茶凉，过河拆桥”。别忘了，以后还有生意要做。世界十大杰出青年刘金宝先生在日本受奖时毫不客气地批评了日本商人的作风，他说，日本商人的“人情味”不足，在要跟你做生意的时候，他会不断地给你一些小恩小惠，生意一做成就“拜拜”，这样做推销极难建立稳固的顾客源，很容易被竞争对手“挖墙脚”。

售后服务是推销的延伸，也是推销的一种别致的“广告”。劳斯莱斯汽车商的精神是推销员应该铭记的。

10.2.1 回访

交易达成以后继续与客户保持联系，对于开拓多次性重复销售具有重大意义。试想一下，当你完成购买行为后就此不见销售人员的踪影，你会有什么样的感受？向客户传递问候的信息是个好办法，若无其他消极因素的影响，销售人员的回访极少会受到客户的抵制。回访的目的就是尽可能地确保客户满意。许多人在购买产品以后，往往会有一种“是否该买”的疑问。许多购车者在比较各种车型并决定购买其中的一款后，仍然下不了决心。他们会想：那些被否定了的车型中也许有一款实际上更好？精明的销售人员通过回访客户来确认客户是否满意。通过回访来减轻客户可能产生的悔意，对于像汽车这样高价值产品的销售是很重要的。

除了对客户表示关心之外，还有一些重要的事情需要销售人员通过回访客户进行处理，例如：

（1）核对交易事项。有时可能出现能否按约交货的问题，例如由于产品库存不足而不得不延迟交货，这时销售人员必须及时与客户进行沟通。

（2）调整交易量。客户可能决定更多的数量，销售人员应考虑扩大交易的可能性。

（3）票据与文书工作。销售人员开错票据的后果无须赘言。为避免因票据制作有误而使客户产生误解，影响双方的关系，销售人员必须确保所制作的文件无误，包括产品的代码、价格、折扣、佣金率、折价及税费等事项。另外，销售人员还应核对折价期是否过期，客户是否还有消费税免征待遇；反复核对各项数字，以确保手写字迹准确清晰。在使用汇票时，销售人员应知道客户单位里由谁接受汇票，以便在汇票上准确注明收票人。如果汇票投递有误，销售人员必须立即做出反应。销售人员还应注意检查支付事项，若存在延迟支付的可能，就应在延付通知发出之前采取适当的行动。

在进行回访联络时，销售人员应进一步巩固与客户的关系。销售人员可以向客户提供新的商务机会，提出增加利润的建议，并对客户单位在市场上所处的地位做个人分析。销售人员也可以向客户提供其他公司的信息，但必须小心谨慎。在竞争激烈的世界市场上，关系推销使某些企业获得了异乎寻常的高利润。

推销小案例

保持联系

一天，当一位专业推销员外出做推销时，拜访了一名拥有三部“电豪”牌机器的妇女。“我是‘电豪’的使用者，”妇女说，“我在楼上、楼下各放了一台你们公司的吸尘器，我还有一台打光机也是你们的产品。”

妇女对推销员说：“但你们公司的销售代表卖给我这些机器之后，就不再出现了。”这正和这位专业推销员的推销哲学相违，因为他信奉不悖的原则是，随时和客户们保持联系。当他到客户家拜访时，他一定会做四件事：

（1）介绍新推出的产品。

（2）在机器上贴上留有他姓名、电话的标签，同时在客户个人的电话簿上写下他的姓名、电话。

（3）要求客户介绍三个人给他。

（4）每四个月联络一次。

“只要我在这里，情况就会改观，”专业推销员说，“先让我看看你的机器。”妇女请他进去，他马上将吸尘器的管嘴拆开，开始清理。然后将标签贴在机器上说：“如果你有任何问题或需要任何必需品，请你一定要打电话给我。”妇女十分满意地接受了。出于习惯他接着说：“既然我来到这里，就让我展示一下我们公司新的地毯清洁剂以及新的吸尘器。”虽然他不期望卖给妇女任何东西，他还是详尽地为妇女解说新产品的每一个特性（他相信人有行为惯例）。

“喔，我喜欢，”妇女说，“我可以拿我的旧吸尘器折价贴换吗?”

这位专业推销员最后以折价贴换的方式卖给她两部机器，妇女则为推销员提供了3名邻居与3名亲戚的名字，之后这6个人都向推销员买了东西。妇女在教会里也十分活跃，因此她也提供给推销员一长串的教友名字。结果在接下来的6个月里，推销员卖出了额外的50部机器。

资料来源：马俊英. 推销员实战书［M］. 北京：海潮出版社，2002.

10.2.2　售后服务

在传统的推销观念影响下，一些人认为，推销品一经售出就万事大吉，售后服务是额外负担，白白浪费人力和钱财，所以对售后服务总是抱消极敷衍的态度。但在现代推销观念指导下，人们逐渐认识到，对于质量、价格基本相当的推销品来说，谁为顾客提供的服务多而好，谁就有可能赢得顾客而占领市场。因此，搞好各项售后服务，是关系到企业生存和发展的大事。对于推销人员而言，热情、周到的售后服务，不仅可以巩固已争取到的顾客，促使他们连续、重复购买，还可以通过这些顾客的宣传，争取到更多的新顾客，开拓新市场。所以说，售后服务也是一种有效的促销手段。

所谓售后服务，就是在商品出售以后所提供的各种服务活动。从推销工作来看，售后服务本身也是一种促销手段。在追踪跟进阶段，推销人员要采取各种形式的配合步骤，通过售后服务来提高企业信誉，扩大产品的市场占有率，提高推销工作的效率与效益。

1. 售后服务的意义

在现代推销中，一般的商品交易，在一定的期限之内，或者是无限期给予品质保障，提供最佳的服务，使客户满意，也使公司和产品得到最好的评价，这也是售后服务的最大意义。

正如有人说：售后服务乃无声的推销员。

推销专家们认为，要推销更多的产品只有两条路可走：第一条路是你的产品特别优异，有许多优越性并非其他同类产品可比；第二条路是以完善的售后服务来争取顾客的欢心。

的确，现代工商企业之间的竞争愈演愈烈，不仅在产品质量、技术创新、价格成本上展开竞争，而且在服务方面也存在着激烈的竞争。要在市场竞争中居于不败之地，可以明显看出，第一条路并不是任何一个企业都可以办到的，而加强售后服务则是可以做到的。

（1）售后服务是企业开拓市场、提高竞争能力的有力武器。当今，在市场经济条件下，服务因素已成为企业取得竞争优势的重要手段，服务竞争也已成为企业竞争的主要内容。谁的服务好，顾客评价满意，谁的信誉就高，谁就能占有市场，争取顾客，赢得优势，在竞争中居于不败之地。

（2）售后服务是密切企业与顾客关系，扩大产品销路，实现企业销售目标的重要手段。

由于推销的首要目标是创造更多的顾客，推销员最重要的财富是拥有大批忠诚的顾客，顾客越多，销售业绩就越大。而要创造出更多的顾客，一个重要途径就是向现有顾客提供良好的售后服务，向他们了解对产品的满意程度，虚心听取其意见，对产品和推销过程中存在的问题采取积极的补救措施等。所提供的服务令顾客满意，顾客就会再次光临，并且会给你推荐新的顾客，从而战胜竞争对手，扩大产品销路。

（3）售后服务是实现企业经济效益的保证。企业能否为顾客提供令人放心和满意的售后服务，是推销成败的焦点。售后服务搞得好，使顾客的需求得到更好的满足，就能为企业带来更多的顾客、广阔的市场和可观的利润，从而提高企业的经济效益，为企业的发展奠定良好的基础。

现代推销活动，需要树立这样一种经营思想："卖货要像嫁姑娘。"作为一般的父母，把女儿辛勤培育成人，可一旦长大总要结婚嫁人。在女儿出嫁之后，父母也要随时关心她婚后的生活，教育她勤劳持家，孝敬长辈。对推销企业和推销人员来说，也要把自己经手的商品看成是费尽心血养育成人的女儿，经常了解："顾客用后是否觉得满意?""有没有发生故障和其他不便?"有时还需亲自上门倾听用户的意见，迅速反馈给有关部门，作为改进产品的参考和依据。只有重视和加强售后服务，才能更好地进行市场推广，提高自己在客户心目中的知名度。售后服务犹如增添了一位无声的推销员，为企业和产品招徕更多的"回头客"。因此，提供优质服务是值得的、划算的。尽管有大量的快餐店、自选商场和自己动手的加油站，大多数人还是欣赏优质服务，而且他们还愿意为此付费。

每位顾客都很需要售后服务。虽然好的服务应该被视为理所当然的运作过程，但当顾客受到好的待遇服务时，他们会十分惊喜。因此，顾客会相当珍视他们所受到的不凡服务，他们也会非常乐意介绍朋友来向那名服务到家的销售人员购买产品。

2. 售后服务的内容

售后服务是商品出售后为顾客所提供的各种服务，主要包括送货上门、安装、调试、技术指导、提供零配件、保修期内的保证服务（如"三包"）、保修期外的维修服务、定期拜访顾客等。在追踪跟进阶段，向顾客提供优质的售后服务，使顾客买得放心，用得安心，从而增强对企业和商品的满意度和信任感。

（1）严格执行合同，按时交货、发运，做好送货上门服务工作。

推销员与顾客一旦达成交易，推销员就应严格按照合同要求，保证商品按时、按质、按量交货和发货。以广州消费品市场为例，部分品种的家用电器（如大屏幕彩电、冰箱等）竞争十分激烈，使商家十分重视及时送货，如承诺市区几小时内送货到家，内环线外、外环线内几小时送货上门等；而一些尚不具备送货条件的商家，则推出向消费者贴补运费的方法促销。这是做好售后服务的首要内容。

对购买了较为笨重、体积庞大的商品的顾客，或一次购买量较多、自行携带不便、有特殊困难的顾客，推销员都有必要提供送货服务，以方便顾客。若不提供送货服务，则可能会令顾客因此而打消购买念头，进而影响到推销工作的绩效以及企业或推销员的形象。原来这种服务主要是提供给生产用户和中间商的，如今已被广泛地应用在对零售顾客的服务中。送货服务对工商企业来说，并不是一件易事，但它却大大方便了顾客。

（2）负责安装、调试服务。

对大型、结构复杂的工业品、精密设备以及安装技术要求较高的高档消费品，推销员应提供安装调试服务，以保证顾客购买的商品能及时地投入正常使用，发挥其效益，满足顾客的需求。至于面向个人消费者的某些商品，如空调器、家用电脑等，安装、调试已构成为销售中不可缺少的内容。

安装调试服务是消除顾客疑虑的有力工具之一，通过为顾客安装调试，可以增强顾客在购买商品时的安全感和信任感，避免顾客由于安装使用不当而造成的商品损失。同时，通过安装调试还可增强推销员与顾客之间的感情交流，提高推销员或企业的信誉和知名度。

某年秋天，杭州机床厂出售给日本大阪一家机电制作所精密磨铣床，由于日方操作人员对该机床结构不够熟悉，致使磨床传动系统出了故障而不能及时排除，当该厂销售部收到日本大阪的来信后，马上派出有关人员赴日调试，仅仅花了3天时间就排除了故障，随后又为该制作所培训了技术操作人员和维修人员，获得了用户的信任与好评，对方主动提出长期订货意向，还帮助厂方在当地物色了其他客户。由于该厂重视售后服务，产品迅速跻身于欧美、日本、东南亚等地市场。

（3）质量保证服务。

质量保证服务主要是指顾客购买商品后，若出现商品质量不尽人意问题时，能够及时得到检修或予以退换的服务，如对售出商品的包修、包退、包换的“三包”服务。质量保证服务体现了对顾客的负责，能减少顾客购买商品时对商品的质量、使用和修理等不安的心理，坚定顾客的购买决心，实际上强化了顾客的满意度，这样就能提高企业的知名度和美誉度，并能不断稳固老顾客和开发新顾客。

（4）技术服务。

技术服务包括技术咨询服务和技术培训服务，主要目的是帮助顾客解决使用产品时所遇到的种种技术难题。技术咨询服务是推销员主动向顾客提供必要的技术数据、产品的性能特点、检测标准以及使用说明；技术培训服务是为用户培训合格的操作使用和维修管理人员，以帮助客户提高使用推销产品的技术力量。

科学技术的发展，使新产品层出不穷、日益丰富，产品结构日益复杂，其技术含量也大大提高。而顾客大多缺乏产品知识，因此对生产销售人员产生很大的依赖性，这就要求推销人员在产品出售后，提供消费教育服务。例如，传授一些商品日常的维修、保养和修理的简单知识，以避免使用不当所带来的产品故障或造成的人员伤害；宣传推广新观念、新习惯，以改变一些旧观念、旧习惯和旧的生活方式等。

互动情景

培训顾客的作用

宏恩电脑公司是专门生产经营电脑配件的公司。该公司设有一间专门的电脑教室，配备多台电脑，用来培训顾客。但并不是教会顾客使用电脑，而是教他们如何维修电脑。宏恩公司为什么要这么做？有何意义？

（5）跟踪服务。

这是指对购买了本单位商品的顾客，尤其是购买机器设备等工业消费品的顾客，推销人员或公司的其他方面的技术人员，要定期或不定期地通过上门、电话、邮件去了解或检查使用情况、顾客对产品的反映；帮助顾客进行维护保养，更换易损部件等。在访问顾客的时候，无论是推销员还是其他技术人员，都要注意宣传本公司的最新产品，以激发老顾客更新产品的欲望。同时，注重商品的销售区域，争取以点带面，扩大商品的销售范围。

(6) 维修服务。

通过设立维修网点或采取随叫随到的上门维修方式向顾客提供维修服务，以解决顾客在使用商品过程中发生的问题。提供良好的维修服务，可使顾客放心地购买、使用产品，减轻其心理压力，从而有利于推动产品的销售。要是推销服务的对象是个人消费者，则定期上门实行维修保养服务，更是特别受欢迎的形式，这样做，也可以增加重复购买的机会。

著名的奔驰汽车公司仅在德国各地就设有多个分厂，几千个维修点，有6万多名员工从事维修和保养工作。车子出了故障，用户很容易就可以找到公司设立在附近的维修点；如果车子抛锚，只要给附近的汽车维修站打个电话，维修点就会马上派车来维修，随到随修。奔驰汽车公司在世界各地多个国家和地区也设有多个维修点，负责销到海外市场的车辆维修，正如该公司在广告中所说“本公司在世界各地的维修人员闲得无聊”，另外，网点维修服务还包括零配件供应服务。

通常情况下，维修服务大多由专业技术人员进行，但由于客观上推销员和顾客的关系最为直接、紧密，所以当顾客发生维修要求时，往往会首先联系推销员，推销员遇到这种情况，就不能推给维修技术人员了事，而应主动做好维修服务安排，使顾客尽快得到满意的维修。

(7) 妥善处理顾客的投诉。

在售出产品后，由于种种原因，难免会招致一些投诉。推销人员不能商品出门不认账，只做一次性交易。在遇到投诉时，应认真对待顾客的意见，要运用一定技巧来使之得到妥善处理，使顾客从不满意到满意。特别是对于质量方面的原因所引起的索赔，一定要及时处理。做好索赔处理，甚至已成为推销服务中最为重要的一个环节，一些信誉很高的公司之所以顾客盈门，就在于索赔处理方面十分守信用，使顾客很满意。

一般来讲，处理投诉时，首先应采取措施控制顾客的不满和愤怒情绪，如采用认真倾听；向顾客表示同情和关心；询问有关事件的经过；对投诉事件做出有效反应；归纳和总结投诉事件并得到顾客的确认等措施。然后迅速、准确、诚恳、妥当地处理投诉，以使顾客的投诉有一个完美的解决结果。

不少推销员把顾客的抱怨视为“小题大做”，无理取闹，这是由于推销员仅仅把自己作为一个旁观者来看待。抱怨是不满意的表露，顾客对产品的抱怨，往往产生于需求与满意的矛盾之中。顾客的目的没有达到，顾客的愿望没能实现，因而通过情绪、语言和行动上的不满，对推销人员与企业进行责怪。正确对待并处理顾客的抱怨，是现代推销行为的一项重要要求。推销员应真正站在顾客的立场上考虑问题，为顾客着想。

(8) 建立完善的顾客档案。

推销员在售出产品后，应建立顾客档案，以作为对顾客进行跟踪服务，掌握顾客的使用情况，与顾客保持沟通联系的依据。这是提高顾客满意度、掌握顾客需求状况、争取顾客重复购买的有效手段。

推销小链接

对顾客抱怨的处理策略

其一，缓兵之计。

推销员为了在感情上接近抱怨的顾客，稳定对方的情绪，应该采取相应的应对措施，分散顾客的注意力，尽量避免购销双方可能出现的冲突。所有这些办法和措施，在推销界被誉为屡试不爽的“缓兵之计”。

——请坐。为了使冲动的顾客尽快平静下来，推销人员应热情招呼他们坐下来诉说抱怨，自己在一旁倾听、记录，郑重其事地把对方的意见记下来。做好抱怨记录，既有助于推销双方建立一个友好的交流洽谈气氛，又可以使顾客认为他们的意见受到了某种重视，没有必要再吵闹下去。

——敬重。友善地握手，给人以诚相见的印象，这是推销人员面见顾客的应有礼节。正确的握手姿势与力度，可以控制抱怨顾客的情绪，起到镇静的作用，解除对方可能指手画脚的“企图”，使得双方动口不动手。顾客如果一时拒绝握手，推销人员可以借故反复多次试握，客人盛情难却，现场气氛很快会融洽起来。在条件许可的场合，推销一方对抱怨的客人可以略施恩惠，以示安慰，比如敬一支香烟、泡一杯热茶、递几块糖果等。

——移情。凡打算上门抱怨的顾客，大多喜欢争取旁观者的支持，在公众场合抱怨发牢骚的顾客也是如此，现场人越多，他们的指责越苛刻离谱。所以，一旦碰到年轻气盛的客人上门诉怨，推销员应迅速将当事人带离现场，或到办公室，或到人群稀少的清静处商谈问题，切莫在公众面前与之争辩，因为在大庭广众面前，推销员纵有十种百种理由来解释说明，顾客认为自己“得道多助”。

——拖延。对于某些顾客提出的抱怨，一时很难找到其中的真正根由，有些抱怨纯属虚构，根本无法给予圆满解决。碰到此类情况，老练的推销员大多采取拖延的办法，把眼前的纠纷搁置一旁，暂缓处理，比如答复对方：“我马上去你厂调查一下情况，明天给你回音。”“等厂长回来我们研究研究，保证解决您的问题。”

其二，以静制动。

推销活动的每一个阶段，语言都占有重要的地位，在处理抱怨的工作中亦不例外。有时，为了平息顾客的怨气，一些推销员采取息事宁人的做法，表面上是安抚对方，但由于用词不当，效果反而适得其反，比如：“真是这样的吗?”“就是为了这么一点鸡毛蒜皮的小事?”“您说的没有那样严重吧?”这类话语不说倒罢，一说反而会引起顾客的误会，给人造成的印象是顾客错了，责任在于顾客身上。处理抱怨的一个最佳方案是以静制动，谨慎询问事由，然后做出合情合理的答复，改争辩为商讨，变抱怨为答问。顾客如果放弃抱怨，采取说明自己的使用方法的态度，问题将会迎刃而解。如果顾客的火气仍然很大，再次提出抱怨，营业员仍用同样的问答方式去处理，以静制动，过不了几个回合，对方就会转而采取合作的态度，抱怨也就不难解决了。当顾客抱怨时，尤其当对方感情冲动之际，推销员务必要保持冷静，洗耳恭听对方的诉说，不要贸然打断顾客的叙述。

精明的推销员总是回避直接讨论退、赔等问题，而是从分析入手，逐步明了购销双方的各自责任，剔除其中抱怨夸大的因素，最后得出双方都能接受的条件。顾客提出的过分要求，绝大多数是因为对方不了解具体情况，而不是有意的敲诈。一般说来，顾客的要求并非像人们想象的那么苛刻，与已达成的协议或交易来说，退换退赔的数量与项目是十分有限的，不近情理的耍赖型顾客毕竟属于极少数。推销人员从大局出发，不妨自己吃一点小亏，退一步是为了进两步，接受顾客提出的合理要求；反之，如果拒绝对方的某些合理要求，有时会给人以不通情理、吝啬小气的感觉，于己方不利。再退一步分析，推销员接受对方的某些不合理要求，也会使顾客感到内心的愧疚而转向合作，一旦退换赔偿要求得到满足之后，顾客从感情上和行动上更加贴近推销者，成为日后的忠实买者与长期用户。

资料来源：马俊英. 推销员实战书［M］. 北京：海潮出版社，2002. 编者有改动.

3. 售后服务的方式

售后服务工作按服务活动的形式，可以分为定点服务、巡回服务、免费服务和收费服务等方式。这些服务工作的好坏，可能直接影响到公司或人员的推销活动。

（1）定点服务。

所谓定点服务，也就是生产厂商或经销商设立有固定的服务网点，为广大顾客提供各种与推销商品有关的服务。设立固定服务网点，目标是公司所推销的商品，在某一推销区域内，顾客购买量比较集中或者数量比较大的地区内设置。在这些地区设立服务网点，可以更好地为顾客提供服务。例如，位于广东顺德的某电器公司，所生产的家用电器在全国大中城市拥有数量众多的顾客，为了使已使用该公司商品的顾客得到实惠，感到方便，也为了拓展更多的潜在顾客，该公司在全国各地区设立了近千个固定的服务网点。所提供的服务，可以较好地解决各地顾客在使用该公司商品时可能遇到的一切问题。

实行定点服务的优点是，顾客可以随时找到服务点，而不至于花费太多的时间，同时，服务点的服务人员往往比较集中，技术力量也比较强，能够为顾客提供全面、周到的定点服务。由于有固定的工作场所，因而服务的费用也比较低廉等。但定点服务也有缺点，它主要是面对顾客比较集中的地区提供服务，对于一些距离较远或者较分散的顾客，则提供服务就不太容易了。也就是说，这一类顾客在享受推销后的服务上困难较多，有可能影响到日后推销活动的开展。

（2）巡回服务。

巡回服务，也就是公司派出技术服务人员，沿一定的路线，巡回为顾客提供服务。与定点服务是圈定在一地有所不同的是，巡回服务是流动的。实行流动巡回服务，一般是在服务比较分散的一个较大范围内展开的。尤其是我国地域辽阔，人口众多，各类商品的用户十分分散，实行巡回服务更显得必要。特别是有些商品有一定的地理特征，生产厂商在推销出这些商品后，更应该组织流动巡回服务。比如，位于东部沿海的上海某拖拉机厂，生产的重型拖拉机在中部地区的陕西、河南、河北等省拥有一大批用户，但具体到县、乡一级，就十分分散，设立固定服务网点就不很适宜。于是该拖拉机厂每到农忙之前，就组织技术人员到上述地区开展巡回服务，以帮助顾客解决问题。

实行流动服务的优点比较突出，首先在于它的服务面广泛，可以服务到更多的顾客，甚至可以为类似的非本公司商品提供服务，从而能够扩大公司的知名度。其次是为顾客提供了更多的方便条件，使顾客感觉到使用本公司商品可免除后顾之忧，有利于公司商品的推销。最后是在必要的时候，可及时上门服务，加深顾客与公司的关系，能够稳定一部分老顾客，还可以影响到其他的潜在顾客。不过流动服务也有不足之处，主要有：服务费用，尤其是服务对象距离提供服务的公司路途遥远的时候，费用无法降下来；有的时候，顾客急需服务而找不到服务人员时，会感到很不方便，甚至影响到顾客的生产或生活等等。

实行定点服务或流动巡回服务，各有优缺点，各个公司可以根据不同的情况，合理地确定服务方式，有时也可采用两种方式相结合的服务形式来做好推销服务工作。

（3）免费服务和收费服务。

所谓免费服务，顾名思义，就是生产厂商或经销商为顾客提供服务时，是不收取服务费用的。免费服务主要是针对那些商品还在保质（修）期内时所提供的服务，至于超过了保质（修）期所提供的服务免费与否，就由各公司自己决定了。商品的保质（修）期，依商品的不同性质有长有短，国家有关部门也有相应的政策与法规。现在有些公司为了更好地推销商品，纷纷延长保质（修）期，也就是更多地提供免费服务，这已成为目前各公司开展竞争的新手段。如生产“奥克思”空调的公司就提供空调整机三年免费保修、压缩机（空调主要部件）五年免费保修。

收费服务，也就是所提供的服务是有偿的，要向顾客收取服务费用的。收费服务不可能消失，但收费标准却有多少之分。凡能提供优质服务，而收费又比较低廉的公司，它们的商品往往推销起来比较容易。当然关键还在于服务质量的优劣，不在于收费标准的高低。

不管是免费服务还是收费服务，明码标价、诚实为首是最重要的，有些公司搞的免费服务，其提供的材料和配件的费用却高得惊人，实际上已不是“免费”服务了，这种做法很不可取，而一旦败坏公司的名声，更会影响公司的推销活动。

4. 售后服务的要求

（1）提供多种服务形式，最大限度地方便顾客。

售后服务的提供形式如上所述有定点服务、巡回服务、免费服务、有偿（或收费）服务几种形式，各种形式的服务各有其优缺点和适用范围。因此，企业或推销员不仅要向顾客提供一流的产品，还要提供一流的服务，本着为顾客着想，最大限度方便顾客的思想，提供多种形式的热情周到的服务，以争取顾客，求得企业的生存、发展和壮大。

（2）不断改善服务态度。

服务态度是推销人员在接待顾客、提供服务过程中的情绪、语言、表情、行为及仪表的总称。服务态度是服务质量的一个主要组成部分，直接影响到企业的声誉和顾客对企业的满意度，因此不断改善服务态度，是搞好售后服务的一个重要方面。改善服务态度，要求推销人员要以良好的态度，礼貌、主动、热情、耐心、友好、和善地对待顾客，提供快捷、有效的服务，以增强顾客的信任感。

某汽车公司的推销员在成交之后，客户取货之前，通常都要花上3～5个小时详尽地演示汽车的操作。公司要求所有推销员都必须介绍各个细节问题，包括一些很小的方面。比如怎样点燃热水加热器，怎样找到微波炉上的保险丝，怎样使用千斤顶，等等。销售部经理这样说：“我曾看见有些推销员只是递给新客户一本用户手册说：拿去自己看看。在我所遇见的人中，很少有人能够仅靠一本手册就能搞懂如何操作。我们希望客户能最大限度地满意我们的服务，因为我们不仅期望他们自己回头再买，而且期望他们介绍一些朋友来买。一位优秀的推销员会对客户说：我的电话全天24小时都欢迎您拨打，如果有什么问题，请给我的办公室或家里打电话，我随时恭候。我们的推销员都精通我们的产品知识，一旦客户有问题，他们一般通过电话就能解决，实在不行，还可以联系别的人帮忙。”

表10－1中列出了影响销售人员和他们的顾客关系的各种积极和消极的行为。

表 10－1 影响顾客关系的销售人员的行为

积极的行为	消极的行为
主动积极的电话访问	仅仅回电话
进行推荐	仅仅对问题做出反应
做出服务建议	等待服务要求
表示谢意	只做辩解
使用“我们”等解决问题的语言	使用“我们负有”的法律用语
坦陈直言	使用冗长而令人生厌的交流方式
不回避个人问题	隐藏个人问题
谈论“我们共同的未来”	谈论过去
日常回应	紧急情况反应
承担责任	推卸责任
计划未来	

资料来源：拉尔夫·W. 杰克逊，罗伯特·D. 希里奇. 销售管理［M］. 李扣庆，等译. 北京：中国人民大学出版社，2001. 编者有改动.

（3）努力提高服务质量。

服务质量是指服务的优劣程度，主要体现在服务思想是否端正、服务人员的素质是否高、服务质量管理是否到位、规章制度是否健全规范、服务种类是否多等方面。服务质量是企业产品质量的重要组成部分，也是企业经营管理水平的综合反映。在市场竞争日益激烈的今天，企业应从自身经营特点和市场需要出发，研究和创造具有特色的高质量服务，利用各种途径，加强服务质量管理，努力提高服务水平，以优质的服务赢得更多的顾客。

无论你推销什么，优质服务都是赢得永久客户的重要因素。当你提供稳定可靠的服务，与你的客户保持经常联系的时候，无论出现什么问题，你都能与客户一起努力去解决。但是，如果你只在出现重大问题时才去通知客户，那你就很难博得他们的好感与合作成功。推销员的工作并不是简单到从一桩交易到另一桩交易，把所有的精力都用来发展新的客户，而必须花时间维护好与现有客户来之不易的关系。糟糕的是，很多推销员却认为替客户提供优质服务赚不了什么钱。乍一看，这种观点好像很正确，因为停止服务可以腾出更多的时间去发现、争取新的客户。但是，事实却不是那么回事。人们的确欣赏高质量服务，他们愿意一次又一次地回头光顾你的生意，更重要的是，他们乐意介绍别的人给你，这就是所谓的“滚雪球效应”。

推销人员应当记住“服务，服务，再服务”。为你的客户提供如此之多的优质服务，以至于他们对想与别人合作都会感到内疚不已！成功的推销生涯正是建立在这类服务的基础上的。

本章小结

订立销售合同一般要经过两个法定程序：要约和承诺。在现实生活中，当事人之间往往要讨价还价，最终才能成立双方均可接受的合同。订立合同，可以采用书面形式、口头形式和其他形式。

销售合同的内容一般包括当事人、标的、数量、质量、价款、履行的期限、履行地点、履行方式、违约责任、解决争议方法等条款。

预防合同纠纷，主要有以下几项措施：充分了解《合同法》及其相关法律的规定；充分做好订立合同前的准备工作；精心准备合同条款；完善各项签订手续；加强合同管理；做好合同的鉴证或公证工作。

买卖合同订立以后，购销双方当事人应当按约定全面履行各自的义务。解决销售合同履行中发生的纠纷可以选择采用协商和解、调解、仲裁、诉讼方式。

变更销售合同要求主体合法、程序合法、内容合法、当事人意思表示真实。解除合同视情况可以双方协商，也可以因一方违约而另一方根据合同规定单方提出。合同解除后，双方应根据各自的过错程度而合理分担损失。

售后服务是推销的延伸，是无声的推销员。

售后服务内容主要包括送货上门、安装、调试、技术指导、提供零配件、保修期内的保证服务（如“三包”）、保修期外的维修服务、定期拜访顾客等。

重要概念

要约　承诺　合同的变更　售后服务

复习思考题

1. 签订推销合同应遵循的原则及其程序。
2. 推销合同应具备的主要条款。
3. 推销合同履行中应遵循的原则及其一般程序。
4. 推销合同变更和解除的含义及其条件。
5. 变更和解除推销合同的程序和原则以及赔偿责任。
6. 推销的售后服务为何会成为公司生产经营决策的重要内容？

角色扮演

假设你和你的同学是合同签订的甲、乙方。在合同签约仪式的前夜，乙方突然打电话给甲方，说因为某些原因不能签合同。你作为甲方，将如何在签约仪式（上午10点）之前说服乙方签约？需要做些什么准备工作？

延伸阅读

Ritesh Saini, Raghunath Singh Rao, Ashwani Monga. Is that deal worth my time? The interactive effect of relative and referent thinking on willingness to seek a bargain. Journal of marketing, 2010.

一般而言，便宜的商品打折要比昂贵商品打折更吸引人，例如，标价20元的商品减10元要比标价60元的商品减10元更让人心动，这是一种相对性思维效应（relative thinking）。但是，有时候后者却要比前者更让人心动，这取决于参考性思维效应（referent thinking）。如果真实的价格与消费者预期相似时，相对性思维效应成立，如果真实价格背离了预期价格时，相对性思维效应会产生反转，昂贵产品打折比便宜产品打折更让人心动。但是，如果真实价格太过极端地背离了预期价格时，相对性思维效应又会出现。

课堂自测题

一、选择题

1. 现实生活中，销售合同的订立程序是（　　）。

A. 要约—承诺

B. 要约—要约解除—新要约—再要约—承诺

C. 要约—反要约—再要约—再反要约—承诺

D. 要约—反要约—再要约—再反要约，不断循环

2. 销售合同的内容不包括（　　）。

A. 当事人的名称　　B. 质量

C. 承诺　　D. 解决争议的方法

3. 预防合同纠纷，以下措施不正确的是（　　）。

A. 充分了解《合同法》及其有关法律、法规、司法解释的规定

B. 充分做好订立合同前的准备工作

C. 精心准备合同条款，避免纠纷

D. 针对合同订立、履行过程中可能存在的问题应尽量避免曝光

4. 销售合同纠纷的解决方式不包括（　　）。

A. 和解　　B. 调解　　C. 仲裁　　D. 诉讼

5. 变更销售合同应当符合的条件有（　　）。

A. 主体和客体均有权要求变更合同　　B. 变更内容必须合法

C. 口头变更书面合同需要有证明人　　D. 变更请求只要表达清楚即有效

6. 售后服务的主要内容不包括（　　）。

A. 做好送货上门服务工作　　B. 负责安装、调试服务

C. 建立完善的顾客档案　　D. 适当做出合同修改

二、判断题

7. 订立合同，法律、法规规定可以采用书面形式、口头形式和其他形式。（　　）

8. 经双方协商一致的，可不符合法定的事由，提出解除合同。（　　）

9. 提供格式条款的一方提出的免除其责任、加重对方责任、排除对方主要权利的条款均属无效。（　　）

10. 售后服务工作按照活动形式可以分为定点服务、巡回服务、免费服务和收费服务等方式。（　　）

课堂自测题答案

案例分析

由你裁决

松江市工商局终南区分局曾接到一起因买卖家具未签订合同而引发的纠纷。

消费者郭先生在位于松江市终南区的某家具厂定制了价值63 490元的家具产品，并向该家具厂支

付了2万元定金。当时为图省事，郭先生只让家具厂写了一张订货单，并未与其签订正式的买卖合同。然而到了双方约定的交货日期，郭先生却并未收到自己购买的家具，而是接到了家具厂打来的电话，要求他先结清购买家具的剩余货款，之后才会送货。郭先生认为家具厂的这一要求不合理，便与其进行理论，但对方态度坚决，表示“不结清余款就不发货”，气愤的郭先生便将此事投诉到工商部门。

松江市工商局终南区分局的工作人员在郭先生出具的订货单上看到，上面只标明了家具的名称、数量、单价和总金额，而未加盖家具厂的公章，也没有标注任何约束条款。随后，该工商局的工作人员与上述家具厂的负责人赵先生取得联系。赵先生承认订货单上的内容全部属实，对于要求郭先生先结清余款再发货的原因，赵先生的解释是，其定制的家具金额较大，担心若先送货并安装，消费者会找茬克扣余款。而对于家具厂“先结清余款再送货”的要求，郭先生则担心家具在搬运或安装过程中造成损坏后，厂家不负责赔偿。

思考讨论题

1. 在未签订合同的情况下，消费者郭先生的要求是否合理？

2. 您认为松江市工商局终南区分局应该如何处理该纠纷？

3. 在买卖双方各执己见、争论不休的情况下，工商人员耐心调解，最终消费者郭先生同意支付家具厂33 490元家具余款，剩余1万元则等家具送货安装后再予结清。同时，在工商局工作人员的见证下，郭先生与家具厂签订了正式的“家具买卖合同”。请问消费者在与商家进行交易时，一般签订的正规合同应包含哪些内容？

第 11 章

推销员的自我管理

"每走一步都走向一个终于要达到的目标，这并不够，应该每走一步就是一个目标，每一步都自有价值。"

——歌德

学习目标

◇认识目标管理的意义和作用

◇明确客户档案管理的内容和方法

◇掌握时间管理对推销活动的重要性

引 例

推销也要积累资本

张三德在推销行业干了好几年，也没有干出什么名堂来。张三德就想，自己是否是做推销的料？自己的推销能力能否提升？如果不能，不如早点转行算了。于是，张三德就去向推销专家请教。推销专家认为，一个人的能力是不断增长的，推销也需要不断地积累资本。推销本身也是一个学习的过程，在这个过程中，需要推销员掌握推销的理论和技巧，也需要推销员不断地实践、总结和探索，把理论用于实践，通过实践，进一步丰富自己的推销理论，推销员的推销能力一定会有个飞跃。

张三德认为，虽然自己不是死读书、不善于应用的人，但确实没有认真地对待推销工作，没有总结自己在推销工作中的经验和教训，也没有严格要求自己，觉得只要自己努力去做就行了，结果虚度了几年的光阴。

11.1 目标管理

科学家发现了一个有趣现象，松树毛虫会集体吐丝在松树上结网为巢。每当黄昏时刻，它们就倾巢而出，列队爬过树杆，去吃松叶。这些毛虫在走动时，有一种互相跟随的本能，领头走在前面，后面紧跟着一条条的毛虫，秩序井然。走在前面的毛虫，一边爬行，一边不断地吐出一条丝。它走到哪里，丝就吐到哪里。其吐丝铺路的目的，就是不论走多远，都能顺着丝路回巢，而不会迷路。借着吐丝铺路，行进中有所目标；循着此种"丝路"返回，松树毛虫就得以安然回家。

11.1.1 目标管理的理论基础

第二次世界大战结束后，世界各国蒙受战祸而亟谋经济复兴，其追求革新的风气更盛，以提高生产力，降低成本。一时，各种管理学说纷起，推陈出新，蔚为大观。如彼得·杜拉克的理论说明任何一个事业都有重要的领域，在每一个领域里都要设定努力的目标，例如在市场上占据的地位、对革新的热忱、生产力的高速发展等。

（1）目标管理是一种制度。

（2）目标管理是以提高绩效为目的。

（3）目标管理是以设立目标为手段。

（4）目标管理是行为科学的运用。

（5）目标管理是上下两级人员的共同合作。

（6）目标管理是由工作人员完成的。

（7）目标管理应规定期限、工作项目、数值评价标准，以作为执行人员努力的方向。

上述各点指出目标管理和已往各种管理学说的根本不同点，在于目标管理是人性行为科学的应用，尊重工作人员的地位与人格，以人为出发点，而达到有效地提高生产的目的。简单地说，目标管理就是以针对某一段“特定时间”所定的“特定目标”，作为目标执行人“执行计划工作”，以及主管“考核其目标工作达成程度”的标准的一种现代管理方法。

较为具体地说，目标执行者针对未来的特定期间内所欲达成的工作理想，预先订立其工作目标，并拟订各项具体可行的工作计划与进度。此工作目标，是在主管协助、执行人积极主动下，乐意达成的目标。以此目标作为执行计划工作的蓝本，按计划如期执行各项工作，促使达成目标。而在该特定期限终了时，依据原定的目标为标准，与其期终时的实际工作实绩相比较，借以考核其工作成果（即目标的达成程度），并评定其工作绩效。

11.1.2 目标管理的意义

提到目标管理，首先必须弄清楚目标管理的意义。做任何事，无论在何时，也不管是个人、家庭、公司，都必须有目标；既然有目标，就应该先有计划。计划如何执行，结果如何，都要按部就班去做。换句话说，要达成目的，做事方法、做事要领最为重要，而目标管理正是指导你如何去做。

1. 没有目标就没有着力点，到头来一事无成

只要目标正确，终有一天你会成功。目标清晰可见，随时可激发你向上努力之意愿与力量；反之，一个缺乏目标的人，就像一艘没有罗盘的船只，迷迷茫茫，随风飘荡，非但到不了彼岸，而且极易触礁。

2. 目标可激发潜力

明确的、具体的目标，其影响是相当大的。为达成所设定的目标，当然要自己来统御其执行过程。在这一过程中，必会遇到许多预料不到的事。这些事情必须由自己负起责任来克服、完成，然后由结果得知自己判断之正确与否，并借此培养判断事物的能力及处事的决断力，起到自我启发、自我成长、激发潜力的作用。

11.1.3 目标管理的内容

推销员的目标管理可分为销售目标和活动目标两部分内容。

1. **销售目标**

销售目标包括目标销售额、目标利润额和目标费用额。目标销售额是基础。没有销售额就不可能有利润，而即使没有销售额，销售费用仍然要发生。因此，对一个推销员来说，如果不能销出产品则一切皆空。但是销售额增大并不等于利润增多，销售利润获得的多少既取决于销售额的多少，同时也取决于销售费用的多少，在同样销售量的情况下，销售费用越多则销售利润越少。销售额、利润额和费用额三个目标是相辅相成、互相制约的。

一个推销员主要依据如下三方面来制订自我销售目标：

（1）市场规模的大小，即客户购买力的大小；

（2）本企业产品与其他企业同类产品或替代产品在竞争中的地位；

（3）参考前期销售实绩而确定个人推销能力。

2. **活动目标**

制订活动目标包括确定推销对象，确定在某一时期内开拓新客户数、应拜访客户数和拜访客户的次数。

我们可运用 ABC 分类法来确定重点推销对象。ABC 管理法又称为“重点管理法”或“主次因素分类管理法”。这种方法是在保证重点、兼顾一般的管理思想指导下，以提高管理有效性为目的，对管理对象的诸多因素进行分类，分清主次，使人能针对主次，有区别地进行管理的一种定量分类管理技术。推销员对客户进行 ABC 分类时，可依据两方面来进行评价：一方面是客户价值，包括购买可能、购买数量、支付能力和商业、信誉等因素；另一方面是推销价值，包括促销作用、推销便利、费用节省和企业关系等因素。由此，可确定推销活动目标的重点 A 类客户、次要 B 类客户及一般 C 类客户。

推销小知识

除了 ABC 分类法还有 CVA 分类法

ABC 分类法又称帕雷托分析法，也叫主次因素分析法，是项目管理中常用的一种方法。它是根据事物在技术或经济方面的主要特征，进行分类排队，分清重点和一般，从而有区别地确定管理方式的一种分析方法。由于它把被分析的对象分成 A、B、C 三类，所以又称为 ABC 分析法。CVA 管理法，又称关键因素分析法。

举个例子，经销鞋的企业会把鞋带列入 C 类物资，但是如果鞋带短缺将会严重影响到鞋的销售。一家汽车制造厂商会把螺丝列入 C 类物资，但缺少一个螺丝往往会导致整个生产链的停工。因此有些企业采用关键因素分析法，CVA 管理法比起 ABC 分类法有更强的目的性。

11.1.4 目标管理的方法

1. **推销员制订的销售目标和活动目标的内容**

（1）目标对推销活动的要求。

（2）达到每一阶段目标的有计划行动。

(3) 阶段目标的时间要求。

(4) 充分估计需要做的工作、所需材料和所需费用。

(5) 预先设想可能发生的问题以及解决问题的方法。

2. 推销员在制订自己的销售目标和活动目标时应注意的问题

(1) 要确定全年目标计划，并逐季、逐月、逐周和逐日分解，由粗至细。当期计划要尽可能精确，可采取滚动计划方式，逐期滚动，不断改进。

(2) 确定的目标要与企业营销战略目标方向一致，要能充分利用和发挥本企业的营销组合优势。

(3) 确定目标水平要适当，量力而行，有利于个人潜力的发挥。最好将目标分为三个层次：最低要求目标，是一般情况下能够完成，而且必须要完成的目标；努力实现目标，是经过个人的努力，或在达到一定条件的前提下可以实现的目标；最高挑战目标，是必须尽个人最大的努力，或在某一特殊的情况下才能实现的目标。

3. 销售目标和活动目标制订后要检验其是否可行

检验的方法可采用问题解决法，提出几个问题看能否解决，通过的就可视为可行了。

(1) 这个目标能贯彻上级要求吗?

(2) 这个目标能做得到吗?

(3) 这个目标值得去拼搏吗?

(4) 这个目标明确吗? 所界定的范围明显吗?

(5) 想过必须克服的障碍吗?

(6) 若主要目标太大，是否可变成几个次要的小目标分阶段去实现?

4. 对目标实行有效的控制和管理

(1) 有效的目标控制和管理方法，是每次推销活动回来30分钟之内，把当日的推销成果与客户的反映记录下来，把售出的东西，按客户类别、商品种类与时间先后，按序排列，以寻找其倾向，再和目标进行比较，并冷静判断自己努力的程度，寻找消费者购买的发展动向，总结这次推销活动中的经验和教训，对自己成功的推销经验加以认可。

(2) 要将已进行的工作和目标进行比较，并冷静地判断自己努力的程度，对偏离目标计划的行为寻找原因，订出补救措施，以新的姿态、新的行动使推销工作的进行回到原目标计划上来。

(3) 对重点客户的推销进展情况，每一个过程环节都必须进行检查分析，从中得出是应该继续推进，还是要变换推销策略和方式，或者要放弃，以免遭受更大的损失。

(4) 对目标完成的进度控制应以前紧后松、留有余地为原则。目标完成的进度控制，应以月度考核为好。以日历天数为准，力争做到每月的第10天，完成45%以上的推销额；第20天应有85%以上的销售额；全月销售额在当月25日左右完成。余下的时间作为当月推销活动总结，修订下个月目标和准备工作之用。

作为目标管理的目标还应包括推销人员的自我进修和自我提高的目标。

11.1.5 目标管理的过程

目标管理的全部作业过程，可概括地划分为三个阶段，即计划阶段、执行阶段、考评阶段。各阶段之层次划分如下：

1．计划阶段

所谓计划阶段，是指在某一段特定期间之前，针对该特定期间内所需实施的重点工作，预先订立各项目标，拟妥工作计划，并分配工作任务，以便在这个特定期间，按照预订工作计划，展开各项工作。因此计划阶段亦可称为准备阶段。

（1）销售前的准备与计划。

推销人员每次拜访客户之前，一定要做好准备工作，特别是首次拜访一个新客户更是如此。拜访客户前，应确定拜访应达到的目标，由于时间的限制，在诸多目标中，首先要设法达到最重要、最关键和最容易达到的目标。拜访客户之前，一定要周密地做好出访前的各项准备工作，学会拜访客户的程序与步骤。

（2）目标的要求。

目标是对完成一项工作所产生效果的描绘。目标是必要的，因为它能使人们清楚所要做的到底是什么，所以在做一项工作之前要首先明确自己的目标。

一个好的目标有哪些要求呢？第一，必须是非常清楚的。例如，做一个商品陈列，这就是一个非常清楚的目标。选择什么样的位置，做多长时间，花多少费用，都是非常清楚的。作为专业的推销人员，言谈也要具有一定的专业性，在言谈中要剔除掉"大概、或许、左右、也许、可能"等字眼。有一名业务员在做销售计划，经理问他："你这个月能卖出多少箱产品?"他告诉经理："1 000 箱左右吧。"经理马上就接着问："左多少，右多少，你一定要给我一个清楚的答案。"第二，必须是明确的，即必须是一个非常明确的计划。例如要拜访客户，一天要拜访多少客户，是 8 个，还是 10 个，一定要明确下来。第三，应该是可测量的。例如要增加拜访 10 个客户，销量可能要提高 10%～20%，所以目标是可以测量的。最后，是可以达到的。许多民营企业在做长远发展规划时，往往是雄心壮志。例如："若干年内我们要进入世界 500 强。"听起来有一种非常豪迈的气魄，但是达到的途径却并不具体。所以订立的目标一定是要可以达到的。如果为自己订立的目标太低，不能鼓舞斗志；如果订得太高，就没有实际意义。科学的目标的订立是怎样呢？例如，科学的销售目标就是人们能完成的 120%。正常情况下，能完成 10 万元的销售额，那么今年的目标应该是 12 万元。这个目标是科学的，为什么呢？因为通过个人的努力，是可以达到这一点。但是要达到这一目标，人们又必须付出艰辛的努力。所以一个好的目标是清楚的、明确的、可测量的、可达到的。

（3）行动计划书。

当目标确定以后，就要着手拟订一份行动计划书。做任何工作，都要有一个行动计划书。制订销售计划时，也应该制订相应的行动计划书。例如，公司下达了 10 万元的销售目标，就要有行动计划书，内容包括客户，要达到 10 万元的销售额要有多少客户，需要增加多少客户，要拜访客户的数量，拜访的次数，一周大约有多少次，相应的费用计划增加多少。

2．执行阶段

所谓执行阶段，是指从某一特定期间的开始之日起，到该期间终结之日止，在此段期间内均属执行阶段。此阶段是依照计划阶段所拟定的目标工作计划与进度，按期执行各项计划工作，所以执行阶段亦可称为实施阶段。

3．评价阶段

所谓评价阶段，是指该特定期限终满之时，对全期工作成果或绩效进行考评的时期。

11.2　客户档案管理

11.2.1　客户档案的建立

1. 客户档案的内容

就像客户本身是复杂多样的一样，客户档案管理的内容也应尽量地完整，归纳起来主要有以下几项。

（1）基础资料。即客户的最基本的原始资料。主要包括客户的名称、地址、电话、所有者、经营管理者、法人代表及他们个人的性格、兴趣、爱好、家庭、学历、能力、创业时间、与本公司交易时间、企业组织形式、业种、资产等。这些资料是客户管理的起点和基础，主要是通过推销员进行客户访问收集得来的。

（2）客户特征。主要包括服务区域、销售能力、发展潜力、经营观念、经营方向、经营政策、企业规模、经营特点等。

（3）业务状况。主要包括销售业绩、经营管理者和业务人员的素质、与其他竞争者的关系、与本公司的业务关系及合作态度等。

（4）交易现状。主要包括客户的销售活动现状、存在的问题、保持的优势、未来的对策、企业形象、声誉、信用状况、交易条件以及出现的信用问题等方面。对新老客户都应该建立管理卡。对他们的资料进行妥善保管并制作客户档案资料卡，既作为公司的综合材料，同时也为业务人员外出推销提供参考。

2. 建立客户档案

建立客户档案的起始工作是制作准顾客资料卡。

（1）个人准顾客资料卡。

如表11－1所示。

表11－1　个体准顾客资料卡

姓名		性别		年龄	
住址		学历		收入	
住宅电话		职务			
工作单位		爱好			
单位电话					
家庭背景		生活习惯			
消费倾向		备注			
来源与日期		优先顺序			

采访行动记录

日期	目的	结果或问题

（2）企业准顾客资料卡。

准顾客资料卡可把客户属于哪一种类型，按其年龄、职业、收入、爱好、家庭状况、文化背景、住址或行业、需求种类、需求量、信用等级等分别归档，并按 ABC 分类法决定其优先顺序。资料卡还应把准顾客的变化情况以及通过打交道发现对方的特别情况详细记录在案，根据准顾客的情况变化对其分类进行必要的调整（如表 11－2 所示）。

表 11－2　团体准顾客资料卡

公司名称		联系人Ⅰ	
地址		职务	
电话		电话	
行业		个人特点	
需求种类		联系人Ⅱ	
现供应者		职务	
信用等级		电话	
需求量		个人特点	
公司背景		备注	
来源与日期		优先顺序	
采访行动记录			
日期	目的	结果或问题	

11.2.2　客户档案管理的原则

在客户档案管理的过程中，需要注意以下原则：

（1）动态管理。客户资料卡建立以后若置之不理，就会失去它的意义。因为客户的情况是会不断发生变化的，所以客户的资料也要不断地加以整理。剔除过去旧的或已经变化了的资料，及时补充新的资料，对客户的变化进行跟踪，使客户管理保持动态性。

（2）突出重点。有关不同类型的客户资料很多，我们要通过这些资料找出重点客户。重点客户不仅要包括现有客户，而且还应包括未来客户或潜在客户。这样为企业选择新客户、开拓新市场提供资料，为企业进一步发展创造良机。

（3）灵活运用。客户资料的收集管理目的是在销售过程中加以运用。所以，在建立客户资料卡或客户管理卡后不能束之高阁，应以灵活的方式进行更详细的分析，使死资料变成活资料，提高客户管理的效率。

（4）专人负责。由于许多客户资料是不宜流出企业的，只能供内部使用，所以客户管理应确定具体的规定和办法，由专人负责管理，严格规范客户情报资料的利用和借阅。

11.2.3　客户管理分析的流程

1. **整理资料**

将某业务员的推销业绩和客户访问资料，整理列在表 11－3 中。

表 11－3　推销业绩与访问资料

序号	客户代号	销售额	访问次数	累　计
1				
2				
3				
……				
N				

2. **销售业绩分析**

将业务员的推销实绩画出比例图，假定该业务员有 20 家客户，总推销额为 250 万元。但其中前 4 家的销售额就占总销售额的 80%，从第 5 家到第 10 家的销售额占 15%，后 10 家仅占 5%，从中就可以找出重点客户，以提高销售效率。

3. **划分客户等级**

依据客户的销售额，可以将客户分为 ABC 三级。具体分法是：

（1）将客户连续三个月的每月销售额累计后平均计算，求出客户的月平均销售额（见表 11－4）。

表 11－4　客户月平均销售额

月份	销售额/元	累　计	平　均
7	25 000	75 000	
8	50 000		
9	45 000	120 000	120 000 ÷ 3 = 40 000

（2）将月平均销售额按大小顺序排列（见表 11－5）。

表 11－5　客户月平均销售额

序号	客户代号	月平均销售额	备　注
1			由大到小排列
2			
3			
4			
5			
6			

（3）依据某月平均销售额为“登记标准额”，再将全部客户划分为若干等级。

如以排位第四的客户的月平均销售额为 A 级客户标准额，在此标准额以上的客户均为 A 级客户。

以此类推，确定 B 级、C 级客户。

4. **客户名册登记**

将全部客户分级后应分列成册。其中：

（1）可按客户开拓的顺序先后，排出“客户名册”（见表11－6）。

表11－6　客户名册

次序	客户名称	业种	负责人	地址	电话	拜访日期记录

（2）按客户的资讯或规模等状况，排出“客户等级分类表”（见表11－7）。

表11－7　客户等级分类表

<table>
<tr><td rowspan="3">客户等级分类</td><td>A级</td><td>业种
客户代码</td><td></td><td></td><td></td></tr>
<tr><td>B级</td><td>业种
客户代码</td><td></td><td></td><td></td></tr>
<tr><td>C级</td><td>业种
客户代码</td><td></td><td></td><td></td></tr>
</table>

5．对客户进行区域分析

为便于工作巡回访问、送货、催讨货款等，将客户按地区和最佳交通路线划分为若干区域（见表11－8），并分别由业务人员负责。

表11－8　客户区域分布表

组别	区域代号	所辖区域名称	组别区域界别	备　注
一	A			
二	B			
三	C			
四	D			

11.2.4　记录推销情况

推销记录对于推销人员的客户管理是很重要的，它可以帮助推销员找出真正的需求者，也可从中看出客户发展变化的趋势，为分析客户和选择推销策略提供参考，从而对那些重要的推销对象采取既有力又恰当的推销措施。

推销记录应包括以下重点内容：

（1）成交时间和成交数量。

（2）推销时准顾客提出的购买异议。

（3）准顾客对企业和产品的意见。

（4）准顾客不购买的原因。

（5）准顾客购买方式、习惯和条件。

（6）准顾客的未来需要。

（7）竞争对手的产品和推销策略。

填销售日报表是做推销记录的一种主要方法。一般企业也会以统一的表格形式要求每个推销员做好这项重要的工作，如果企业没有统一的销售日报表，推销员也可以自行设计一个，这对你会有很大的好处。设计销售日报表要求做到：

（1）内容简单扼要，使填写人能在很短时间内填写好。

（2）表格设计要便于与过去报告做比较。

（3）便于统计，利于管理者做决策时参考及作为历史统计资料留存。

表11－9是销售日报表的参考样式。销售日报表可以确切地记录推销员的行动，据以评价目标完成率；让管理者了解推销员在推销过程中存在的问题并给予指导；推销员根据整理的记录获得销售效率分析资料，为业务部门提供市场情报、技术情报和竞争对手情报；记录的

表11－9 销售日报表

年 月 日						推销员姓名：					当月销售目标：				
销售地区：						该区客户数：					至当日总销售额：				
拜访客户名	第几次拜访	拜访目的							金额						
		礼貌	说明	成交	修理	赔偿	安装	收款	销售额		毛利	折扣额	折旧额	收款	费用
									新客户	老客户					
合计															
客户情报															
商品情报															
竞争情报															
索赔情报															

结果，成功的累积可为推销员带来成就感，而失败的教训可令推销员从中吸取经验、自责和自励。因此，它既是企业销售统计和管理工作的必需，也是推销员自我管理的有效工具。

11.3 时间管理

11.3.1 时间管理的意义

推销人员要很好地完成工作就必须善于利用自己的工作时间。工作是很多的，时间却是有限的。时间是最宝贵的财富，没有时间，计划再好，目标再高，能力再强，也是空的。时间是如此宝贵，但它又是最有伸缩性的——它可以一瞬即逝，也可以发挥最大的效力。管理学家彼得·杜鲁说过："时间是珍贵的资源，如果不能把它管理好，其他事情也就无从管理好。"时间属于每一个人，不会利用它的人在浪费时间，善于利用它的人则能获得更多的时间。

11.3.2 如何进行时间管理

1. 合理地安排时间

一天24小时，一年365天。时间的供给丝毫没有弹性。而对推销员来说，却有拜访不完的客户，有做不完的工作。要解决这个矛盾，必须要格外珍惜时间。一天的时间就像一只大旅行箱，如果你懂得装箱的技巧，一只箱子足可以装两只箱子的东西。如果你清楚地知道，哪些事情必须花费时间，需要花多少时间、哪些地方可以少花，甚至不花时间、哪些事情可以平行交叉进行，再看看还有多少时间可以由自己自由支配，然后根据时尽其用的原则，计划安排好自己的时间，可求得更好的推销效率。

（1）利用时间分析表。

成功的推销员学会了怎样将日常活动与所需花费的时间对应起来，分析和确定日常活动所需的时间，这叫作日常活动的时间分析。时间分析可以采用一张时间分析表，这种时间分析表有两个作用，一个是对每天的日常活动进行事前的时间安排；另一个是对日常活动进行记录和评价。前者的方法是按一定的时间间隔，把工作内容和行动措施填在相应的时间间隔里，达到大致限定其所需时间的目的。

（2）安排轻重缓急的次序。

检查一下哪些该做以及确定哪些工作先做。许多人采取哪些事先发生就先处理的原则，顺其自然就往后做。注意要始终做最重要的事情。时间管理的精髓即在于：分清轻重缓急，设定优先顺序。

（3）每周工作的安排。

我们已经知道怎样决定每天该做什么和什么时候做了，懂得了先后次序的确定。日常工作的安排还包括每周工作的确定，列出下个星期该做的工作，根据工作内容的重要程度和紧急程度列出工作次序。相信笔记，不相信记忆，养成"凡事预则立"的习惯。不要订"进度表"，要列"工作表"。事务要明确具体，比较大或长期的工作要拆散开来，分成几个小事项。

（4）为不测之事做准备。

火车、飞机、公共汽车，所有这些都是按既定的时刻表在运行。但由于意外事情的发生，就可能导致晚点，这些现象也会发生在你的日程安排上，明智之举是准备一定的时间来对付突然出现的情况。你可以用两种方式来处理这些不测之事：第一，给你自己安排一点多余的时间；第二，挤出一点自己规定好的日程安排时间，抓紧处理各种已规划之事。控制和挤出已规定的时间并非不可能，给自己来一个短跑竞赛。科学家发现快速工作的人比慢速工作的人更精确，其秘密在于自己的竞赛能力。

2. 做好时间记录，分析时间利用

计划花费时间是一回事，实际花费时间是另一回事。为了有效地利用时间，首先就要记录你的时间利用情况，然后进行分析（见表 11－10）。记录时间的方法没有什么奥妙，只要准备一本小册子，随时记下你的时间花费即可。关键在“随时”两字上。就是说，每当你一项工作处理完毕，立即记下你所花费的时间，而绝不能放在以后凭记忆补记。

如果能有一份比较详细的时间记录，就可以分析自己时间的实际耗用情况，你可以对时间记录逐项发问：“这件事不做，有何结果？这项工作可否由别人处理？是否别人处理得一样好，甚至会更好？”“有没有既浪费自己的时间，又浪费客户时间的事情？”等等。这样，你就可以将无助于推销成果的时间浪费寻找出来。

表 11－10　时间分析表

时间	工作内容	重要、紧急程度	完成方式
8：30			
9：30			
10：30			
11：30			
12：30			
13：30			
……			

3. 浪费时间的原因

原因很多，一般来说可分为下列三个原因：

（1）缺乏预见性，计划不周。

这样造成的时间浪费主要在于计划不周上。其特点是一再出现同样的危机。如某些商品的推销业务季节性很强。旺季，一个人疲于奔命尚且忙不过来；淡季，则业务很少。这种忙闲不均、周期性的重复出现，若事先预见，并采取相应措施，如提前和客户签约，开展期货交易等，这样将更有效利用时间，既不丢失老客户，甚至还能利用余暇时间增加新的客户。由于缺乏预见性而造成的时间浪费的情况，大多可通过加强计划性来解决。

（2）信息不灵，资讯不全。

信息不灵、资讯不全是推销洽谈的大忌。解决的办法是广开搜集信息的渠道，及时处理、分析信息资料，掌握关键的信息资料，提高信息资料的准确度和可靠性。

(3) 个人怠惰，不能做到按部就班按时完成自己的工作。

这种情况只能靠推销员的自我约束和自我提高来解决。

总之，记录你的时间，分析你的时间，并持之以恒，你的时间利用状况必定大有进步，而且还能防止你再次被冲回到从前那种时间浪费状态中去。

4. 善于集中时间，提高时间利用率

一般来讲，对自己的时间做了正确的记录、分析之后，应该知道还有多少时间可供自己自由支配，用在对推销业绩有重大影响的重要目标上面。但不管你怎样减少时间浪费，真正可供自己自由支配的时间仍然不会很多，因此，还要提高办事效率。在你与任何一位客户接触前，都应事先精心准备，力争用最少的时间完成任务，并养成在规定时间内结束接触的习惯。这是于双方都有利的好办法。因为洽谈双方的注意力都有一定限度，超过限度来回谈一个问题，这不仅浪费双方时间，还不利于问题的解决或交易的成交。

善于利用时间的另一方法是，尽量集中你可自由支配的时间。因为很多工作需要较长的连续时间，时间太少、太短难以开展工作，或效果较差。至于如何集中时间，可根据自己的实际情况“八仙过海，各显神通”。

最后需要指出，时间管理、时间利用具有鲜明的个性特征，时间效率的高低与人的生活态度、价值观念和意志力密切相关。也就是说，人类对待时间的价值意识也具有主体感受性质。时效的开发利用，也是人的主体意识的实现过程，与人的意志能力密切相关。意志坚强者，为了实现自我目标，数十年笃志执一，从宏观上把握时间，微观上珍惜时间，不断地磨砺自己的时间管理素质，力戒怠惰拖沓和空忙，充分发挥时间潜能。在不断自我完善过程中提高自己的工作成就和社会境遇。

根据美国的统计，能干的推销员与无能的推销员，在工作的时间分配上如表 11－11 所示。

表 11－11　推销员时间分配的统计结果

推销员	访问	开发	事务	等待时间	闲谈	合计	备　注
A（能干）	40%	22%	21%	6%	11%	100%	
B（无能）	21%	11%	13%	12%	43%	100%	

推销员在利用时间时，遵循的原则主要是帕雷托原则，又称 80－20 法则。帕雷托是 19 世纪的意大利经济学家，他发现很多现象都遵循 80－20 法则，整体是许多不相等部分的总和。例如：根据美国统计结果，23% 的男性成年人所消费的啤酒占整个市场的 81%；16% 的家庭消费蛋糕占总数的 62%；17% 的家庭购买 79% 的速溶咖啡；11% 的男性成年人购买 74% 的生鲜食品；餐厅的主要收入来自一部分菜单；80% 的电视节目收视率集中在 20% 的电视节目上；主要的销售成果，是由不成比率的小部分推销员促成的。

所以，推销员必须有选择性地推销，即在大鱼想吃鱼饵的地方垂钓。一家砂糖公司在研究推销员的时候，发现推销员用在单个顾客或准顾客的时间和客户购买量大小或潜在购买量大小无关。推销员根据推销成本和顾客的购买力，做有选择的推销，能使投入的时间带来更大的收获。

5．了解推销员工作的时间特性

推销员要确保把有限的时间用在刀刃上，必须了解自己工作的时间特性。推销员大部分工作在企业外面进行，外勤工作的时间安排尤其重要。须知道，只有洽谈时间才是推销员的“黄金时段”。如果把与客户洽谈的时间比作生产性时间，那么为要进行洽谈而花在交通、等待会面、午休、寻找地点等则可看作是非生产性时间，如果后者所占的比例很大，那推销的效率就低，效果也差。所以，为了提高“黄金时段率”，必须努力压缩后者时间的消耗。

据估计，推销员花费在交通及等待准顾客的时间平均占 32%，用于整理书面资料、开会以及打电话的时间平均占 24%，用在礼节性访问的时间占 5%，实际和准顾客面对面洽谈的时间只有 39%。如果能把洽谈的时间比例从 39% 提高到 52%，销售潜力就可以提高 1/3。因此，推销员要尽量节省时间（减少非洽谈时间）和充分利用时间（增加洽谈时间的有效性），做好时间规划。

6．健康与情绪周期管理

健康，对工作繁忙的推销员来说至关重要。健康受损，就容易疲劳，人就变得怠惰；健康受损，亦易使情绪波动不定，易因小事而动怒。在这种情绪下，很容易搞僵与准顾客的人际关系，使推销工作陷入困境，甚至根本就不可能达至成交。因此，推销员保持健康的身体和稳定的情绪很重要，对健康和情绪也要进行管理。

推销员长期工作在外，常常吃不定餐、睡不定时，要保持健康必须遵守如下法则：

（1）有规律地工作和休息（包括睡眠）。

（2）三餐均衡，心情愉快地用餐。

（3）每天坚持做户外运动。

（4）每天要有一段“无所思，无所事”的时间。

这四条法则的作用是把工作、生活的时间控制在一定的界定范围内，使健康不至受损，避免精神和情绪陷入恶性循环之中。

科学家早已发现，人类具有极为有规律的生理节律，这种人体生理节律由“生物钟”控制着。20 世纪初，法国医生弗里斯和奥地利心理学家斯瓦波达经过长期临床观察，发现了人体体力、情绪和智力变化周期，提出了人体体力强弱周期为 23 天，情绪高低周期为 28 天。奥地利人泰尔其尔则发现智力的兴衰周期为 33 天，同时认为在各种节律从高潮转向低潮时有 2 ~ 3 天的临界期。当人处于生理高潮时，体力强，情绪高，智力亦高；处于低潮时则相反；处于临界期则力不从心，神思恍惚，情绪和智力波动，最容易出差错，产生意外。

实际上每个人的生理节律是不相同的，上述的数字只是一般情况。值得重视的是，有规律的生活节奏可以减少这种周期变化的幅度。因此，一个推销员若能找出自己情绪变化的周期，就有办法对生理节律进行自我管理。在这方面，可以做以下尝试：

（1）首先绘制出本人情绪变化周期表。

（2）据此安排自己的推销计划。

（3）处于周期高潮时，安排执行大计划或者较难的行动计划。

（4）处于周期低潮时，则从事较易处理的辅助工作，如整理文件、资料等工作。

（5）处于临界期最好休息，或处理很轻松的工作。

（6）养成有规律的生活习惯，以缩小周期变化的幅度。

推销小知识

巧用生物钟提高工作学习效率

根据著名心理学家盖兹的理论，一天中，人的大脑各时段的清醒程度是有差异的。上午脑力活动效率最高，中午大脑的灵敏度会降低，午饭后到一点左右是大脑思考力最低落的时段。为此，科学家建议午饭后散步10分钟，然后午睡30分钟（若无法午睡，可安排体育活动，不做与学习有关的事情，让身体和大脑松弛下来）。通过午休，可以帮助自己大脑放松，恢复灵敏度，使下午成为第二个高效率的时间。这样不仅能保护自己的大脑，恢复体力，还能保证晚上工作学习的效率。大家若能掌握自己生物钟的规律，便能让生物钟为自己服务，更科学地安排好工作、学习和生活，从而提高效率和生活质量。

本章小结

推销员对企业和顾客都负有高度的责任。要成为一名出色的推销员，学会有效地进行自我管理是至关重要的。

目标管理是推销员自我管理的一项重要工作，它包括制订销售目标和活动目标两部分内容。推销员可依据市场规模、产品类型和以往销售情况等来确定自己在一定时期内的目标销售额、目标利润额和目标费用额，依据客户价值和推销价值对客户进行ABC分类，并据此确定重点的推销活动。当目标确定后，在实施中则要注意及时搜集信息，不断进行分析对比，总结经验教训，以保证目标管理水平不断提高。

客户管理虽不属直接的自我管理，但它与目标管理有密切的关系。做好这些工作，对于目标管理的完善是很有好处的。

时间管理在自我管理中更应引起高度的重视。因为推销员大部分工作是在企业外面独立地进行，所以合理安排和支配好时间就显得十分重要。在这方面，主要要求推销员做好拜访计划、时间消耗记录与分析，以及对自身健康和情绪周期进行有效的管理。

重要概念

目标管理　活动目标　顾客资料卡　时间分析表

复习思考题

1. 目标管理的意义和作用是什么？
2. 如何有效地进行目标管理？
3. 请说出推销人员自我管理的内容和方法。

角色扮演

学生分组，每组3~4人为宜。每组选出两名扮演推销员，一名扮演销售经理，其他人根据情境设定角色。演练目标管理的过程，目标是成功制订出合理的行动计划书并由销售经理进行评价。

背景设计：

1. 推销员

A. 老推销员，有三年的工作经验，有丰富的人脉，相当了解市场情况。

B. 销售新人，刚过试用期，有理想、有热情，并有自己的一套逻辑思维和学习方法。

2. 销售经理

上任刚满一年，面临领导给的指标压力，从事推销多年，了解市场行情。

延伸阅读

Lisa C. Wan, Michael K. Hui, Robert S. Wyer J R. The role of relationship norms in responses to service failures. JCR, 2011.

服务提供者与顾客建立朋友般的友好关系会降低服务失败事件给消费者带来的负面体验。但是，这种朋友关系并不总是有益的。如果消费者认为提供者有义务来回应他们的要求时，相比起纯商业关系，朋友关系会导致消费者对服务失败的反应更负面。如果消费者关注的是自己在这种关系中应尽的义务时，朋友关系确实会减弱服务失败给消费者带来的负面情绪。

课堂自测题

一、判断题

1. 目标管理是一种制度。(　　)

2. 销售目标包括目标销售额、目标利润额和目标费用额，其中目标利润额是基础。(　　)

3. 推销记录对于推销人员的客户管理是很重要的，它可以帮助推销员找出真正的需求者，也可以从中看出客户发展变化的趋势。(　　)

4. 推销人员的时间分析表原则是：分清轻重缓急，设定优先顺序。(　　)

5. 推销人员应该不考虑推销成本和顾客的购买力，对每个顾客投入时间相同。(　　)

6. 推销人员保持健康的身体和稳定的情绪很重要，对健康和情绪也要进行管理。(　　)

7. 客户本身是复杂多样的，客户的档案管理是过时的、无用的。(　　)

二、选择题

8. 目标管理的全部作业过程阶段，按层次划分为（　　）。

A. 执行阶段—计划阶段—考评阶段

B. 计划阶段—考评阶段—执行阶段

C. 考评阶段—计划阶段—执行阶段

D. 计划阶段—执行阶段—评价阶段

9. 客户档案管理的原则不包括（　　）。

A. 突出重点　　B. 静态管理　　C. 灵活运用　　D. 专人负责

10. 推销人员浪费时间的原因不包括（　　）。

A. 合理安排时间

B. 缺乏预见性，计划不周

C. 消息不灵，资讯不全

D. 个人懈怠

课堂自测题答案

案例分析

原一平的“病历卡”

原一平的每一张准客户卡都是有血有肉、有生命的。它以多次的记录与检讨，成为他的知己，陪伴他度过了无数的岁月。在一张张卡片上，他看到了自己成长的足迹。他把准客户卡称作“病历卡”——原一平的“病历卡”。因为每一位准客户都像医生一样，清楚地诊断出他身上的各种毛病，而后由他自己翔实地记载在卡片上。病历卡就像是一面镜子，把他照得无处遁形。他主动与病历卡倾谈，谈到了他的态度、地位和方向。在病历卡面前，他十分坦诚地纠正了态度。原一平郑重地说：“准客户卡是推销员最珍贵的资产和宝藏。”他从发现某一准客户，一直到促成签约为止，这一段时间通常很久。

为什么会这样呢？因为他从不勉强别人投保。勉强的结果会有许多不良副作用，提前解约就是其中之一。所以他都设法让准客户主动了解保险、自动要求投保。要达到此地步，必须长期抗战，以极大的耐心去磨出你的业绩来。在这种情形下，为了使每个月的业绩能够平稳地增长，就需要大量的准客户作为你强有力的后盾了。

思考讨论题

1. 原一平为何把他的准客户卡称作“病历卡”？
2. 原一平是如何使用他的“病历卡”的？

第 12 章

销售队伍的建立与组织

“你可以拒绝学习，但你的竞争对手不会。”

——杰克·韦尔奇（前通用电气 CEO）

学习目标

◇了解企业销售组织的结构
◇了解销售队伍建设的方法
◇熟悉销售人员的招聘
◇理解销售人员培训的必要性及相关问题

引　例

IBM 重视培训造就销售人才

国际商用机器公司（IBM）是一家拥有 40 万员工、520 亿美元资产的大型企业，其年销售额达到 500 多亿美元，利润 70 多亿美元。它已成为世界上经营最好、管理最成功的公司之一。

IBM 公司在造就销售人才方面取得了成功的经验。具体地说，IBM 公司绝不让一名未经培训或者未经全面培训的人到销售第一线去。销售人员说些什么、做些什么以及怎样说和怎样做，都对公司的形象和信用影响极大，如果准备不足就仓促上阵，会使一个很有潜力的销售人员夭折。因此该公司用于培训的资金充足，计划严密，结构合理。一到培训结束，学员就可以有足够的技能，满怀信心地同用户打交道。

不合格的培训几乎总是导致频繁地更换销售人员，其费用远远超过了高质量培训过程所需要的费用。这种人员的频繁更换将会使公司的信誉蒙受损失，同时，也会使依靠这种销售人员提供服务和咨询的用户受到损害。近年来，该公司更换的第一线销售人员低于 3%，所以，IBM 的招工和培训工作是成功的。

12.1　销售组织的建立

市场经济的核心就是公平竞争。企业在开拓市场时以一种什么形象出现，如何获取信息？市场出现问题如何去处理？谁去处理，怎样负责？所有的工作需要有一个科学的组织结构。销售组织就是在传统的企业管理组织结构中分离出来的。诚然，市场又是多变的，一方面企业的产品要在市场上流通，另一方面又要对市场的不良行为加以规范，在流通的环节中，所有的经销商又发挥着相当重要的作用，扮演着各自不同的角色。从某种意义上讲，企业所取得的效益必然与一个高效科学的组织结构有必然的联系。

12.1.1 销售队伍的目标

销售队伍目标的制订必须以公司目标、市场特征和市场地位为前提。公司应考虑到有利于销售人员在销售过程中能卓有成效地为客户提供服务，建立良好的客户关系网络，公司应该充分利用销售组合的独特作用。可以对具体的销售人员队伍目标提出指导性和可行性计划，对目标加以界定及要求。

公司应不断增强市场导向意识，密切留意产品在市场的销售情况，并要求销售人员不断注意市场变化和重视消费者的意见反馈。销售人员在销售过程中应知晓如何令客户满意，在为客户带来利益的同时又为公司创造利润。公司应该培养销售人员掌握“分析销售数据、衡量市场潜力、搜集市场情报和制订市场销售策略和计划”等基本技能。

12.1.2 销售队伍的结构和规模

1. 区域结构

区域结构是指公司的各个推销人员被派到不同的区域，在该区域全权处理公司业务。其优点为：

（1）推销人员的职责有明确的划分。

（2）区域负责制提高了推销人员的积极性。

（3）有效地激励推销人员去开发当地潜在客户和培养当地人际关系。

（4）差旅费相对较小。

在制订区域结构时，公司须考虑该区域应具备如下条件：便于管理；销售潜力易估计；能有效安排出差时间；每个推销人员都要有一个合理充足的工作负荷和推销潜力。

2. 产品结构

产品结构是指公司根据产品线来建立推销人员队伍结构，某些推销人员全权负责某一产品的业务工作。

推销人员对产品要有很好的理解和认识，特别是当产品技术复杂，产品之间联系少或数量众多时，按产品专门化组成推销人员队伍就较合适。

3. 市场结构

市场结构是指公司按市场或消费者类别来设计自己的推销人员队伍。销售队伍可以按行业的不同甚至消费者的不同建立。这种结构最明显的优点是每个销售人员都能了解消费者的特定需要。

4. 复合型结构

如果公司在一个广阔的地域范围内向各种类型的消费者销售种类繁多的产品，通常将以上几种组织推销人员队伍的方法混合使用。推销人员可以按地区—产品、产品—市场、地 区—市场等方法加以组织，一个推销人员可能同时对一个或多个产品线经理和销售负责。

在公司确定了推销人员队伍策略和结构时，就应该着手考虑推销人员队伍的规模问题。当市场需求量一定时，若推销人员数量过多，会造成公司的产品销售成本增大；反之，公司的产品就不能迅速地进入市场，对推销人员的工作负荷会加重。

推销人员是公司价值最大、花钱最多的资产之一。在增加其人数的同时，销售成本亦会提高。公司应在确定要接触的客户人数和市场潜力之后，应用工作负荷法来确定销售队伍的规模。

12.1.3　销售人员的报酬

当销售人员能熟练地开展业务工作和管理现有客户，并且在工作能力和表现方面得到好评时，公司为稳定住这些销售人员必须制订一个具有吸引力的报酬计划。

销售人员希望有固定的收入，对有优良表现的销售人员应有额外的回报，对他们的经验和工作年限在支付工资时也应给予公正的考虑。

（1）管理层必须对报酬计划的水平和内容做出决定。公司报酬计划对固定或变动的工资因素、福利补贴和费用津贴等的重要性强调程度不同。还必须决定报酬的组成部分——固定数额、变动数额、费用津贴和福利补贴等。

（2）管理层必须对报酬计划中这些因素的相关重要性做出决定。

12.2　销售人员的招聘

无论你在培训、激励、评估和计划方面做得多么出色，所有这些都会因为平庸的推销人员而导致平庸的结果。选派好每一角色，戏就变得容易导演了。

12.2.1　聘用的重要性

如何增加聘用最佳人员的可能性和减少雇错人的风险，聘用中的每一步就像一个过滤器，你采用的步骤越多，则失败的风险就越低。在最简单的形式里，这一过程包括准备工作说明书、候选者概况、收集、筛选和做最后的选择。收集是指我们在哪里和怎样寻找到候选者，无论是通过竞争对手、顾客，还是网页。筛选包括进行电话和个人面试，核对参考资料，进行信用、药物和驾驶执照的核对、测试，并做出最终的选择。销售经理聘用过程的每一步骤应该由公司所面对的战略问题所推动。

一个拥有1 000多个销售人员的某公司销售副总裁说，在他的销售人员中，有55%是非常棒的，但是他们不应该从事销售职业。他们的技能、经历和个人特质更适合于人力资源、信息技术，或生产运营。他说销售人员中的25%有合适的技能、经历和个人特质，但是他们被误用。也就是说，他们擅长于销售产品却被用为销售服务，或他们擅长于关系销售却被用于销售咨询。剩余的20%的销售人员为公司带来超过50%的销售额。“试想，”这位销售副总裁说，“如果我们能扩大这20%的人员的数目，那我们的销售业绩将会是怎样的?”

一个中等规模的肉类处理公司正在失去市场份额。该公司聘用了10个区域销售经理，这些销售经理每人管理10个销售人员。为了提高市场份额，公司总裁坚持除了退休和自愿离开的人员，或者解雇不能达到最低业绩标准要求的人员外，每位区域经理一年内一定要解雇一位他或她的销售人员。

两年以后，该公司的市场份额和销售额开始上升。五年后公司成为行业的领导者。这家公司的成功可能有许多原因，但是有一点非常突出，那就是新的政策迫使销售经理不断寻找更好的销售人员。每年让销售人员中的10%离开会使销售业绩不断提高。这10%的人员并非最佳业绩者，他们被更好的人员更换。留下的销售人员被高度激励成为精选团队的一分子。这个教训告诉我们：要利用聘用来淘汰组织中差的员工并且让优秀人才脱颖而出，将聘用作为一个主动的工具来提高销售队伍的生产率，而不是作为一个被动的工具。

就聘用工作的水平而言，大多数销售经理都记录不佳。他们不断犯同样的错误而且不采取矫正的行动。大多数销售经理喜欢那些有背景认同，有很好的外表形象，而且对他们不造成威胁的销售人员。这些经理往往聘用他们欣赏的应聘者。然而这种自然选择并不一定产生最佳的销售队伍。

不要聘用一个在差的团队中表现最好的人员，因为这并不能解决你的问题。一个实力较差的销售人员比没有销售人员更浪费公司资源。事实证明，当没有聘用到合适的销售人员时继续寻找合适人选的成本，比雇用一个不胜任工作的人员后解雇、再寻找要低。

由于潜在销售额（机会成本）的损失和更换雇员的损失，用错销售人员的代价被证明是极其昂贵的。你可能在不经意间花费了时间和无法列入预算的开支用于寻找、筛选、聘用和培训一个新的销售人员。无论什么原因造成一个新的销售人员的流失，其结果都将是一个不可回收和不产生销售效益的成本，犹如一笔坏账。

解雇员工也将造成销售连续性的中断及销售量的进一步减少。竞争对手通常将销售人员流动率高的公司和区域作为其攻击的目标。用户肯定信任和他们打过交道的销售人员，销售人员的经常变换将破坏这种信任。销售人员流动率高的公司在用户、潜在客户及潜在销售人员的心目中口碑差，当然它也会降低现在销售组织的士气。对于小公司来说，销售队伍的流动对失业保险的成本也有直接的影响。

12.2.2　工作说明书

很多公司为每一个员工都制定了工作说明书，但唯独没有给销售人员制定。为评估销售人员，销售经理需要有一份每个销售人员应履行的职责清单。和其他员工一样，销售人员需要知道他要履行什么职责。当然，工作说明书因不同的产品或服务、用户购买行为、销售形式和公司文化而不同。即使在同一公司内部，销售不同产品或服务，或有不同最终用户，或与不同决策水平人员打交道的销售人员将有不同的工作说明书。某些销售经理对于具有相同职务但不同区域特征的销售人员的工作说明书制定得稍微不同。一位电话销售人员和一位全国性客户经理的工作说明书有相当明显的不同。21世纪的趋势是趋向于有更详细、更个人化的工作说明书。

在制订工作说明书时，要确认其中包括销售和服务的职责、计划、报告、公司联系、日常行政事务及内务处理。设法使工作说明书在一页以内，最多不超过两页。

每年要求你的销售人员修改他们的工作说明书，增加未列出的工作职责，并修改已经变化了的职责。要求他们在此工作说明书上签字，注明日期并交回。有些销售经理要求销售人员根据职责的重要性按顺序进行排列，并注明在每项职责上所用的时间比例，结果可能会让你感到吃惊。如果销售人员觉得这样做有困难，那么可以把它放在销售会议的议程之中。

销售人员通过每年签署工作说明书，可以更好地认识他们的职责所在。缺乏工作说明书及年度的检查将使公司更易于受到起诉的攻击。

一旦你建立了工作说明书，就应把它转换成书面的候选者概况。工作说明书列出了各项工作职责，而候选者概况则描述了需要完成这些工作职责所需的技能、经验、知识和个性特征。你最成功的销售人员具有什么共同的特征？你最不成功的销售人员又具有什么共同的特征？哪些技能、经历、知识和个性特征是必要条件，而哪些又是充分条件？例如，只聘用具有行业工作经验的候选人就是一个必要条件，而要求有工程方面的学位则是一个充分条件。候选者概况促使你从经验中学习并且不犯同样的错误。

把候选者概况看作是一个购物清单，技能可能包括销售、计算机技术、沟通及数据分析能力。经历可能包括销售种类、行业、报酬种类、表现结果、寻找预期客户、全国性的用户和客户的类型。知识可能包括对用户、产品、竞争和行业的了解。个人性格特征可包括自信心、积极性、恒心、驱动力、激情、团队精神、进取心、愿望、同情心、接受拒绝的能力、诚实、主动及创新等。

12.2.3 聘用的渠道

寻找最佳候选者可能是一个挑战，而且常常意味着要多方寻求。你可从以下的渠道中进行选择：

- 来自组织内部的职业生涯阶梯。
- 来自客户的推荐或客户本人。
- 来自于现有的销售人员的有偿推荐。
- 供应商和卖主。
- 竞争者。
- 公司数据库。
- 专业协会。
- 猎头公司。
- 媒体广告。

上述渠道各有优缺点，我们将分别进行分析。采用何种渠道或渠道组合取决于你的工作说明书和候选者概况。当你寻找关系销售人员时，顾客是一个很好的来源。每一次搜寻都是不同的，但是只要过去的渠道已经产生了较好的结果，那么就从这个渠道开始吧。

1. 内部职业生涯阶梯

由于更长的、更复杂的销售周期和更短的产品生命周期，现在能干的销售人员已成为稀缺的资源。越来越多的企业通过从内部聘用以及创造从其他职能进入销售领域的内部职业生涯阶梯来应对这一危机。合格的人员可以从工程销售、设计销售或生产销售调入采购销售、电话销售，或现场销售，或其他的联合销售。在分销公司里，有一个从仓库管理员到卡车司机到常规销售人员的内部职业生涯阶梯。有些公司利用自己的学院或者外部研究班向非销售人员传授销售和销售技能，以此作为职业生涯阶梯的一部分。金融机构喜欢提升营运销售的人员到现场销售。一个圣诞装饰公司发现它最好的现场销售人员来自于陈列室的职员。

从内部招聘员工的优点是管理层了解候选者，而且候选者也熟悉产品、顾客和竞争情况。这节约了招聘和培训时间，且减少了某些风险。其缺点是你的公司可能倾向于近亲繁殖，而且候选者可能不具有在销售方面取得成功的必备的个人特质。你可能失去了一个好的工程师，同时却多了一个平庸的销售人员。

2. 客户

客户是一个极好的销售人员候选者来源，客户了解市场需求且具有产品知识，但是可能没有销售技能或合适的个人特质。

这一渠道的优点是客户了解销售人员并且理解岗位要求。客户决策制定者与许多销售人员有联系。另外，他们理解岗位要求和技能、知识以及成功的性格需要。其缺点是客户可能推荐一个朋友或不具备资格的亲戚，或者他们可能只是为了他们自己的工作考虑。

销售高科技系统给军队的公司主要聘用曾就职于政府采购销售的人员；食品服务公司成功地聘用食品和饮料经理；许多服饰公司聘用百货公司的采购员。这些都是将客户作为销售人员来源的范例。

3. 现有的雇员

现有的推销人员，他们一般会拥有一个广泛的联系网络，常常认识那些合格的、对现有空缺感兴趣的推销人员。他们懂得岗位要求，并且推荐的往往是成功者。然而，要知道，当公司不接受他们推荐的、不具资格的朋友时，或公司聘用他们推荐的人后又解雇他们时，推销人员可能会责备你并且会很生气。

4. 卖主

销售经理应该不断地寻找合格的候选者。当一个给人印象深刻的卖主销售代表拜访你，以推销打印机、复印机、软件、手提电脑、电话或互联网服务时，着手了解他的情况。贸易展也可以成为找到适当候选者的途径，你可以通过观察人们在贸易展上的工作或通过他们向你销售其产品或服务来知道许多候选者的情况。一家活动房屋制造商和一个挡风玻璃公司都通过聘用供应商推销人员而取得了极大的成功，这都是得益于候选者的行业和顾客知识。

5. 竞争者

从竞争者处聘用推销人员常常是危险的。聘用的优点是推销人员有顾客、竞争和产品/服务方面的知识。潜在的缺点是推销人员缺乏顾客信誉、对你的公司缺乏忠诚以及在其他公司可能学到了坏习惯等。

合并、重组以及新的补偿计划常常使竞争者的颇具资格的推销人员面临新的选择。成熟的推销人员离开竞争者，常常是因为他们负责的区域被缩小，或者因为竞争者期望得到一个年轻一些、经验少一点儿、费用不太高的推销人员。合适的竞争者候选人能够带来他原有的顾客，没有坏的习惯，有很好的产品知识，几乎不需要培训。特别是在医药行业，从竞争者处聘用是很成功的。一家向美国牙医销售手术工具的欧洲联合大企业只从竞争者处聘用。零售商买下竞争者的商店，不是为了产品而是为了推销人员。一家拥有几千家零售店的大型服饰公司培训店面经理接近竞争者的零售人员的技巧。该连锁店还坚持要求其店面经理一个月花三天的时间到竞争者商店购买，以寻求合适的推销人员。

6. 公司数据库

公司数据库比你掌握的资源要多得多。在一家大公司里，你可能期望从其他销售人员中挑选候选者，公司人力资源部能帮助你找到这些候选者。在摩托罗拉、美国朗讯科技公司和通用汽车公司，人员推销以外的其他销售都是推销人员候选者的重要来源。

7. 专业协会、学校

专业协会、学校是销售人员极好的来源。大多数行业有专业协会，有的只有销售人员协会，这些协会为他们的会员列出空缺职位的清单。许多团体在各个省或主要的都市区域都有一个当地的职位清单。一定要在适当的行业俱乐部或协会出版物上列出你的工作机会。

有些软件和医药公司发现近期毕业的大学生是最好的销售人员候选者来源。这些公司不要求行业或销售经历，但是候选者在计算机或生命科学方面需要有强的教育背景。这些公司更喜欢培训和塑造较年轻的销售人员。学院、大学以及技术学校设置了办公室以帮助刚毕业的和将毕业的学生。只要合适，在这些就业指导处列出销售职位清单，并进行校园招聘。

一个传统家具制造商每年夏天都雇用当地的大专生来实习。很多实习生后来成了公司永久的推销人员。一些专科学校设有室内设计和商务专业，这符合家具公司对推销人员的要求。

8. **人才市场**

那些了解你所在的行业、公司文化，并且有适合候选者概况的推销人员数据库的猎头公司会有助于你。寻找那些将在线搜索与离线筛选组合起来的猎头公司。寻找有网上招聘信息、知道如何利用在线工作布告板，且将在线工作布告板与电子邮件、电话和个人面试组合起来的猎头公司。他们在搜索与筛选候选者方面能节约你的时间。

9. **媒体广告**

如果运用得当的话，招聘推销人员的媒体广告可能会很有效。首要的问题是在哪里做广告，其次是在广告里说什么。研究表明，零售商、食品服务公司以及服饰制造公司从当地的报纸广告中获得了最佳的效果。通常，报纸周日版的供求专栏比其他时间和栏目吸引更多的候选者。

通常在职业栏目或协会出版物的“招聘信息”中刊登广告收效最佳。每星期一天，或每月一天，此类出版物将制作招聘广告专题或专注于你的市场细分。在你的目标候选者阅读的出版物和栏目上做广告，并且跟踪调查在哪一种媒体上做广告产生的结果最好。

刊登在印刷媒体上的雇用广告应该包括公司的名称、地址、电话号码和联系人。如果应聘者认为自己有资格申请这一职位，则请他们直接写信给销售经理。这样的广告富有人情味。

你的广告必须对职位进行恰如其分的介绍。如果提供的信息过多，合格的候选者可能发现一些令他们灰心的内容从而阻碍他们申请。如果包括的信息太少，不合格的候选者也会受到鼓舞而去申请。记住，广告的目的不是雇用和选拔推销人员，而仅仅是生成有资格的申请者。你将从那些回复者中选拔合格的推销人员。

12.2.4 筛选、评估和面试

1. **筛选**

从有资格的群体中挑选最佳候选者不仅需要直觉和洞察力，而且要求有条理和技巧。下列程序可以提高成功的概率，减少错误雇用的风险。因为时间的限制，在选拔的过程中存在走捷径的诱惑，但是走捷径只会增加失败的风险，使你不得不接受一个平庸的推销人员，最终还是要去寻找一个新的推销人员。

成功地缩小申请者范围的步骤如下：

（1）进行初步的简历筛选。

（2）进行电话面试。

（3）要求填写个人履历表格。

（4）进行初步的个人面试。

（5）核对资料。

（6）继续面试最终候选者。

(7) 进行测试。

(8) 提供一个工作机会。

并不是每一次雇用都要经过所有的步骤，但正如你可以看到的，这一过程要花费大量的时间。你花在与候选者联系和筛选申请者上的时间越多，你成功的可能性就越大。如上所述，为使可用于招聘的时间最大化，请设法预见雇用需要。

最好的销售经理设定标准，并进行评估和参加裁决。在很大的范围内招聘并有针对性地对候选者进行筛选是对上述技能的一种考验。候选者是推销他们自己的销售人员。

推销小知识

挑选合适的销售人员

一位销售界内的资深人士说过，他认为普通业务岗位的销售人员的胜任标准是这样的：

(1) 内心不服输（能够面对压力，不害怕被拒绝，内心当中有力量）。

(2) 执着勤奋。

(3) 能吃得起苦。

(4) 对金钱渴望渴求（对目标精益求精，希望获得更多，希望劳动成果与付出成正比）。

(5) 想得简单能坚持（知识多学历高的人，往往把简单的事情想复杂，行动力欠缺，反而不容易成交）。

挑选一个人不能够只看到表面的东西，应该能够抓住一些更本质更核心的东西。要专一行，精一点，哪怕突破一个点也不是件容易的事情。路还很长，不能懈怠。

2. 评估简历

筛选过程是以评估收到的简历和将其与候选者概况进行比较开始的。剔除那些不具备必要的经历、知识和技能的候选者，找出那些有雇用差距、经常跳槽、书面沟通技能差、有矛盾、单词拼错、语句不完整及不准确的候选者。小心那些销售记录没有提高的候选者，如那些发货和报酬很多年来仍然维持不变的人，或者那些在一流公司干得很好，而在二流公司却干得不好的人。

3. 面试

如果销售经理准确地知道自己需要什么类型的候选人，而且根据候选者的简历、个人历史写出与其个人概况、工作说明书相符合的书面问题清单，那么面试会更有效。你也应该利用在电话面试时获得的信息为面对面的面试明确地提出问题。再者，你可以寻找与你现在业绩最佳的员工相似的人员。

过去的报酬是以前业绩的一个相当重要的指示器。候选者每年的报酬增加了吗？其主要的报酬是固定不变的还是以业绩为基础的？它告诉你哪些有关候选者的情况？你是想要喜欢按业绩取酬的人（这表示需要激励），还是喜欢按固定数值取酬的人？

不幸的是，人们很少改变他们的不良工作习惯。平庸的推销人员会继续平庸下去，喜欢跳槽的人会不断地跳槽，有财务问题的人常常会遇到新的财务问题。每周工作四天的推销人员很少工作五天，而且实际上常常会减少到三个工作日。

为了不使申请者感到紧张且更愿意谈话，可以马上就你在简历上发现的你们都感兴趣的某些问题展开讨论以缓和气氛。不要一下子就开始面试，花几分钟时间与候选者拉拉关系以消除紧张氛围。

你不过碰巧成为面试者，不要自以为比申请者更聪明。有些推销人员经历的面试比你进行过的面试还要多，而且有些人已经阅读了关于面试技巧的书。经验表明，有些推销人员面试的技巧高于同顾客成交的技巧。问探索性问题、进行资料核对以及仔细检查个人简历常常能识别一个人。

直到询问了所有的探索性问题后，你才能给候选者看工作说明书、候选者概况，或讨论职位的具体情况。然后，现实地描述这一职位，回答候选者提出的所有问题。正如上面所提到的，不要过分吹嘘这一职位，它只能导致候选者失望。一个好的候选者会要求看工作说明书，并就这一职位提一些探索性问题。认可他们的问题，但不要马上回答。如果在面试一开始销售经理就告诉候选者岗位的具体情况，候选者将仅仅反馈给销售经理想要听的信息。在初次面试结束时把工作说明书交给有资格的候选者，并问他们如何分清任务的轻重缓急，这将是一个明智的方法。工作说明书作为一种工具可以让你更多地了解候选者的情况。

如果在第一次面试时，销售经理营造了一种可以让候选者畅所欲言的氛围，他们就会主动告诉你所有你想知道的信息。在第一次面试时，销售经理让候选者放松的最好方法是准时到场，不接听电话，不匆匆忙忙地进行面试，不在面试者和被面试者之间放上一张桌子，而是以平等的身份坐在椅子里。不要批评候选者，否则你将发现候选者在回答问题时会存有戒心。当你在一个主题上想要知道更多的信息时，对候选者的观点表示同意。当谈话内容转向其他话题时，请巧妙地将话题转回到期望的方向上。一旦与候选者之间建立融洽的关系后，鼓励候选者谈论他们自己，但谈话内容不要偏到体育、全球政治，或者是股票市场上去。如果你能经常点头表示同意，候选者会觉得你正在聆听，因此他愿意谈论更多的问题。偶尔打断谈话对某一观点或回答进行总结，可以表示你对他的理解与兴趣。不要为了打破沉默而被迫谈论无关的话题，而要保持沉默对潜在的雇员施加压力。你想要知道的是他们在实际销售进程中将如何对此做出反应。通常候选者会提供重要的信息以打破沉默。

开放式的探索性问题，即不能用“是”或“不是”来回答的问题，是好的面试的关键。这样的问题使销售经理知道了销售人员许多重要的事情。候选者在回答这些问题时将返回到同一主题——例如，家庭的重要性，顾客满意度，一个不公平的老板，激烈的竞争和差的服务。候选者把大量时间花在每一主题上以表现大量关于他或她的个人特质方面的信息以及对他们而言什么是重要的。关于家庭、顾客的问题他们谈得很多、很详细，而关于老板或竞争的问题他们谈得很少。有些候选者对探索性问题的答案进行了量化，而有些对此却是分析的、批评的、符合逻辑的和（或）直线性的思考者。

列出了几十个探索性问题，可以满足从面试富有经验的销售人员到最近毕业的大学生的不同要求。一个销售经理必须能够从候选者的回答中得出结论。通过询问他们如何安排他们的过去，他们怎样看待他们现在的老板，以及关于过去的职位他们最喜欢的和最不喜欢的是什么，还通过引出候选者关于个人优势和劣势的自我分析，如何改进或提高等等，你能发现许多关于申请者的技能、动机、个人特质以及经验方面的信息。

一些销售职位的条件非常苛刻，要求花费大量的精力，这并不是所有人都具备的。在这样的条件下，要寻找这样一个积极的人员，他将把精力投入工作却不会谈及工作的辛苦。一个工作时间长或通常在星期六工作的人员会满足这样的要求。为分销商提供面包的面包店推销人员从上午6点到下午3点在各自的面包店访问客户，而从下午3点到下午6点则拜访冰淇淋和酸奶酪店来结束他们一天长长的工作日。

当候选者回答关于报酬、晋升、老板或公司政策等敏感问题时请观察他们的身体语言。他们用眼睛看着你、弄湿他们的嘴唇、扭绞他们的手、坐得笔直、手中玩弄着钢笔、做一脸苦相了吗？大多数人没法隐藏他们的焦虑，且这焦虑指向问题的所在。声称诚实的销售人员但没用眼睛看着你，声称自信的销售人员但是他的声音却因紧张而颤抖。

结束面试时，要求候选者总结他为什么觉得有资格申请这一职位以及他是否还有问题问你。告诉候选者你的下一步是什么以及它将在什么时候进行，如“两周内我将安排你见我们的老板”，或者“你的技能和背景很好，但是我们需要一个曾经跨区域出过差的人”。不要为不雇用某人制造虚伪的托词。

许多人在面试期间很早就做出判断，然后寻找信息以支持其决策。公共关系的专业人员主张，对一个人持久的印象，常常依赖于外貌，而且是在面试期间的最初 10 秒中形成的，例如，“就在他走进来的那一刻我把他当作一个假冒者来估量”，或是“当我看到他时我就喜欢他的风度和自信”。请用面试来得出一个完整的、多姿多彩的应聘者的概况。请到面试结束时再做出你的决策。再次提醒，你的工作是设定标准、评估，然后做出裁决。

4. 继续进行下一轮面试

在最初的面试后，少数候选者被选择参加下一轮的面试。这些候选者应该由销售主管进行第二次面试，至少有一个推销人员和一个相关销售的经理（工程部、生产运营部和顾客服务部）参加。在这样的面试之前，销售经理应该与那些负责上次面试的人碰头以回顾工作说明书、候选者概况，以便整理对每个候选者应该提的问题。面试后每一位负责面试者要独自地用书面文字向销售经理推荐是录用还是不录用该候选者，以及录用还是不录用他的原因。一旦收到这些推荐意见，小组就该聚会讨论。如果雇用一个推销人员是按小组多数人员的意见做决策的话，那么有主导个性的人员或最高级别的成员将主宰决策结果。

5. 雇用最好的推销人员

雇用能干的推销人员是一个有始（工作说明书/候选者概况）有终（提议），以及顺着这条路径一步步走的过程，例如搜集人选、面试、核对参考资料。如果你把招聘看作是一个过程，就要考虑所有适当的步骤，即使你决定不采用其中所有的步骤，成功的可能性还是会增加，失败的风险则降低。

12.3 销售人员的培训

12.3.1 销售培训的意义

1. 培训是一种投资

所谓投资，是指投入有产出，能增值。培训不仅是一种投资，而且是企业最有价值的投资。据美国教育机构统计，企业对培训投入 1 美元，产出达 3 美元。长期以来，我国一些企业视培训为消耗、负担，因此只注重对物的投入而忽略对人的投入，这是导致部分企业观念陈旧、素质下降的主因。

培训还是一种双赢投资，即培训不仅通过员工自觉性、积极性、创造性的提高而增加企业产出的效率和价值使企业受益，而且增强员工本人的素质和能力，使员工受益。故有人说，培训是企业送给员工的最佳礼物。

2. **培训即管理**

管理是一种有效配置资源以实现企业目标的活动，但其本质是对人的管理，即首先通过对人的管理来实现对物的管理。基于这样一种认识，也就不难理解培训对管理的意义。

首先，培训是管理的前提。作为管理主体，管理者首先要通过培训具备实施管理的素质、知识、技能和信息；作为管理客体，被管理者要通过培训掌握自身的职能、义务及相应的专长、技能，以适应管理的要求。更为重要的是，培训通过唤起员工的主体意识和自主意识，使“要我做”内化为“我要做”，为自主管理这一管理的最高境界提供了坚实的基础。

其次，培训是管理的过程。人们的认识及行为取决于从他人那里接受或凭自己获得的信息，这种信息决定了人们在工作乃至日常生活中持某种态度及采取行动的参数和准则。所谓管理的过程，就是帮助员工掌握上述相关信息的过程。培训通过使员工对指定的、标准的信息的接受和消化，影响其认识和行为，从而达到管理的目的。从这个意义上说，管理者就是培训者，每个上司都是教师，要善于把种种命令、指示、要求以培训的形式下达，寓管理于培训，使员工由不知到知，由不懂到懂，由不会到会。我们很多管理行为的失效其根源就在于被管理者所具有的信息不对称。

再次，培训是管理的手段。培训不仅为管理创造了条件，其本身就是一种管理的手段，即通过满足员工高层次的精神文化需求来激发员工的干劲和热情。企业同时应把培训作为管理的机会和途径，以及完成任务的方法和手段，围绕企业的任务和目标来实施培训，并通过培训沟通上下级的联系，掌握工作进展状况，达成相互理解与支持，不断提高工作绩效。

培训即管理，并非以培训取代管理，而是现代管理必须通过培训来实现。其实质是在知识经济时代的人本管理理念的主导下管理方式的转变，把过去被动、强制、刚性的机器管理方式转化为自觉、能动、柔性的人性管理方式，把“见物不见人”或把人当机器、工具物化的管理，转向通过培训发挥人这一主观能动资源的自觉性、积极性和创造性的管理。这充分说明了培训在现代对企业管理的意义。

3. **培训是学习型团队的建设**

学习能力已成为现代企业的核心能力之一，学习是现代企业面临的紧迫任务。学习不仅在于学什么，关键是怎么学、怎么学得快，即学习能力的提升。强调培训是学习，提示销售培训不仅在于让员工学到什么，更重要的是要调动他们学习的热情和干劲，培养组织的学习氛围，推动学习型组织的创建。

培训是一项团队建设。因为销售培训必须有目标、有计划，必须为完成组织任务设定，使培训成为实现企业目标的基本手段，而不是为培训而培训；同时，对培训本身也要加强管理。

销售培训不同于学校教育。两者的差别主要在于：

(1) 学习的目标不同。销售培训是一种针对性教育，而学校教育是一种普及性教育。培训是解决企业问题的方法和手段，是完成企业任务的措施和途径。

(2) 学习的重点不同。学校教育侧重于“是什么，为什么”的素质教育，而培训侧重于“怎么做”的技能教育。

(3) 学习的方法不同。首先，学校教育以教师为中心，而培训以学员为中心；其次，学校教育是示而学，而培训是干而学；再次，培训注重学员参与及双向沟通，除教师讲授外，像案例讨论、现场学习、模拟练习、心理测试、角色扮演、游戏竞争、小组活动等亦成为培训的基本方法。

（4）销售培训具有浓烈的企业文化特点。培训必须吻合企业的价值观和行为准则，注重员工思想观念的调整和工作态度的改进，通过培训来建立和宣扬企业文化。

12.3.2 企业如何开展有效的销售培训

1. 加强对培训的管理

企业首先应建立培训的管理机构，配备相应的管理人员，加强培训工作的计划性、针对性和策略性，紧紧围绕完成企业的任务、实现企业的目标、提高企业的业绩来组织和开展培训，把培训当作解决问题的方法和手段。

同时，要加强对培训的领导、激励和控制，及时反馈培训信息，评估培训效果，改进培训质量，真正实现培训的作用。

推销小知识

企业一般会重点做哪些销售培训

（1）企业基本情况：集团的创业、成长、发展趋势，集团的理念、传统、习惯、规范和标准，集团的主要产业和组织机构、集团高层管理人员的情况。

（2）产品知识：品牌、性能、价格比、服务产品名称、产品的优点等。

（3）产品目标市场与销售渠道管理。

（4）企业在同行业中的竞争力状况。

（5）公司竞争对手情况介绍：竞争对手生产的产品、市场策略等。

（6）企业管理制度：培训制度、薪酬福利制度、奖惩制度、员工日常行为规范、员工考勤制度、劳动关系制度、相关财务制度等。

（7）职业目标的设立：目标策略的实施、内外部环境分析、自我评估。

（8）人际沟通技巧：沟通的意义、沟通的障碍、沟通的技巧、沟通的原则等。

2. 建立科学的培训系统

（1）选择合适的培训主体。销售培训者可分为专职培训师、企业主管人员、专业技术人员及外聘教师。企业内部培训者是销售培训主体不可或缺的组成部分，尤其是要发挥企业管理者的培训作用。作为培训主体，培训者要掌握培训的方法特点及具备培训的知识能力，因此培训者也要接受培训。在目前企业自身培训力量比较薄弱的情况下，企业可借用外部的培训力量，与各种专业、正规的培训机构合作。

（2）选择合适的培训对象。销售培训的对象是需要培训的人，没有需要不必培训。它包括企业从最高层到最低层的所有员工，而不能仅限于少数主管人员或准备提拔的人，应把所有那些合乎条件、渴望学习的员工都纳入培训的范围。尤其是企业的高级主管人员首先应接受培训，一方面为员工培训树立榜样，另一方面高级主管是所有下级的培训者。

（3）设计合适的培训内容。培训内容的适当与否是培训能否有效的关键因素，为此必须做好培训前的需求分析。培训需求分析包括组织、工作和个人分析。组织分析就是要确定企业存在的问题和不足，以及企业将来发展所需要的知识和技能。工作分析就是确认某一岗位的工作行为与期望的行为标准的差距。个人分析就是找出某一员工现有的技能水平与要求的技能水平的缺口。培训就是要填补缺口，有的放矢，对症下药。培训的内容体系从总体上来看可分知识、技能和态度培训，不同的员工、不同的岗位、不同的阶段，培训的内容是不一样的，培训的种类也不尽相同。

（4）采用合适的培训方法。销售培训的方法要符合成人学习的特点。成人学习有三个鲜明的特点，一是成人是通过干而学的；二是成人是通过与原有知识的联系、比较来学习的；三是成人学习带有鲜明的实用性。因此培训的内容应具体、真实，与学员有关，并凸显学习的目标。在培训方法上，除讲授外，要更多采用结合学员的自身参与、亲身体验、实用训练和行动学习等，注重引导、启发和多样性，调动学员学习的自主性、积极性。

（5）选择合适的培训形式。销售培训的形式多种多样，在组织上可正式和非正式，在时间安排上可集中和分散，在工作关系上可脱岗和在岗，在培训地点上可企业内和企业外等。具体采取什么形式，应根据培训的任务、内容及企业自身的情况来定。西方学者认为，销售培训的环境氛围应以轻松活泼为宜。

（6）引入先进的培训媒介。现代销售培训的工具发生了很大的变化，除了传统的黑板、粉笔外，像录音录像、投影片、幻灯片、活动挂图、电脑系统、培训软件等先进技术越来越被企业在培训中采用。先进的培训媒介一方面提高培训的效率，另一方面增强培训的效果。

本章小结

销售队伍的建设包括销售队伍的组织建设、销售人员的招聘和培训工作。销售组织的建立包括销售队伍的目标、销售队伍的结构与规模、销售人员的报酬设计。销售人员的招聘工作包括设计工作说明书、选择聘用的渠道、筛选、评估和面试。企业开展有效的培训需要端正对销售培训的正确认识，加强对培训的管理和建立科学的培训系统。

重要概念

销售队伍的结构　工作说明书　招聘　培训

复习思考题

1. 销售队伍的销售目标有哪些？
2. 如何确定销售组织的人员结构？
3. 招聘销售人员的渠道有哪些？
4. 简述招聘销售人员的过程和各个步骤的主要内容。
5. 如何进行有效的培训？

角色扮演

假设你是一家日用品的销售经理，眼看随着市场的不断扩张，销售人员已经严重不足，而人员招聘又是人力部门的事情，那你会通过怎样的方式辅助人力部门招聘到符合要求的推销员？

延伸阅读

价格折扣呈现方式对促销效果影响的实证研究，管理世界，2008（郝辽钢，高充彦，贾建民）

由于消费者头脑中处理基于百分比的价格折扣信息比处理基于金额的价格折扣信息具有更大的难度，从而消费者能够对后者产生更高的感知价值和购买意愿。又因为价格折扣计算难易程度和促销品价格是价格呈现形式对影响感知价值的两个边界条件，且价格折扣对购买意愿的影响是通过感知价值这一中介变量得以实现的，因此对于容易计算的价格折扣或者低价促销品，两种折扣形式对消费者感知价值的影响差异将消失。

课堂自测题

一、判断题

1. 销售队伍目标的制定必须以公司为目标，以市场特征和市场定位为前提。（　　）

2. 具有相同职务的销售人员的工作说明书是一样的。（　　）

3. 从有资格的群体中挑选最佳候选者只需要靠直觉和洞察力就可以了。（　　）

4. 销售培训是一种普及性教育。（　　）

5. 企业开展有效的销售培训，一方面需要加强对培训的管理，另一方面还要建立科学的培训体系。（　　）

6. 销售培训的方法要符合成人学习的特点，成人学习可以不带有实用性。（　　）

7. 通过内部职业生涯阶梯聘用的销售人员节约了招聘和培训时间，具备在销售方面取得成功的必备个人特质。（　　）

二、选择题

8. 如果公司在一个广阔地域范围内向各种类型的消费者推销种类繁多的产品，最佳的销售队伍结构是（　　）。

A. 区域结构　　B. 产品结构　　C. 市场结构　　D. 复合型结构

9. 下面对几种寻找最佳销售人员候选者的渠道评价中，不合理的是（　　）。

A. 客户——客户是一个极好的销售人员候选者来源，客户了解市场需求且具有产品知识，但是可能没有销售技能或合适的个人特质。

B. 现有雇员——现有的推销人员常常认识那些合格的、对现有空缺感兴趣的推销人员。当公司不接受他们的推荐时，推销人员也不会生气。

C. 竞争者——从竞争者处聘用推销人员的潜在缺点是推销人员缺乏顾客信誉、对你公司缺乏忠诚。

D. 公司数据库——公司数据库比你掌握的资源要多得多。

10. 下列对培训与管理的关系理解中，不恰当的是（　　）。

A. 培训是管理的前提　　B. 培训是管理的过程

C. 培训可以取代管理　　D. 培训是管理的手段

课堂自测题答案

案例分析

华益国际食品有限公司

华益国际食品有限公司是一家生产方便面的外商独资企业。由于开创初期实施了卓有成效的经营战略，使产品一炮打响，并迅速占领了我国市场。随着市场的扩大，企业规模也急剧扩张，生产线由初期的2条扩展到12条，人员也增至上千人，随之而来的是管理上暴露出种种问题。最为突出的是报酬问题。各销售人员都觉得自己的付出比别人多，而得到的并不比别人多，所以都认为报酬不公平，戏称这是资本主义的大锅饭。生产销售的人员则强调自己的劳动强度大，确实，在炎热的夏季，车间温度高达40多度，每天都有人晕倒，劳动强度可想而知。而经营销售的人员强调他们整天在外边跑，既辛苦又承受着很大的心理压力，等等。大家各执一词。又快到分奖金的时候了，究竟该怎么分配？唐总经理决定聘请外界专家协助解决。专家们经过一番调查研究，决定从工作分析开始。

该公司的组织结构如图12－1所示。

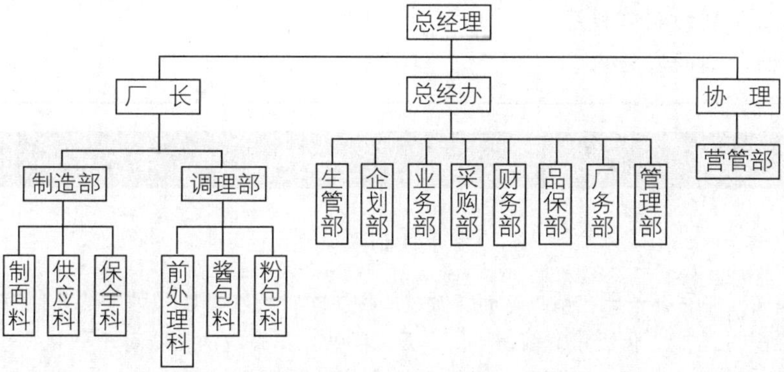

图12－1　华益国际食品有限公司组织结构

思考讨论题

1. 这项专案研究为什么从工作分析入手？有没有其他途径？
2. 如何进行这项工作分析？请你设计一个方案。

第13章

销售计划的制订与实施

“计划的制订比计划本身更为重要。”

——戴尔·麦康基

学习目标

◇理解销售计划的含义和作用
◇了解销售计划的制订程序
◇掌握销售计划的实施内容

引　例

姜子牙的买卖

《封神演义》中写姜子牙在从政之前曾做过四种买卖，每次都以失败告终。他第一次买卖是编一些笊篱到市上去卖，但因笊篱编得不好，无人问津。第二次他在城南开了个酒肉店，因天气炎热，酒酸了，肉臭了，因此赔了一大笔。第三次是与人贩卖牲畜牛马，但正赶上长久天旱无雨，皇帝下诏天下不许宰杀，以求上天保雨，因而不仅贩卖的牲口被没收，差一点连自己性命也搭进去。第四次他担斗卖面粉，他从城南门转到城北门、从城东门转到城西门也没一个人买他的面粉，好不容易有一个人要买，他急忙把担子放在路中要为人称面粉，这时突然来了一匹快马把他的面斗踢翻，正当他想从地上捧起面粉时，一阵狂风，面粉被刮得一干二净，他只好空担而归。从姜子牙的四次买卖中我们可以看到：第一次是他的产品质量不好；第二次是不了解消费者心理，大热天有多少人去喝酒；第三次是不了解营销环境（政策环境）；第四次则是不了解市场，卖面多是米店面店的坐地销售，老店铺有信誉，即使走街串巷行销，也不该在城中乱串，尤其不该把面粉担放在马路正中妨碍交通。做生意产品不好，不了解消费者需求特点，不熟悉政策环境，不懂得市场规律，哪有不失败的呢？但终其核心是他在做每一次生意前缺乏谋划，盲目行动。这位以谋略见长的姜子牙，却没能规划好他的生意，所以只得受穷了。

资料来源：张起云. 销售业务与潜能开发［M］. 北京：中国经济出版社，2000.

13.1　销售计划的制订

销售计划就是指计划卖给什么样的客户、卖的数量是多少、推销什么商品、提供什么服务、用什么样的方法去推销。具体内容包括确定目标销售额、决定销售配额、决定销售经费预算、决定销售实施计划等（如图13－1所示）。

13.1.1　销售计划的作用

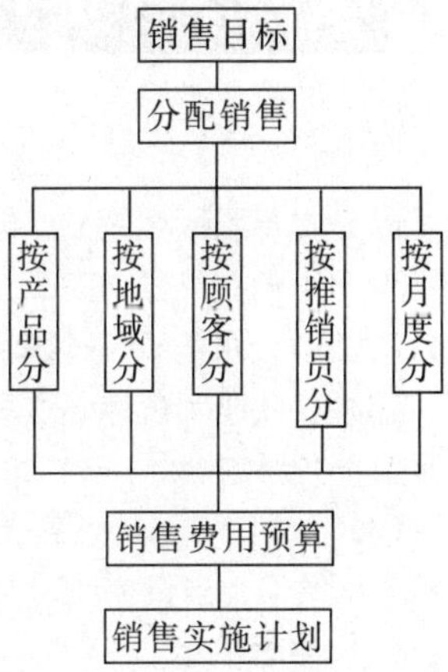

图 13－1　销售计划体系框图

计划会带来好的结果，不良结果的发生往往与缺乏计划有关。做出预测和制订计划使你在工作之前能冷静下来，并仔细思考。计划、预测、职位说明书、候选者概况、培训清单、发展计划、配置、目标以及绩效评价都是对销售队伍管理的关键控制点。当你正确运用当前的知识时，就能准确预测未来的销售额。然后，你可以运用销售计划列出一些为达成预期销售额所必不可少的行动。

准确而有效的销售预测与销售计划需要主观数据与客观数据的融合，以及自上而下与自下而上信息输入的平衡。销售人员及他们的经理制订微观销售预测与计划的基础是：

（1）过去和现在的区域销售趋势。

（2）公司内部变化。

（3）竞争对手的变化。

（4）顾客的变化。

（5）一般商业环境与市场的变化。

所有的管理工作都涉及目标的设定、衡量标准、目的以及战略。销售预测与销售计划常常是用来设定目标的工具。

销售计划就是事先拟定的销售工作内容与步骤。销售计划能给销售工作带来三个方面的好处。

1. 提高销售工作的效率

无论是职业销售经理人，还是普通的推销人员，工作都是很琐碎的，这就需要有一个切实可行的销售工作计划。运用 80－20 法则，明确重点，制订出详细的工作计划，可以有效地提高工作效率。

2. 提高最终实现销售目标的可能性

有一个销售计划与没有销售计划不同，有一个好的销售计划与没有计划更不同。一个好的销售计划不但能富有成效地保证一个企业的销售工作顺利进行，而且对每一个员工是一种鼓舞与鞭策。为了实现销售目标和实现企业的发展蓝图，追求未来美好的前景，每个员工都会增强凝聚力并忘我地工作。同时，一个好的销售计划凝聚着每一个员工的智慧，体现着每一个员工的价值，代表着每一个员工的切身利益，因此他们会以更强的责任感，发挥出最大的才智。

3. 有利于做好企业的预算和成本控制

当前，国外的许多专家认为我国企业的一个突出问题是预算管理落后。从企业的整体管理来看，企业的各项工作都是围绕着预算工作展开的，当然销售管理工作也不会例外。销售预算做得是否科学，关键要看销售计划做得是否准确，销售计划制订得越准确，预算工作才能做得越科学。

推销小知识

增加销售业绩的五个方法

（1）提早跟顾客约会。你约定的时间愈早，你见的顾客量就愈多。世界第一的推销保险员，他7点30分之前就能拜访完三个顾客。他大概6点就跟第一位顾客喝咖啡，7点跟第二位顾客喝果汁，7点30分跟第三位顾客吃三明治。

（2）自我暗示。你必须每天重复地自我暗示你的目标，重新写你的目标、想你的目标，这样就会吸引一些新的资源。

（3）计划。每一个星期天，一定要把下一个星期的计划写好。很多业务员都是在当日才计划他要打电话给谁，当日才计划他要拜访谁，这都太晚了。

（4）早睡早起。

（5）与最顶尖的推销员在一起。因为看到他种种成功的习惯，他如何地自我操练，他如何跟顾客谈话，你很多的说服技巧都会受他影响。

13.1.2 销售计划应具备的特征

1. 销售计划应该是具体的

销售计划中的销售量应该是十分具体的。全年的销售量是多少，每个月甚至每周的销售量都应该有具体的规定。同时在销售计划中，执行销售计划的时间、地点、内容、投入以及负责人都应该有具体的规定。

2. 销售计划应该是可以达到的

要求制订的销售计划，经过努力是可以实现的。我国许多企业在制订企业长远计划或销售计划时，往往把目标定得很大，但是缺乏可实施性。例如，某公司制订了10年内进入中国500强的计划，但缺乏具体的步骤和可实施的措施，结果只能把销售计划束之高阁。

3. 销售计划应该是切实可行的

销售计划中不但要把计划指标制订得切实可行，更重要的是要有实现这些指标的有力措施和保障系统。不但要把任务规定清楚，也要把责任分清，并根据执行情况，对销售计划进行必要的修正。

4. 销售计划是有时间性的

整体销售计划应该有一张时间表，而每一个行动计划也应该有明确的时间规定，在规定的时间内必须完成销售计划。销售计划在制订时，要从制订年度计划开始，每个季度、每个月、每周、每日直至每时都要计划清楚。而在执行时，却从每时、每日算起，最终完成年度计划。

13.1.3 制订销售计划的程序

1. 销售计划的整个过程

销售计划的整个过程，主要可分为四个阶段，即市场调研阶段、计划阶段、执行实施阶段、评价总结阶段。

（1）市场调研阶段。

这一阶段，主要是进行市场调研与分析研究。调查分析的内容主要包括企业产品的历史、现状、特点及营销状况，消费者的需求、动机及购买能力，市场的社会经济环境、产品的容量及竞争状况。并根据市场调研所取得的资料进行分析研究，然后根据市场调研资料和分析研究结果写出市场调研报告，为销售决策提供依据。

（2）计划阶段。

这一阶段，主要是对产品销售活动的整体过程和具体环节进行决策和计划。在市场调研、分析研究的基础上，制订产品销售战略，确定产品销售目标、产品销售重点、产品销售地区，并以此为中心决定产品销售策略，明确销售表现方式以及媒体组合，然后进行产品销售预算，并根据上述内容，制订、写出销售计划。

（3）执行实施阶段。

这一阶段，主要是执行并实施产品销售决策与计划。产品销售计划经过有关部门批准之后，即可进行产品销售设计、创作，制作成产品销售作品。并对产品销售作品进行事前测定与评价，然后定稿并按计划实施发布。

（4）评价总结阶段。

这一阶段，主要是对产品销售后的效果进行测定评价。要运用各种方式对产品销售效果进行调查，并根据调查结果写出产品销售总结报告。

2．销售计划的一般步骤

（1）市场调研阶段。

第 1 步：成立销售计划小组，主要由销售调研、策划、创作、设计、制作人员组成。

第 2 步：对产品进行分析，明确产品定位。

第 3 步：对同类产品进行分析，明确竞争对手。

第 4 步：对市场进行分析，明确销售对象。

第 5 步：对消费者进行分析，明确销售对象。

第 6 步：根据以上分析，写出市场调研报告。

（2）计划阶段。

第 7 步：对企业营销战略进行分析，明确销售目标。

第 8 步：制订销售战略，明确销售重点。

第 9 步：决定最佳促销组合方案。

第 10 步：进行媒体选择，确定媒体策略。

第 11 步：决定销售方案，确定创意构想。

第 12 步：决定销售预算。

第 13 步：制订销售计划草案并进行评价。

第 14 步：确定最佳销售计划方案。

（3）执行实施阶段。

第 15 步：确定销售设计方案，进行销售创作。

第 16 步：制作销售作品。

第 17 步：确定销售地点、时间及销售量。

第 18 步：进行事前测定，取得销售方认可。

第 19 步：正式推出销售。

推销小链接

销售经理在做预测和计划时容易犯的错误

- 只注重自上而下的预测，而不注重自下而上的预测。
- 只注重年度预测和计划，而不注重季度预测和计划。
- 只注重数字，缺乏计划和模型。
- 不开展有意义的对话。
- 不事先做好必要的准备。
- 缺乏对信息的利用，不将实际情况和目标进行对照。
- 只注重预测将来的趋势，不考虑将来可能出现的变化和突发事件。
- 缺乏个人的计划。

（4）评价总结阶段。

第 20 步：征集销售信息反馈。

第 21 步：测定销售效果。

第 22 步：总结经验教训，写出总结报告。

13.1.4 设定销售目标

在进行销售活动前，首先要明确销售目标。销售目标是反映了经营理念的销售方针，所以实际的销售活动是经营理念和销售方针实行的第一步。但实际上，经营理念和销售方针虽然在新年致辞和全体会议上得到传达，却会由于日常工作缠身而出现没有被很好理解的情况。

部门目标是具体的活动指针，必须按照这些方针来考虑具体计划，这样才能促使销售部门目标得到显著提高。

1. 销售目标的内容

销售目标由以下要素构成。

（1）总销售额目标。

（2）各主要商品销售额目标。

（3）各主要顾客、顾客销售额目标。

（4）利润目标（各主要顾客、顾客利润目标）。

（5）新开拓目标。

（6）市场占有目标。

（7）销售账项债权回收目标。

（8）库存管理目标。

总销售额目标是关于销售目标中最具中心位置的销售额的目标。总销售额目标可进一步细分为各主要商品销售额目标和各主要顾客及顾客销售额目标。

利润目标是确保企业生存和发展必要的利润目标，可以认为是从销售额中扣除经销原价及销售费用后的利润。也有为提高销售个体的工作效率，以最低销售费用来完成销售额这一管理目的来设定的情况。这种利润目标会因顾客不同而产生利润率的差异，所以要区分主要顾客的利润目标。

新开拓目标是指不局限于现在的顾客和老主顾，而以长远眼光开拓新的顾客、提高市场普及率的目标。如果只限于眼前的交易，市场不久就会逐渐变小，所以新开拓目标也是为了防止这种情况而设定的。

市场占有目标是指在市场中与其他竞争公司的势力进行比较的目标，在激烈的竞争环境中，为取得竞争的胜利，面对现在的市场占有率，有必要不断扩大自己的市场占有，确立战胜其他竞争公司的目标。

销售账项债权回收目标是关于顾客购货账项资金的回收目标。销售活动不只是接受订货、销货就算结束。资金的回收—进款，这才是一次销售活动的结束。另外，如回收期间较长的话，这份利率的负担就会造成销售中得到的利润减少。因此，销售账项回收目标不单只是进款的金额和回收率，还有必要制定缩短支票的天数等债权回收效率目标。

销售个体在意识到回收条件、向顾客及老主顾索讨、收款、现存的剩余欠账的同时，还必须关心销售目标和利率，在报告收款目标的回收状况的同时，制作欠款剩余量及销售账项债权拖延数的管理表等，切实做好销售账项债权回收目标和欠款的管理工作。

库存管理目标是关于确定多少库存数量来进行销售活动的目标。在销售活动过程中，既不能因无货而失去订货机会从而导致损失，也不允许因不合理的库存而增加利率负担。因此，建立合理的库存管理目标来进行管理是相当重要的。

2. 销售目标值的确定

销售目标是在营销目标的基础上确定的，销售目标又可以按地区、人员、时间段来分成各个子目标，在设定这些目标时，必须结合企业的销售策略。

（1）销售策略的制订需考虑以下问题。

①前一计划期的执行情况。

②产品特性：如有无季节性、区域性，淡旺季有无变化。

③地区特性：该地区收入水平、人员结构、潜力如何。

④人员特征：是否有足够的人力资源，人员素质如何。

⑤竞争对手状态：采取什么策略应付挑战。

⑥行业动态。

在本公司的产品计划、价格政策、销售渠道政策、广告及销售计划、库存管理、服务体制等基础上确定产品分布及确定销售额。

销售目标值往往是在销售预测的基础上，结合本公司的营销战略、行业特点、竞争对手的状况及企业的现状来制定的。

确定销售收入目标是决定整个企业的行动目标的核心；同时销售收入目标值也可说是代表企业意识的数值，是企业在市场上活动程度的数值。企业作为一个营利的社会团体，其销售收入（销售额）的大小就是企业经营好坏、优劣的最好标志。所以决定销售额时，需考虑到下列三项因素。

①与市场的关联。

与市场的关联是指企业对服务的顾客层及可服务多少的比率而言。企业正是根据这一个构想，来确保企业在市场中的地位。销售额目标值的大小必须能确保企业在市场中的地位；而企业为了确保其市场地位，务必对市场展开最佳的活动，最终成果明显表现在“市场占有率”上。

②与收益性的关联。

与收益性的关联方面，销售收入的目标值，须能确保企业生存与发展所需的一切利益，也就是企业需从事足以获得收益的活动。

③与社会性的关联。

企业是属于社会的一个单位，所以，在决定销售收入目标时就必须考虑到社会性，不可在已确保市场与收益性之余忽视了社会性。因此，企业需顺应时代潮流，与企业内外各利害关系人的需求相配合，尽其所能地为社会服务。决定销售收入目标值时，应周全考虑上述因素，不可仅凭销售预测值而贸然决定销售收入的目标值。

（2）决定销售收入目标值的主要方法。

①根据销售成长率确定。

销售成长率是今年销售实绩与去年实绩的比率。其计算公式如下：

$$成长率 = 今年销售实绩 \div 去年销售实绩 \times 100\%$$

决定销售成长率极为简易，例如最高经营者下达指标：明年的销售收入额需达今年的120%。此时就不需任何计算了，使用上述的数值即可。

但若想求算精确的成长率，就须从过去几年的成长率着手，利用趋势分析推定下年度的成长率，再求出平均成长率。

有时，是以“经济增长率”或“业界成长率”来代替销售成长率。但无论采用什么方法，均需运用下列公式求算销售收入的目标值：

$$下年度的销售收入 = 今年销售实绩 \times 成长率$$

②根据市场占有率确定。

市场占有率是企业销售额占业界总的销售额（需求量）的比率。其公式如下：

$$市场占有率 = 本公司销售收入 \div 业界总销售收入 \times 100\%$$

③根据市场扩大率（或实质成长率）确定。

这是根据企业希望其在市场的地位扩大多少来决定销售收入目标值的方法。公式如下：

$$市场扩大率 = 今年市场占有率 \div 去年市场占有率 \times 100\%$$

$$实质成长率 = 本公司成长率 \div 业界成长率 \times 100\%$$

现举一例，如表 13－1 所示：

$$市场扩大率 = 12.5\% \div 10\% \times 100\% = 125\%$$

$$实质成长率 = 150\% \div 120\% \times 100\% = 125\%$$

表 13－1　市场扩大率与实质成长率的关系

分　类	去年/万	今年/万	成长率
企业实绩	100	150	150%
业界实绩	1 000	1 200	120%
市场占有率	10%	12.5%	

④根据经费倒算确定。

企业经营的各项活动，当然无法避免人事费、折旧费等营业费用的产生，至于“纯收益”更是和企业的存亡攸关。有关企业的一切销售成本、营业费用、纯收益等均源自销售毛利，二者的关系甚为密切，因而介绍此种足以抵偿各种费用的销售收入法。首先，从销售毛利率公式着手导出下列公式：

销售毛利率 = 销售毛利/销售收入
= (销售收入 - 销售成本)/销售收入
= 1 - 销售成本率

销售收入目标值 = 销售毛利/(1 - 销售成本率)
= (营业费用 + 营业纯利)/销售毛利率

由于式中的营业费用包括变动性费用，所以，需予以去除而求出纯必要费用（固定费用），据此将上述公式演化如下，以求算销售收入目标值：

销售收入目标值 = [纯必要费用 + (必要)纯益]/
(1 - 销售毛利率 - 变动性营业费率)

上述方法主要以销售毛利率目标值为基准，然后再求算销售收入。但是，若想使该值更合乎实际，可按照产品及部门的毛利来求算销售收入目标值。其计算程序如下：

A. 决定整个企业所需的毛利。

B. 决定产品及部门的毛利贡献度。

C. 分配产品部门的毛利目标。

D. 通过产品及部门预定的毛利率求出销售收入目标值。

E. 总计各产品及部门的销售收入目标值，其值是全公司的销售收入目标值。

如表 13 - 2 所示，表中的毛利贡献度就等于毛利百分比，表示甲、乙、丙各部门销售毛利所占的比例，也就是表示各产品或各部门对总毛利的贡献度。

所谓部门，若以汽车经销业者而言，指的是销售部门、维修部门、零件部门等。表 13 - 2 显示该企业所需的毛利总额为 2 000 万，则销售收入目标总额为 9 000 万。

表 13 - 2 各部门销售收入目标值分析

单元：万

部门	毛利贡献度 A	所需毛利 B	毛利目标 C	预定的毛利率 D	销售收入目标 E
甲部门	60%	-	1 200	20%	6 000
乙部门	25%	-	500	25%	2 000
丙部门	15%	-	300	30%	1 000
合计	100%	2 000	2 000	22.2%	9 000

注：表中，$A \times B = C$，$C \div D = E$.

⑤根据损益平衡点公式确定。

销售收入等于销售成本时，就达到了损益平衡，利润为 0。损益平衡时对应的销售收入公式推导如下：

销售收入 = 销售成本 + 利润 = 销售成本

销售收入 = 变动成本 + 固定成本

销售收入 - 变动成本 = 固定成本

变动成本随销售收入（或销售数量）的增减而变动，变动成本率即每单位销售收入的变动成本：

$$变动成本率 = 变动成本 \div 销售收入$$

$$变动成本 = 变动成本率 \times 销售收入$$

$$销售收入 - 变动成本率 \times 销售收入 = 固定成本$$

$$销售收入 \times (1 - 变动成本率) = 固定成本$$

$$损益平衡点上的销售收入 = 固定成本/(1 - 变动成本率)$$

⑥根据消费者购买力确定。

此法适合零售商采用，估计企业营业范围内的消费者购买力，用以预测销售额的方法。

所以，首先需要设定一个营业范围，并调查该范围内的人口数、户数、所得额及消费支出额，另外再调查该范围内的商店数及其平均购买力。

⑦根据各种基数确定。

• 根据每人平均销售收入来确定。

这是以销售效率或经营效率为基数求销售收入目标值的方法。其中最具代表性的简易方法是：

$$销售收入目标值 = 每人平均销售收入 \times 人数$$

总计每人平均销售收入就是下年度的销售收入目标值。当然，以过去趋势作为单纯的预测或以下年度增长率为基准来预测也可以。

• 根据每人毛利来确定。

这是以每人平均毛利额为基数，求算销售收入的方法。公式如下：

$$销售收入目标值 = 每人平均毛利 \times 人数/毛利率$$

⑧根据销售人员申报确定。

这是逐级累积第一线销售负责人的申报，借以求算企业销售收入目标值的方法。由于第一线销售人员（如推销员、业务人员等）最了解销售情况，所以，通过他们估计而申报的销售收入必然是最能反映当前状况，而且是最有可能实现的销售收入。当然，如果第一线销售人员的总预测值和经营者的预测一致的话最为理想。当采用本法时，务必注意下列两点。

• 申报时尽量避免过分保守或夸大。

预估销售收入时，往往产生过分夸大或极端保守的情形。此时，应依自己的能力来申报“可能”实现的销售收入值。身为第一线领导者的业务经理务必使推销员明了这一点。

• 检查申报内容。

第一线销售管理者除应避免过分夸大或保守外，尚需检查申报内容的市场性，审查申报内容是否符合过去趋势以及市场购买力，调整“由上往下分配式”与“由下往上分配式”二者的机能，扮演桥梁的角色。

⑨其他方法。

除根据上述各值求算之外，也可考虑其他各种因素——推出新产品、动态市场、施行新政策，例如新设销售途径或开拓海外市场等，然后再依据上述方法推测销售收入目标。

采用不同的计算方法时，所得的销售收入当然不同。但是不管如何，在决定下年度的销售收入时需考虑到最高经营理念、企业的利益与生存以及各利害关系人的期望要求等。另外，还要考虑到企业的市场占有率，以及“销售与市场”的关系等因素，以便作为决定销售收入值的参考。

13.1.5　落实销售配额

销售配额是分配给销售人员在一定时期内完成的销售任务。销售配额是销售人员需努力实现的销售目标，如果销售人员完成了配额则要给予某种形式的奖励，因此销售配额具有激励作用。

销售配额的设置是一项很重要的计划工作。销售配额作为一个定量的指标可以按区域为基础分配给单位或个人，也可以按产品或消费者类型来分配。建立有激励作用的配额体系，取决于设置配额的类型和数量以及设置配额的信息精确度和管理配额的技巧。除了销售量，还可以采用开拓新客户数量、回款情况等形式来设置配额。

销售配额是销售经理计划销售工作的最有力的措施之一，有助于销售经理规划每个计划期的销售量及利润，安排销售人员的行动。

1. 销售配额的特征

销售配额体系是销售管理的重要职能，但是有了销售配额体系不一定能保证销售人员完成任务。因此设计销售配额时，必须使之能够激励销售人员完成个人和公司的销售目标。好的销售配额体系应体现以下原则。

(1) 公平：配额真实地反映销售的潜力。

(2) 可行：配额可行并兼顾挑战性，有些公司设定的基数较低，但设有超售鼓励。

(3) 易于理解：易于理解配额数量及其分配理由。

(4) 完整：与销售配额有关的各种配额要明确。

(5) 灵活：依据环境的改变而变化，才能保持士气。

(6) 可控：检查执行情况，以便采取措施。

2. 配额的类型

通常有四大类型配额：销售量配额、自我管理配额、活动配额、综合配额。对任何一个具体的销售工作都可以选择那些与工作密切相关的配额。

(1) 销售量配额。

销售量配额是最常用的配额。因为公司总是希望销售人员实现最大销售量。销售配额通常以销售预测为基础，还要考虑市场潜力的影响。

销售量配额是销售经理希望销售人员在未来一定时期内应完成的销售量。销售量配额便于销售人员了解自己的任务。

销售经理设置销售配额时必须预测销售人员区域的销售量。销售经理估计销售量是基于对现有市场状况的分析，需要研究以下因素。

①区域内总的市场状况。

②竞争者的地位。

③已占有市场的现有市场占有率。

④市场涵盖的质量（一般取决于该市场销售人员的主观评价）。

⑤该地区过去的业绩。对过去的数据进行调整以适合人员、区域及公司政策的要求。新产品推出的效果、价格调整及预期的经济条件。

(2) 自我管理配额。

在销售活动中往往重视销售量而忽略了利润。设置预算配额就是为了避免这种情况。公司用预算配额可以控制销售费用，进而控制公司的毛利和利润。销售费用对公司的利润起很大的作用。销售费用控制的好坏，可以使同一行业的公司利润率相差很大。预算配额与销售配额一起使用可以使销售人员明白收入与利润率都是公司的关注目标。例如，销售人员乐于把他的精力花在易销售的商品和熟悉的顾客身上，但是，这些产品和消费者往往利润率很低，而费用的花费与那些销售困难的产品或陌生的顾客却是一样的。因此，费用预测可以激励销售人员访问更有效益的客户，销售更有效益的产品。有两种基本的预算配额：第一种，依销售额分配预算配额；第二种，依毛利或利润来分配预算配额。这两种配额的设置都强调毛利及利润的重要性。

①费用配额。

提高利润率的关键因素在于对销售费用的控制。费用配额总是与销售量配额一起使用，其目的是用来控制销售人员的费用水平。

费用配额通常被表示为销售量的百分数。在设置费用配额时一定要注意，设置费用配额是为了控制过多的费用，而销售人员往往高估他们的费用。另外，一方面销售经理必须保证销售人员有足够的资源来有效地配合客户的需要。有一句流行话：“要想多赚钱就要多花钱。”如果一个销售人员每月有 3 000 元的费用预算，应尽量在销售活动中使用。如果他的花费少于这个数并不一定是好现象，或许为节省费用耽误了工作。因此，费用的控制应该是适度的。

例如，一个重型机械的销售人员所花的费用超过了 4 000 元，而他的销售量也高于计划量 60 万元，这样的销售人员应该得到奖励而不是指责。

销售经理通常希望通过经济手段激励销售人员控制费用。费用配额和销售配额一样紧紧地与薪金计划联结起来。销售津贴可以付给那些保持在一定费用水平的销售人员。

用销量额百分比法设置销售费用配额存在一些问题。费用不总是随销售量改变而改变。

②毛利配额。

公司的产品多，实现的利润不同，可以采用毛利配额。有时，公司用这些指标来替代销售配额，强调利润、毛利额的重要性。

设置毛利配额，可以使销售人员集中精力提高毛利。然而毛利是很难控制的。通常销售人员不负责产品定价，无法控制生产成本，在这种情况下，销售人员无法完全对销售毛利负责。有些公司对销售人员公开生产费用信息，并用一定的手段让销售人员随时了解费用状况。毛利可以帮助说明销售任务的完成状况。如销售人员 A 完成销售量 10 万元，而销售人员 B 完成了 9.5 万元。仅从销售量上看销售人员 A 完成得比较好，但 A 的费用为 2 万元，B 的费用为 1 万元，从毛利角度来看，B 的毛利高，业绩好。

③利润配额。

很多经理认为利润配额是体现目标最好的形式。利润等于毛利减费用，利润配额与管理的基本目标直接相连。

利润配额也有一些缺点，销售人员无法控制影响利润的因素。在这种情况下，销售人员无法完全对自己的业绩负责。以利润为指标评价销售人员的工作是不公平的。合理地计算销售人员产生的净利润是非常困难的。销售人员的净利润取决于所出售的产品、每种产品的毛利、出售这些产品所花费的费用，这些因素使得利润配额的管理很困难，需要大量资料，而且要取得这些资料需要大量的时间。在这种情况下，业绩的控制很困难。

（3）活动配额。

活动配额是用来衡量销售人员其他销售活动的指标，主要包括：

①宣传企业及产品的活动。

②产品演示。

③吸引新客户，鼓励其成交。

④展示产品和其他促销工作。

⑤提供消费者服务、帮助和建议。

⑥培养新的销售人员。

活动配额使销售经理便于控制销售人员的时间使用，即在不同销售活动中的工作分配。典型的活动包括销售访问、拜访新准客户、新客户、产品演示等。不论对公司还是对销售人员，这些活动的效果不会立即反映出来，但是如果市场有足够的开发潜力，就必须不断努力。遗憾的是在很大程度上，这些作用是由销售经理主观评价的。销售经理必须研究对基本客户所花费的时间和所做访问的记录，依靠客观判断来估计销售人员在这些活动中的价值。

像费用配额一样，活动配额用于平衡销售人员完成销售量的其他销售活动的工作量。否则销售人员有可能忽视了将来的发展，而仅关心当前的利益。

有些销售活动虽不能直接实现销售收入，但对将来的销售工作影响很大，如销售报告、客户调研等。因此有必要以活动配额来评价销售人员的业绩。

使用活动配额时也会遇到一些问题，如员工参与人数多，数据必须从销售人员报告中获得。其次，销售人员使用这些报告时可能偏重数量忽视质量，因为报告无法显示出工作实际状况。另外，由于无法直接实现销售收入，很难对销售人员产生激励，通常情况下，活动配额与销售配额一起使用并配以一定的津贴奖励，可以提高销售人员的积极性，有效地完成活动配额。

（4）综合配额。

综合配额是对销售配额、利润配额、活动配额进行综合而得出的配额。综合配额使用多项指标为基础，因此更加合理。设置综合配额远比设置销售目标复杂，因为它用到权重这个概念。权重是活动重要性的量化。

当使用一个综合配额时，整个配额依照其重要性赋予权数。对每个因素的权数设定是很重要的。综合配额在销售经理讨论销售人员的业绩时，可以全面地反映销售工作的状况。

3．决定配额基数

一旦配额的选择及其相对重要性确定下来，下一步就是建立每个配额的基数。决定配额水平的常用基准，见表13－3所示。

表13－3　决定配额水平的基准

销售量	财务目标
以前公司销售量	以前财务数据
以前行业销售量	预算
以前销售人员销售量	以前销售费用
销售潜力	利润目标

续上表

销售量	财务目标
销售预测	专业进步
活动目标	工作描述
公司目标	时间分析
公司政策	工作量分析
区域特点	专业目标
消费者特点	个人目标
竞争者	
销售报告	
市场研究	

通常很多公司设置销售配额时往往基于过去的经验，还有一些简单的套用公司的销售预测作为基准。如果公司销售预测的结果是提高 8% 的销售量，那么对每个员工都分配 8% 的销售增长。这种方法虽然简单、费用低、易管理、易理解，但是它忽略了地域状况及销售人员能力的差别。例如，新建的销售区域尽管销售量小，但其销售增长率要比一些已成熟的销售区域的销售增长率大得多，因此新的销售区域提高 8% 的销售量是很容易完成的，而成熟区域要提高 8% 的销售量将是很困难的。另外使用这种方法隐含着这样的假设：前期设置的销售配额是完全合理的，而实际上前期配额可能过低或可能过高，用这种方法设置的配额有可能影响士气。销售人员会认为这种设置目标不公平不合理，甚至为了完成配额而推迟订单，把它放在下一个配额期。过去的销售额仅能说明公司可以完成的配额，但往往不能提供合理的目标。

另外，在制定销售配额时一定要考虑区域的销售潜力。销售潜力可以反映企业销售额的成长机会和市场占有率，但是销售潜力的预测费用高、时间长，并且具有主观性。

13.1.6 销售费用预算

开展销售活动必然要支出大量活动经费，如何使支出经费最小而销售成果最大是销售活动所要研究的课题。实行销售经费的预算，进而对经费控制是一个十分有效的途径。销售经费的管理主要包括三个方面：一是对经费预算实施管理、核实成绩，使人人都有成本意识，对各费用项目的预算实施管理，针对预算来核实和研究成绩。二是有效地运用销售投资。制订销售投资计划，展开投资活动并调查其效果。三是计算销售经费预算的效率，如销售利润率、经费率、人事费用率、销售增长率、交际费率等，通过这些业务，提高销售经费的利用率。销售经费预算包括销售费用总额的预算和提取方法，同时更要注重各项费用的支出计划。

1. 费用总额的预算

(1) 支出计划。

当开展新事业、引进新产品时，最初的成本是巨大的。另外，如果不果断投资，就不能成功地确立市场地位，因而应当设法在某处挽回过去的损失并付诸行动。支出就是要消除损失，这时关键是拟定新事业支出的时间表，也就是明确何时支出何项开支。这里面有个资金运筹的问题。

（2）销售成本。

要想使有限的成本得到有效利用，就要在按手段分配预算上下功夫。一般可采取销售费用（直接费用、间接费用）、一般管理费用、非营业费用的分类法，但以此来判断与销售活动的联系及支出的有效性是不够的。要使有限的成本得到有效的使用，应采取机能分类法进行分类。

①接受订货所需的费用。

②接受订货后的后续工作（直接交货）所需的费用。

③普通管理费用。

2. 销售费用预算的方法

（1）最大费用法。

最大费用法即是总费用减去其他部门的费用，余下的全部作为销售预算。这个方法最大的缺点在于费用偏差太大，在不同的计划年度，销售预算也不同，不利于销售经理进行计划。此法在实际应用过程中产生了很多问题，因此很少被采用。

（2）销售的百分比法。

用这种方法确定销售预算时，最常用的做法是用去年的费用与销售百分比，结合今年的销售预测量来确定销售预算；另外一种做法是把最近几年的费用按销售百分比加权平均，其结果作为今年的销售预算。这种做法，往往忽视了公司的长期目标，不利于公司大胆开拓市场。例如，公司为增加销售额需要增加新的销售人员，但短期内这种决策的效果显示不出来，有可能增加了费用—销售百分比，为了不影响短期业绩，许多公司可能不增加销售人员。而从长期来看，增加人员可以提高销售量，扩大占有率，有可能降低费用—销售百分比。

（3）同等竞争法。

同等竞争法是以行业内主要竞争对手的销售费用为基础来制定的。同意用这种方法的销售经理都认为销售成果取决于竞争的实力，用这种方法必须对行业及竞争对手有充分的了解，做到这点是需要及时得到大量的行业及竞争对手的资料。但通常情况下，得到的资料都是反映往年的市场及竞争水平状况，如1997年发表的购买力指数可能实际上是1995年的信息。所以用这种做法分配销售预算，有时不能达到同等竞争的目的。

（4）边际收益法。

边际收益是每增加两位销售人员所获得的收益。由于销售潜力的有限，随着销售人员的增加，其收益会越来越少，而每个销售人员的费用是大致不变的，因此存在一个点，再增加一个销售人员，其收益和费用接近，再增加销售人员，费用反而比收益要大。边际收益法要求销售人员的边际收益大于零。边际收益法也有一个很大的缺点，在销售水平、竞争状况和市场其他因素变化的情况下，确定销售人员的边际收益是很困难的。

（5）零基预算法。

在一个预算期内每一项活动都从零开始。销售经理提出销售活动必需的费用，并且对这些活动进行投入—产出分析，优先选择那些对组织目标贡献大的活动。这样反复分析，直到把所有的活动按贡献大小排序，然后将费用按照这个序列进行分配，这样有时贡献小的项目可能就得不到费用。另外，使用这种方法需经过反复论证才能确定所需的预算。

(6) 任务—目标法。

任务—目标法是一个非常有用的方法，它可以有效地分配达到目标的任务。以下举例说明任务—目标法的用法。

如果公司计划实现销售额1.4亿时的销售费用为500万，其中，销售对总任务的贡献水平若为64%，那么，

销售人员的努力获得的销售收入=1.4亿×64%≈8 960万

那么，

费用/销售收入=500万÷8 960万≈5.6%

假设广告费用为200万，广告对总任务的贡献水平为25.6%。

由广告实现的销售收入=1.4亿×25.6%=3 584万

广告费用/销售收入=200万÷3 584万≈5.6%

这种情况下，两种活动对任务的贡献是一致的。

否则，例如广告的收益低，公司可以考虑减少广告费，增加人员销售费用。

这种方法要求数据充分，因而管理工作量较大，但由于它直观易懂，所以很多公司使用这种方法。

(7) 投入产出法。

投入产出法是在一定时间内费用与销售量的比较，是对目标—任务法的改进。但有时有些费用投入后，其效应在当期显示不出来，则无法真实反映费用销售量比率。投入产出法，不强调时间性，而是强调投入与产出的实际关系，因此克服了上述任务—目标法的缺点。

3. 编制销售预算的步骤

像编制销售计划一样，编制销售预算的方式也有两种：自上而下的方式和自下而上的方式。但两种方式的优缺点也像编制销售计划时所显示出来的一样，因此，很多的公司也是同时采用两种方法进行对照，使销售预算更加支持公司目标及销售任务的实现。自上而下制订销售预算时，主管人员会考虑到公司战略及目标，在进行了销售预测以后，对公司可以利用的费用有了一个大概的了解，然后根据要实现的目标和要进行的活动，选择一种或多种决定销售预算水平的方法草拟预测，分配给各个部门。自下而上制订销售预算时，销售人员总是根据上一年度的预算结合今年的销售配额，用惯用的方法计算出销售预算，提交销售经理。

4. 销售人员费用预算的内容

销售人员费用预算是销售预算的重要组成部分，它一般包括以下几项：

(1) 销售人员薪金。销售人员的工资佣金、津贴等是一笔庞大的开支，另外一些激励活动及福利也是销售人员费用的一部分。

(2) 差旅费。销售工作需经常出差，有些公司给销售人员一些出差补贴，有些作为固定的费用。差旅费的水平一般都不宜很高。

(3) 交际费。交际费是促进良好人际关系必不可缺少的，因此，交际费用应给予适当安排。

(4) 销售资料。销售资料包括产品手册、目录、价格表以及其他印刷品，另外还包括样品、设备、培训资料等促销物品。

(5) 管理费用。各项管理费用有时还包括一部分销售经理的薪金。

(6) 培训费用。包括各层次的培训，以及内部培训和外部学习。

（7）行政后勤服务。如处理订单、记录等。

5. 销售费用的控制

销售经理及销售人员应每月对自己负责的费用进行监督，填写费用报表和进行偏差分析，及时发现问题，采取措施。如销售人员费用过高时，可采取调整访问路线、降低住宿标准等方法。

节省销售费用最有效的方法是提高工作的有效性及针对性，分析市场，寻找最有希望的市场区域及客户，有针对性地拜访。另外，采用新的营销方法，如电话营销等来降低费用。同时了解客户习惯，如客户什么时间开销售会议，什么时间与之交往成交机会大等。

推销小知识

销售费用预算的作用

（1）销售费用预算通常是一个公司最早要确定的预算项目，是公司营运的重要控制工具。

（2）销售费用预算是公司经营战略的细化，它直接表现出为经营战略服务的特征，因此是执行经营战略的重要环节。

（3）销售费用预算是协调各个部门工作的重要工具。销售费用预算的各项重要指标与公司的生产、供应、财务、研发等息息相关。

（4）销售费用预算也是公司评价营销部门工作绩效的标准和依据。营销部门同时会把总体的销售费用预算再进行细化，分派到更下一级的预算单位，因此它也是营销部门内部的工作绩效评价标准。

13.1.7 销售计划的编制

销售计划的编制是指把各部门的计划内容、进度、负责人综合起来，编出总的计划实施进度表，以便各部门互相配合，发挥整体效益。

同时为保证销售计划的执行，应编制一套评价及反馈制度，以便检查计划的执行进度，发现问题，及时解决。

表 13－4 给出一个销售计划的编制范例作为参考。

表 13－4 销售计划的编制范例

项　目	数量计划	平均售价	销售额计划
以实绩为基础的计划			
与竞争者对抗的计划			
损益平衡点基准			
总资本回转基准			
销售额纯利基准			
附加价值基准			
事业发展计划基准			
决定计划			

第一步，参考前期销售实绩和竞争者的销售实绩填入表13－4的第二和第三行。必须参考以前的销售实绩与竞争者的销售实绩等，把认为必要的销售额列入计划。可能的话，数量或平均售价也可以纳入计划之内。

第二步，找到损益平衡点的基准填入第四、第五、第六、第七各行，以利益为基本，制作销售额计划。

第三步，将根据事业发展计划制定的销售额填入第八行。

第四步，综合以上分析做出决策，把所决定的销售额计划填入第九行。

其中需要的几个公式是：

损益平衡点基准销售额计划＝[（计划销售固定费用＋计划销售利益）/计划边际利益率]×100

$$边际利益率=100-(变动费\times100)/销售额$$

$$总资本基准销售额计划=计划总资本\times年间回收数$$

销售额纯利益标准销售额计划＝（计划年间税前纯利益额/计划销售额对税前纯利益率）×100

附加价值标准销售额计划＝[（计划人员×每人年间附加价值目标）/计划附加值率]×100

要注意的是，管理人员不能仅相信数据，要综合考虑许多数据不能表示的信息，要充分尊重第一线的销售人员，并用正确的方法激励他们进行工作。一般认为，由于销售人员对于他们销售区域的情况最有发言权，因而，通过他们参与制定的销售配额最有可能接近实际。其实好处不仅如此，它还既可以最大限度地减少管理者向销售人员推销和沟通配额的时间和成本，又可以增加销售人员的作用感觉和激励，非常有利于他们对配额的理解和接受。因为人们都更愿意为自己制定的目标奋斗。然而，这样做的最大弊端在于销售人员因考虑自身的利益，过高或过低地报告自己销售区域的潜力。这两种情况对于公司的利益都难免造成损失。根据太高的潜力报告制定的配额，有可能导致销售人员采用寅吃卯粮、竭泽而渔的方式进行销售，甚至为了达到配额不惜损害公司和客户的利益。当配额不能实现的时候，还有可能挫伤销售人员的积极性。根据太低的潜力报告制定的配额不利于公司实现销售和营销目标，不利于公司积极地开拓市场并实现应有的市场份额，使公司处于不利的竞争地位，造成资源的浪费，销售人员也可能因为过于轻松而形成惰性。这就需要企业在实际工作中制定合适的激励政策。

13.2 销售计划的实施

销售计划关键在于实施，计划制订得再好，如果不能实施也是一张白纸。为了提高实施效果，首先应该制订销售活动计划表。

13.2.1 销售活动计划表

在开展销售活动时，最好准备一份由公司拟制的计划表。因为销售是由各种立场的人开展的销售活动，所以难以从统一的观点进行评价。同时，销售活动往往是有头无尾，因而很难为公司积累可供参考的经验。通过计划表的形式事先安排好，就可以克服以上两种弊病。

要想有计划地进行销售活动并请求拨给预算，计划应包括以下内容：

（1）销售活动的背景及机会。

（2）目的（如何利用机会）。

（3）对象与结构（向对象进行什么活动）。

（4）预算与时间。

（5）体制与日程（请多少人，帮多长时间的忙）。

（6）要达到的目标。

（7）对达到目标程度的评价。

13.2.2　销售计划的推进

推进一项销售活动，其参与者包括两部分：从公司内部来看，有领导者、行政管理者、销售管理者及推销员，有时生产技术人员也参加；从公司外部来看，各个顾客企业的领导者、销售管理者、推销员及其他一些是推进者或合作者的人。

无论什么活动，一般来说都有推进阶段和实施阶段。各个阶段的参与者以及推进（实施）的内容也不同。

1．推进阶段

推进阶段具体包括三个步骤：

第一步，事前准备。主要是制订计划、统一意志的过程。

第二步，实施。这是推进计划的关键。一个计划的落实与否、合理与否只能通过实施来检查。这是一个接触、拒绝、再接触、反复交涉直至成交的过程。这个过程需要全体人员的共同努力。

第三步，分析结果。也就是对销售成果进行总结，根据销售计划进行对比分析，找出存在的问题，肯定取得的成就。

2．实施阶段

引导参与者向着目标前进，这是取得胜利的关键。销售成果 = 计划的适宜性 × 实施程度。也就是说，销售成果直接取决于计划适宜性和实施计划的程度。因此，实施程度如果是零，成果就是零；实施程度如果是 100%，即使是单纯的活动，成果也可能是大的。

引导的手段包括以下几点：

（1）统一意志。

确认参与者的作用，这是检查计划实施的首要问题，必须将员工意志统一起来，充分确认参与者的作用，尽可能地发挥计划的认同性，调动员工的积极性。可以通过举行誓师大会，使全体员工确认目标，团结在一起；也可以举办商品活动、研讨会和发布会，向全体员工和有关协作者亮相，获得宣传和扩大影响。为了确认参与者的作用，可由各级参与者制订计划，特别是推销员要制订针对其负责的区域、商店的计划。

（2）领导者率先行动。

实施计划领导者要率先行动。领导者可以通过巡回帮助推销员克服在计划实施过程中的障碍。在各地召开的誓师大会上，领导者要亲自参加，以示对此行动的重视和决心。领导者也可以通过对顾客随意进行走访、了解计划执行中存在的具体问题。

(3) 创造气氛。

要创造完成执行计划的气氛，具体的做法是：制作徽章、吉祥物等小物品，作为计划完成情况的标志、奖励、纪念等，以活跃销售活动；也可以制作活动进展图表，以直观的图表形式反映计划的执行情况，如直方图、曲线图等，一目了然，这是企业普遍采用的一种方式。大的企业，可以制作进展手册，按照计划日程安排，如每月搞一个计划情况汇编等作为手册下发有关人员，以便全面了解销售活动进展情况。

13.2.3 检查进展情况

销售计划执行得如何，检查是必不可少的，因其直接关系到销售的成败。但检查要有两个前提条件：第一，在制定销售战略的过程中，各参与者应制作具体的计划表，这是绝对必要的。因为如果不制订具体计划表，就无法检查进展。第二，回答问题时不允许含糊其辞，在问到具体数字的时候，要求做出肯定的回答，不允许说“还凑合”“差不多”之类的话。

在进行销售活动过程中，要检查实际成绩和实施程度，如果实际成绩没有提高，就说明存在问题。对以下项目进行检查是很重要的。

1. 检查销售活动的适宜性

检查销售活动的适宜性具体包括：

(1) 选定目标是否有差错。

(2) 计划与活动安排是否有错误。

(3) 展开活动的时机是否适当。

2. 检查实施程度

检查实施程度具体包括：

(1) 销售活动计划中的个别手段是否按日程进行，如果没有按日程进行，其原因是什么。

(2) 技术上是否有缺陷。

(3) 是否有加强活动的工具。

(4) 实施体系中是否有不合理之处。

(5) 是否得到公司内参与者的充分合作和理解。

3. 从根源上检查

在实际成绩无法提高的情况下，除上述各点外，有的还需要探索商品本身的销售力和促销活动投资的多少这两个根源方面的原因。

通过检查进展情况决定是继续还是中止销售活动。不过，如果是半年的销售活动的话，实际上很难进行中途修改，只要查明原因，为下次制订计划提供依据就可以了。

当然，还可以就某一部分计划进行修改，这要根据检查的结果来确定修改的方法。但如果是销售活动不适宜或者在根源上存在问题的话，就无法进行修改。

13.2.4 促使其他部门合作

在日常销售活动中，如果每一个推销员都能制订恰当的计划，推进自己所负责区域的工作和对重点客户的工作的话，那当然是再好不过的事情。但是在现实中，很少有目的明确地展开工作的推销员。另外，训练有素的推销队伍也不多。他们所谓的销售活动，主要就是在重复定型的工作，因而会出现因循守旧的情况。要想使销售活动富有生气、具有活力，就需要有支援力量，应设法促使其他部门给予合作。分店、营业所的管理者应当努力调动这种力量；总公司应经常考虑提醒哪个单位、支援力量应在什么时机投入到什么地方。

调动支援力量就是促使其他部门给予合作，也就是平时所说的调动人力、物力、财力及技术。从分店、营业所的销售管理者的角度来说，应促使领导者、总公司营业系统、总公司专业人员给予合作。届时需要向公司提出建议，即提出要求给予什么援助的建议。特别是从制订计划阶段起，应向公司内务专门人员请教商谈，以便利用他们的技术。从总公司营业系统的角度来说，应制定分店及营业所的战略，并向分店营业所提出实施建议。总之，不能只靠部门完成销售计划。

本章小结

销售计划是销售工作的重要步骤，使用科学的方法制订与竞争环境和企业战略相一致的销售计划是做好销售工作的第一步。销售目标值的确定有根据销售成长率、市场占有率等几种方法，销售计划的制订过程也是本章的重点内容。

重要概念

销售计划　销售目标　销售配额　销售费用预算

复习思考题

1. 销售计划的内容有哪些？
2. 有哪些预测销售收入的方法？其优缺点各是什么？
3. 销售计划的制订程序是什么？
4. 简述销售活动计划表的内容及实施过程。

角色扮演

假设你是某空调公司的销售经理，请你制订一份季度销售计划。

延伸阅读

1. Maura L. Scott, Martin Mende, and Lisa E. Boltom. Judging the book by its cover? How consumers decode conspicuous consumption cues in buyer – seller relationships. JMR, 2013.

消费者会通过销售员的购买行为来对该销售员进行行为意图的推断。例如，如果一个销售员进行炫耀性消费（如购买豪车），会降低消费者对其的亲和力感知，但会增加消费者对其的能力性感知。

2. Z. Carmon, D. Ariely. Focusing on the forgone: how value can appear so different to buyers and sellers. JOR, 2000.

买方（buyer）与卖方（seller）对同一件商品的心理估价是不同的。买方主要关注对将要放弃的事物（例如所花费的金钱）的情感，购买价格主要受到参考价格的影响；出于同样的原因，卖方也主要关注他们将放弃的事物（如商品）的情感，售卖价格主要受到拥有该事物的好处的影响。以一个篮球比赛的票为例，卖方主要关注的是看这场篮球比赛所获得的收益，而买方主要关注买票所需要花费的金钱。因此，与比赛相关的因素（例如球场当天的天气情况）会影响卖方估价而非买方估价，而与所花金钱有关的因素（票价条目清单）会影响买方估价而非卖方估价。

资源来源：http://www.jstor.org/stable/10.1086/317590/.

课堂自测题

一、判断题

1. 销售计划的整个过程，主要分为三个阶段，即市场调研阶段、计划阶段和执行实施阶段。(　　)

2. 利润目标是指不局限于现在的客户和老主顾，而以长远眼光开拓新的顾客、提高市场普及率的目标。(　　)

3. 设置预算配额可以避免在销售活动中重视销售量而忽略利润的行为。(　　)

4. 附加价值标准销售额计划 =（计划年间税前纯利益额/计划销售额对税前纯利益率）×100。(　　)

5. 销售计划执行得如何，检查是必不可少的，因为直接关系到销售的成败。(　　)

二、选择题

6. 销售计划是事先拟定的销售工作内容与步骤。以下销售计划能给销售工作带来的好处，错误的是（　　）。

A. 提高销售工作效率

B. 提高最终实现销售目标的可能性

C. 有利于企业做好预算和成本控制

D. 可以拿到更高的销售预算

7. 销售计划的一般步骤是（　　）。

A. 市场调研阶段—执行实施阶段—计划阶段—评价总结阶段

B. 市场调研阶段—计划阶段—执行实施阶段—评价总结阶段

C. 计划阶段—市场调研阶段—执行实施阶段—评价总结阶段

D. 市场调研阶段—计划阶段—评价总结阶段—执行实施阶段

8. 下列销售收入目标值的计算方法中，不合理的是（　　）。

A. 销售收入目标值 = 销售毛利/（1 - 销售成本率）

B. 销售收入目标值 = 每人平均销售收入 × 人数

C. 销售收入目标值 = 每人平均毛利 × 人数

D. 销售收入目标值 = ［纯必要费用 +（必要）纯益］/（1 - 销售毛利率 - 变动性营业费率）

9. 销售费用预算的方法中，以行业内主要竞争对手的销售费用为基础来制定的是（　　）。

A. 同等竞争法　　　　B. 最大费用法

C. 边际收益法　　　　D. 任务—目标法

10. 引导参与者向着销售目标前进，这是取得胜利的关键。引导的手段不包括（　　）。

A. 统一意志

B. 减少目标额

C. 领导者率先行动

D. 创造气氛

课堂自测题答案

案例分析

按客户制订销售计划

兖州矿业集团公司是我国煤炭行业的佼佼者，其煤业发展令人瞩目。他们不仅在煤炭开采技术上大胆创新，攻克了许多世界性难题，而且在煤炭营销上也具有独特的战略。

兖州煤业根据兖州煤炭产品主要是优质动力煤的特点，他们制定了“三三”制的营销策略，即出口1/3，供本省电厂用煤1/3，向华东市场供应动力用煤1/3。由于煤炭客户比较集中，产品比较单一，因而他们建立了自己的客户网络，根据这些客户需求情况和运输条件制订销售计划，使销售具有很强的针对性。他们在制订数量目标计划的同时，针对每一客户的特点，制定适宜的营销对策，使主要客户的销售活动基本上达到一对一的销售策略。为了使计划制订切合实际，他们先期组织大量人员进行市场调研，摸清每个客户的需求情况、供应商情况及运输条件。平时由市场科分别获取有关的信息情报，及时调整执行计划。如2000年4—5月间，火车运输紧张，为保证日照岚山港外运煤炭计划，他们临时组织1 000余部汽车，组成运输煤炭的汽车长龙，抢运煤炭近50万吨，保证了外运计划的完成。按客户制订计划时需要有一定弹性，防止因个别客户变化影响整体计划的执行。但关键还是计划措施，只有适宜的措施保证，计划才能真正起到引导销售的作用。

思考讨论题

1. 兖州煤业按客户需求制订销售计划的特殊性。
2. 兖州煤业为保证外运计划而临时组织汽车运输的必要性。

第 14 章

推销人员的激励与业绩考评

“如果强调什么，你就检查什么；你不检查，就等于不重视。”

——郭士纳

学习目标

◇熟悉激励推销人员的各种方式

◇掌握推销人员业绩考评的内容与方法

引 例

陈大明的烦恼

陈大明在大学读书时就立志做一名优秀的推销人员，因此在大学学习期间，不仅“现代推销学”这门课程成绩突出，也非常积极地学习相关的课程，并取得了很好的成绩。

陈大明毕业后如愿来到了一家较有名气的中日合资经营的五常公司担任推销员。他凭借自己在学校的学习心得和工作热情，很快就熟悉了推销工作。半年以后，业绩就跃升为全公司 45 名新老推销人员中的前五名，而且一直保持了 3 年。近些天来，陈大明心情常常处于烦恼之中，烦恼的心情也使得需要他做出决策的事情一再拖延。

原来，五常公司营销系统实施的是基本工资加奖金的做法。每年制定业务销售额目标，完成目标就给与一定的奖金，尽管基本工资领先于同行业，但是奖金并不多。同行业大都采用基本工资加销售提成的方法。由于陈大明在公司的业绩一直处于领先地位，渐渐觉得公司的业务员薪酬制度不合理，对他而言，不够公平。另外，附近的一家竞争对手大威公司不断派人与陈大明接洽，并许诺给予高薪，希望陈大明早日过去。

陈大明不知如何是好。

14.1 推销人员的激励

14.1.1 激励推销人员的必要性

有些推销人员即使没有管理部门的任何指导也会尽心竭力工作。对他们来说，推销是世界上最令人神往的工作，他们胸怀大志，工作主动。但是，大多数的推销人员需要鼓励和特别的刺激，才能使他们的工作达到最高水平。现场推销工作尤其如此，其理由如下：

1. 工作的性质

推销工作经常会受到挫折，推销人员通常要独立工作，他们的工作时间是无规律的，并且经常离家在外。他们面临着有进取心的富有竞争意识的竞争对手。由于条件限制，他们常常无法去做某些为赢得客户所必须做的事情，有时他们还会失去经过艰苦努力而争取到的大订单。

2. 人固有的“懒惰本性”

人是有惰性的，不愿承担责任。大多数人如果没有特别的激励，例如金钱的获得和社会的承认等，就不能发挥其全部才能。

3. 推销人员个人的问题

有时推销人员会为个人问题而苦恼，例如家里有人生病、婚姻不和谐以及负债等。美国推销专家福特、沃克（Walker）成功地对激励推销人员的问题做了研究，并提出了推销人员激励的基本模式（见图14－1）。

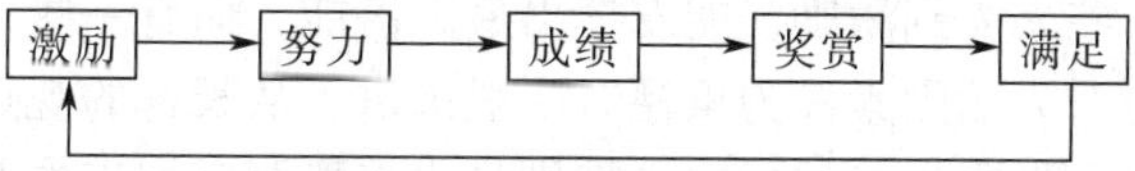

图14－1 激励的基本模式

资料来源：韩辉，周宏. 销售管理手册［M］. 北京：经济管理出版社，2001.

图14－1中的模式表明，对推销人员的激励越大，他做出的努力也就越大；更大的努力将会带来更大的成绩，更大的成绩将会带来更多的奖赏；更多的奖赏将会产生更大满足感；而更大的满足感将产生更大的激励作用。企业推销管理部门必须使推销人员领悟和相信这种连锁反应的作用，因此要做好以下工作。

（1）应使推销人员认识到，通过更加努力推销或经过培训后把工作做得更细致，便可推销更多产品。

（2）应使推销人员认识到，要获得突出的成绩就要付出额外的努力。但是，在确定奖励标准时，如果只凭主观臆断，定得过低或定得不合理，这种连动作用就会受到损害。

14.1.2 激励的方式

激励推销人员的有效方法是对他们的推销工作进行奖励。比较有价值的奖励是增加工资，随后是个人的升迁、个人的发展机会和作为某群体成员的成就感。其他奖励包括好感与尊敬、安全感和表扬等。换句话说，工资、有出人头地的机会和满足自我的需要对推销人员的激励较为强烈。大量实践表明，激励因素价值的大小是随着推销人员人口统计性特征的不同而有一定的差异。具体表现为：

（1）年龄较大、任期较长的推销人员和那些家庭人口多的人员比较重视金钱奖励。

（2）未婚的或家庭人口少、受过较多正式教育的年轻人对金钱奖励最不重视。

（3）未婚的或家庭人口少、受过较多正式教育的年轻的推销人员，对较高层次的奖励（表扬，好感与尊重、成就感）更为重视。

以下谈谈几种主要的激励方式，包括环境激励、目标激励、物质激励和精神激励等，这些都是提高推销人员工作积极性的有效方式。

1. **环境激励**

环境激励是指企业创造一种良好的工作氛围，使推销人员能心情愉快地开展工作。企业对推销人员的重视程度对推销人员的影响是很大的。有些企业认为推销人员不怎么重要，有些企业则认为他们是实现企业价值的人，给他们提供无限的机会。事实证明，如果对推销人员不重视，其离职率就高，工作绩效就差；如果重视，其离职率就低，工作绩效就高。企业可以召开定期的推销会议或非正式集会，为推销人员提供一个社交场所，给予推销人员与公司领导交谈的机会，给予他们在更大群体范围内结交朋友、交流感情的机会。

2. **目标激励**

目标激励是指为推销人员确定一些拟达到的目标，以目标来激励推销人员上进。企业应建立的主要目标有推销定额、毛利额、访问户数、新客户数、访问费用和货款回收等。其中，制定推销定额是企业的普遍做法。

推销定额的实践经验表明，推销人员的反应是不完全一致的，其在实行任何一种标准时均会出现这种情况。一些人受到激励，能发挥出最大潜能，而有一些人则会感到气馁。有些推销经理在确定定额时对人的因素极为重视。一般来讲，从长远的观点看，优秀推销人员对精心制定的推销定额将会做出良好的反应，特别是当报酬制度按工作业绩做适当调整时更是如此。

对推销人员个人确定推销定额时应考虑推销人员以往的推销业绩、对所辖地区潜力的估计、对推销人员工作抱负的判断及对压力与奖励的反应等多种因素。

3. **物质激励**

研究人员在评估各种可行激励的价值大小时发现，物质激励对推销人员的激励作用非常强烈。物质激励是指对做出优异成绩的推销人员给予晋级、奖金、奖品和额外报酬等实际利益，以此来调动推销人员的积极性。物质激励往往与目标激励联系起来使用。

4. **精神激励**

精神激励是指对做出优异成绩的推销人员给予表扬，颁发奖状、奖旗，授予称号等，以此来激励推销人员上进。对于多数推销人员来讲，精神激励也是不可少的。精神激励是一种较高层次的激励，通常对那些受正规教育较多的年轻推销人员更为有效。所以企业负责人应深入了解推销人员的实际需要，他们不仅有物质生活上的需要，而且还有诸如理想、成就、荣誉、尊敬、安全等方面的精神需要。尤其当物质方面的需要基本满足后，对精神方面的需要就会更强烈一些。

14.1.3 激励组合模式

推销人员的激励方式和途径很多，企业对其进行激励时，必须遵循管理的弹性原理灵活选择。此外，激励不是单一方法所能奏效的，必须运用激励组合。所谓激励组合，是指企业的激励运用与推销人员个性相对应的激励方式的科学组合，做到讲求实效、对症下药，充分发挥激励的作用。

1. **依据不同的个性心理采用相应的激励方式**

企业实践表明，不同推销人员的心理特点是不同的，按个性特征来分，可以分为竞争型、成就型、自我欣赏型和服务型四种，因而应针对不同的推销人员采取不同的激励组合模式。

(1) 竞争型——竞赛激励组合模式。

具有竞争型个性心理的推销人员其内在驱动力大，在推销竞赛中表现特别活跃，求胜意识强烈。他们需要各种形式的定额，需要透明度很高的成就记录与奖励。因此，对于他们来说，最好的激励是业绩竞赛。要建立具体的公平的竞赛标准；业绩竞赛、年度和季度推销计划相配合；竞赛目标不能太高也不能过低，奖励面不能太宽也不能太窄，以经过一定努力可以达到为适；竞赛完毕，应公平评选，公布成绩，总结兑现。推销经理绝不能心血来潮，随意竞赛，或大奖小奖一起来，实施得不好反而会打击竞争型人才的积极性，适得其反，达不到营造你追我赶之势，难以促进整体推销业绩的提高。

(2) 成就型——晋升激励组合模式。

具有成就型个性心理的推销人员热衷于追求自我完善的成就感，事业心强，会自己给自己设定目标，一般比同事的目标要高。对他们来说，金钱不是他们的主要目标，他们的目标是要得到社会、企业、同伴的承认并建功立业。他们往往希望整个团队取得成绩，而不计较功劳归功于谁。一般说来，企业喜爱成就型推销人员，他们中的许多人往往成为优秀的推销人员。对于他们的激励最好"响鼓不用重锤"，一般用晋升激励，为他们创造取得成就的环境与条件，培植他们进入管理层，交给他们更重大的任务或授权他们处理棘手问题，使他们不断取得新的成就。

这就如同阿克里沃斯公司总裁兰德尔·墨菲在他的长期职业发展计划中所说的："与成就型的人坐下来，弄清决定其工作成败的三个关键问题，即擅长什么，提高什么，学习什么。然后，为各个方面制定提高的目标。"美国一家培训公司的总监在介绍他们对这类推销员的培训经验时甚至认为："我们只要把大目标交给他们，随他们怎么去干。其实，这种方式本身对他们就是一种很大的激励。"

(3) 自我欣赏型——任务激励组合模式。

具有自我欣赏型个性心理的推销人员的社会承认感极强，希望组织、群体、他人感受到他的存在、他的不可或缺是十分重要的。奖牌、金钱奖励对于他来说，不会引起大的激情，但交给他全新或重大的任务会使他十分兴奋。因此，精明的企业领导人或推销经理往往顺水推舟，用任务来激励他们，如请他们带徒弟、培养新手，或请他们加入企业的智囊团、进入重要的委员会，或拟订重大的推销计划等，并及时表扬他们。

(4) 服务型——培训激励组合模式。

具有服务型个性心理的推销人员工作一般化，主动性差，属于他导型人才。工作缺乏创意，往往难以带来大客户，难以带来新生意，争取不到新市场。但他们工作勤勤恳恳，能团结他人，能接待顾客，组织纪律性强，能完成领导交办的具体事项，默默无闻。这类人员对于一个推销群体也是不可缺少的。对于这类推销人员应该给予有针对性的训练，提高他们的自信心与竞争力，使他们成为企业所要求的优秀推销人员。

2. 依据不同的表现类型采用相应的激励方式

在世界上找不到完全相同的事物，也找不到完全相同的个体，这是事物的个性的表现。因此，为了做好激励工作，还必须研究不同类型推销人员的表现，并采用相应的激励方式。

(1) 问题型——教育激励组合模式。

企业的推销队伍，虽然经过严格的招聘与筛选，但不可能每个人都非常优秀，总会有一些存在某种缺陷的成员，如有的悲观退缩，有的缺乏干劲，有的容易自满，有的强销强售。

对于这些问题成员，要做耐心细致的工作，绝不要用简单的辞退方式处理。应该主要通过思想教育工作鼓励他们发扬优点，提高他们改进缺点的自觉性。另外，应该以精神激励为主，并与制度激励相结合，正面培训与积极防范相结合，通过引导、耐心说服，使他们中的大多数人成为合格的推销人员。

（2）明星型——榜样激励组合模式。

市场经济的发展表明，一些优秀的企业，特别是经营成绩卓著的著名企业，都拥有一批明星推销员。他们是企业的宝贵财富，也是一种无形的资产。对于明星推销人员，应该树立其形象，充分发挥他们的带动作用，给他们提供创造更大成就的条件。这不仅有利于他们继续为企业服务，而且可以带动其他的推销人员，从而提高推销队伍的整体素质。

（3）老化型——目标激励组合模式。

所谓老化型推销员，是指推销队伍中出现的心态老化的成员。他们对待推销工作热情不足，工作懒散，拜访客户次数减少，提供业务报表、报告常常拖延，提不出有价值的东西，对新事物反应迟钝，业绩下滑等。任何一支推销队伍都随时有可能发生这种成员老化现象，关键在于注意预防和及时治疗老化问题。每个人心态老化的原因虽然不尽相同，如有的人"小富则安"，有的遇挫折失落感重、消极应付等，但他们的共同特点都是缺乏继续做好推销工作的激情。因此，对这类成员应主要采取目标激励方式，帮助他们确定一个合理的目标，把他们的个人需求与组织目标结合起来，激发推销人员再创业绩的兴趣和信心，克服老化心态，继续上进。

3. 依据不同的成熟度采用相应的激励方式

成熟度是指推销人员对推销工作的熟悉程度，这里不是指年龄与生理上的成熟，而是指心理、人格、业务技能的成熟。按照成熟度推销人员可以分为幼稚型、成长型与成熟型三类成员。西方行为学家阿吉累斯（Chris Argyris）认为健康的人从婴儿到成人，在人格上、心理上总是倾向于从不成熟向成熟发展，这是一个自然的自我实现过程。对于自我实现的人应主要给予来自工作本身的内在激励，让他承担具有挑战性的工作，担负更多的责任，促使其做出成绩，满足其自我实现的需要，帮助他们从不成熟走向成熟。

美国学者卡曼（A. K. Korman）在领导生命周期理论中进一步强调，领导者所采取的领导方式应视被领导者的成熟度而定。当被领导者的成熟度高于平均水平以上时，应采取充分授权的低关系、低工作；反之，被领导者成熟度低于平均水平以下者，应采用低关系、高工作。西方行为学家的这些观点主要是从人本主义观点出发的，有科学的成分，也有其片面性。我们认为人的成熟度和能力是随着生产的发展、工作实践经验的积累而不断提高的，相应的管理方式也应当发展，关键在于提高人的主人翁意识和实际本领。

（1）幼稚型——培训激励组合模式。

幼稚型推销人员是指新参加推销工作的成员，一般是新招聘的刚走出校门的大中专学生。他们没有经历过推销实践锻炼，幻想或不切实际的想法比较多，对工作的复杂性、艰难性认识不足，不善于处理人际关系，不善于内部交往，也不了解企业的管理规范。但这类成员进取心强，有热情，有干好推销工作的欲望，也充满自信，可塑性大。因此，企业要及早对他们进行培养，通过培训或老带新的办法，促使他们尽快成熟。

（2）成长型——工作激励组合模式。

成长型推销人员是指经过一定时期锻炼，但还不十分成熟的推销人员。他们有了一定的推销工作经验，人格逐渐完善，可以独当一面从事推销业务。但他们的阅历还不丰富，常对许多复杂问题的处理感到棘手。对待这种类型的推销人员，企业应给予充分的信任，给他们多安排一些工作，使他们得到多方面锻炼，并加强引导，主要应采用任务导向激励。

（3）成熟型——民主激励组合模式。

成熟型推销人员一般工作绩效最佳，对推销业务十分熟悉，善于同客户打交道，是企业的推销骨干。他们手中大都掌握着一大批客户，因此对企业经营成败有直接影响。对这类推销人员一般应采取民主激励方式，吸引他们参与企业管理和推销工作管理，多征求他们的建议，并表现出对他们的高度信赖和尊重。

4. 综合激励模式

上述激励组合模式都是根据推销人员素质中的主流倾向而设计的多种激励方式的组合，由于人们心理特点和外在表现的多样性与复杂性，在实施激励时要综合运用这些模式。可以以一种模式为主，辅以其他模式。我们在运用西方的激励理论与方式时，一定要充分发挥我国的优势与传统，如加强政治思想工作与理想主义教育，发扬主人翁精神等，从而充分调动推销人员的积极性，使他们有持久的工作动力。

14.2 推销人员的业绩考评

14.2.1 推销人员业绩考评的必要性

销售经理对推销人员进行管理的基本内容之一就是对推销人员进行考评。考评是对管理计划的有效性及执行的质量进行评价，以便管理者能及时采取必要的行动，使管理更富有效率，保证企业推销目标的完成。考评在推销管理过程中的作用，具体来说表现在以下几个方面。

1. 业绩考评是企业制定营销政策和战略的参考

推销人员的业绩在一定程度上反映了企业市场营销的绩效。当企业推销人员的业绩普遍下降时，企业领导就应检查企业的营销战略和政策是否适应竞争的新形势，是否存在某些方面的不足，然后采取措施来加以完善。当企业推销业绩无显著的上升时，说明企业已采取的各种推销措施尚无成效，企业就可做出分析，采取适当措施；当企业推销人员的业绩普遍上升时，说明企业制定的推销措施是正确的，已开始取得成绩，企业可做出下一步的计划。

2. 业绩考评是完成推销目标的有力保障

推销目标是推销管理过程的起点，它对推销组织、推销区域设计及推销定额的制定起着指导作用。这些工作完成之后，推销经理开始招聘、配置、培训和激励推销人员，促使他们朝着推销目标的方向努力。同时，推销经理还应当定期收集和整理有关计划执行情况的信息。这样做一方面有利于对计划的不合理处进行修改，另一方面则有利于发现实际情况与计划的差异，以便找出原因并寻求对策。可见，有效的考评方案如同指南针，它保证推销队伍实现企业的推销目标。

3. 业绩考评有利于加强对推销活动的管理

在推销管理过程中，推销经理一般每月对推销人员进行一次考评。有了每月的考评，各推销区域的业务活动量会自动增加。因为推销业务员都希望获得较好的考评成绩。同时推销活动的效率也会提高，考评会让推销业务员谨慎思考及行动，他们会开始用较明智的方式做事。考评能让推销经理监控推销人员的行动计划，及时发现问题，从而有足够的时间做调整。

4. 业绩考评是给予公平报酬的依据

科学考核，给予公平的报酬，对激励推销人员有着重要的影响。有效的考评方案通过对推销人员的业绩进行恰如其分的评价，并在评价的基础上给予推销人员相应的报酬或待遇，避免产生不公平，激励推销人员继续努力。

5. 业绩考评是发掘、甄选、培训推销人员以及做人事决策的重要依据

推销业绩是每个推销人员工作能力和工作效果的最后结果和综合反映。通过对推销人员业绩的考评，能够发现具有某方面潜能的推销人才，从而采取措施发掘和培养他们。通过对推销人员业绩的考评，不仅能甄选出优秀的推销人员，将其委派到重要的工作岗位，而且有助于发现每个推销人员的工作特点，为用人所长、更好地发挥每个推销人员的长处提供依据。通过考评能够查明推销人员的实际推销能力。如果发现他们缺乏某一方面能力，可以对之进行培训以补充和加强这方面的能力；如果发现他们的某方面的能力没有得以充分发挥，可以给予其更具挑战性的任务，为他们提供施展才华的机会。

企业在决定推销人员的升迁、任免、调遣、加薪等问题时，都要以推销人员的绩效考评作为重要的依据。因而绩效考评往往作为人事决策时重要的参考指标，有助于人才适才适所，业绩与利益挂钩。

6. 业绩考评是激发推销人员工作激情的动力

业绩考评的积极目的是使推销人员了解自己工作的效果与企业期望间的关系。通过制定科学、合理的绩效标准，使推销人员有了工作奋斗的目标；通过对推销人员业绩的考评，可以让推销人员清楚地看到自己对企业的贡献；通过业绩评价和奖惩，可以使推销人员得到相应的激励和惩罚。这些正向激励或反向激励，可以不断地激发推销人员工作的激情，进一步完善推销工作。

企业推销人员工作的绩效是决定企业推销工作效果的关键。对推销人员绩效的考评就是对企业的推销人员完成工作职责所取得的推销工作的效率、效能、效果的考核与评价。推销业绩的考评是对推销工作的总结、检查和评价，这对于促进人员推销具有重要的作用。

推销小知识

推销人员业绩考核指标的SMART原则

S（Specific）：明确的、具体的。指标要清晰、明确，让考核者与被考核者能够准确地理解目标。

M（Measurable）：可量化的。一家企业要量化老板、量化企业、量化组织架构。目标、考核指标更要量化，比较好、还不错这种词都不具备可量化性，将导致标准的模糊，一定是要数字化的。没有数字化的指标，是不能随意考核的，一考核就容易出现误差。

A（Attainable）：可实现的。目标、考核指标，都必须是付出努力能够实现的，既不过高也不偏低。比如对销售经理的考核，去年销售收入2 000万，今年要求1.5亿，也不给予任何支持，这就是一个完全不具备可实现性的指标。指标的目标值设定应是结合个人的情况、岗位的情况、过往历史的情况来设定的。

R（Relevant）：实际性的、现实性的，而不是假设性的。现实性的定义是具备现有的资源，且存在客观性、实实在在的。

T（Time bound）：有时限性的。目标、指标都是要有时限性，要在规定的时间内完成，时间一到，就要看结果。如要求 1 000 万的销售额，单单这么要求是没有意义的，必须规定在多长时间内完成 1 000 万的销售额，这样才有意义。

14.2.2　推销人员业绩考评的内容

推销业绩的考评，是一种以价值量（如金额）、实物量（如数量）和劳动量（工作时间）为计算单位，结合定性分析（如工作态度）进行记录、计算，反映企业推销人员推销业务动态和效果的活动。要搞好推销业绩考评，必须建立科学的考评指标体系。在实际工作中，一般采用下列指标作为推销业绩的考评指标。

1. 产出指标

考评推销人员个人业绩最常用的信息来源是推销统计资料。在推销分析中将推销人员完成的实际推销额与其推销定额相比较所得到的业绩指数就是一种产出指标。比较常见的产出指标有以下几种。

（1）订单与推销量。

通常可用推销人员所获得的订单数来评价其开展推销推介活动的能力。推销人员不仅要选择恰当的时机与顾客接近，而且在接近后还必须做大量的工作来说服顾客购买产品。所以，订单数目的多少可以反映这种接近与推介成功与否，因此订单数目很重要。取消作废的订单数可以用来衡量推介活动的有效性。如果一个推销人员的大部分订单被取消，可能意味着他在进行推销推介时采用了过多的强制性战术。

推销量是反映企业推销效果的重要标志之一。在其他因素不变的情况下，多销才能多得。正确进行推销量核算，是准确考评推销效果的重要方法之一。所谓推销量考评，是指通过统计一定时期内企业售出新产品的数量，来反映推销业务活动的成果。一般说来，推销量是指企业在一定时期内实际推销出去的新产品数量，它包括按合同供货方式或其他供货方式售出的新产品数量，以及尚未到合同交货期提前交货的预交合同数量，但不包括外购产品（指由外单位购入、不需要本企业任何加工包装，又不与本企业新产品一起作价配套出售的产品）的推销量。

推销量的统计方法主要有：

采用送货制（包括到港交货与出港交货）的新产品，在与运输部门办好托运手续后就算推销量，统计时以承运单位的日戳为准；采用提货制的新产品，在与需方办妥货款结算手续并开出提货单后即算推销量，统计时以提货上的日期为准；采用买主分类法的新产品，按其不同的分类统计已售出的新产品数量，如按顾客年龄统计儿童、青年、中年、老年购买某一产品的数量，或者按顾客所在区域统计推销量等。

无论采取上述哪种统计推销量的方法，若出现下面几种情况，必须冲减推销量：

交货后退回的本年度合格产品并再次入库的，应冲减推销量。如顾客发现对产品的品种、规格或性能购买有误时，要求退货的产品；交货后退回修理的产品，如果修复后不变原用途而另行推销，应冲减推销量。

通过推销量核算，可以分析企业新产品推销计划完成、超额完成或未完成的原因；推销量的升降趋势；市场占有率变化趋势以及从推销量的构成上分析推销品种的变化、新用户的变化、推销地区的变化、推销对象所属部门或主管系统的变化等，从而为制定推销策略提供依据。

企业要求推销人员在推销活动中善于敛财理财，搞好推销收入的核算工作。推销收入是推销量的货币表现，是以价值形式反映推销成果的一个指标，当推销人员推销的不是单一品种的产品，而是不同规格、型号、品种的产品时，为了比较各个推销人员的推销成果，就必须进行推销收入的核算。

进行推销收入核算，首先要了解有关新产品的推销价格，然后再结合推销量统计数据，换算成推销收入。对推销人员来说，应该根据自己推销产品的实际情况，先分别计算所推销的各种产品推销额，再进行汇总，形成自己完成的全部推销收入。

核算推销收入，可具体分为计划推销收入、实际推销收入和单位新产品推销收入三种。各种推销收入的核算公式分别如下：

$$\text{计划推销收入}=\text{计划期产品推销量}\times\text{单位产品推销价格}$$

$$\text{实际推销收入}=\text{实际售出产品数量}\times\text{单位产品推销价格}$$

$$\text{单位产品推销收入}=\text{单位产品推销成本}+\text{单位产品推销税金}+\text{单位产品推销利润}$$

通过推销收入核算，可以检查和落实推销人员完成推销计划情况，判断和确认推销人员的实际推销能力以及对比和分析推销费用状况，从而帮助推销人员树立信心，改进工作方法，获得更好的推销效果。

（2）客户数。

借助各种客户指标，可以对推销区域划分的公平性，以及推销人员如何驾驭自己推销区域有一个清晰的了解。

常用的一个指标是推销人员的客户组合中现有的客户数。对现有客户有多种定义，它可以是指在过去半年或一年内曾向公司订购货物的顾客。推销人员当年的业绩，可以通过与他在上一年的现有客户数的比较来予以考评。一般希望的结果是客户数会上升。另一个与此密切相关的客户指标是推销人员原有的定额，通过将其实际完成额与定额相比较来考评业绩。

还有一些指标则不如前两个指标用得普遍：一是流失的客户数。显示推销人员是否成功地满足了其区域内已有客户不断变化的需要。二是逾期不付款的客户数。显示推销人员是否按照公司规定考察客户信用。三是预期客户数。可以显示推销人员判断潜在目标客户的能力。

2. 投入指标

许多公司采用的客观指标一般都侧重于考查推销人员付出的努力，而不是考查这些努力所导致的推销成果。这主要是因为：第一，推销努力或行为比结果更能为推销经理所控制。例如，如果一个推销人员未能完成定额，问题可能出自几个方面，或者是该推销人员不够努力，或者是定额不合理，或者也可能是环境变化了。其中第一种情况与个人联系最直接，也最容易进行改善。第二，在许多情况下，推销努力的投入与推销成果的产出之间存在一定时滞，一笔大额推销可能是许多推销努力的积累所致。

对推销努力的考评一般可从以下几方面着手：

（1）推销访问次数。

企业在设计推销区域时，需要考虑的众多因素之一就是对各种不同等级的客户的访问次数。这也正是推销访问次数作为考评个人业绩指标的原因所在。

许多公司进一步将计划内推销访问次数与计划外推销访问次数分开。他们希望推销人员尽可能地进行更多的计划内访问，因为计划外访问往往反映客户服务中出现了意外情况或失误。当计划外访问频繁发生时，会在一定程度上影响推销人员按计划遍访区域内客户。因此，当计划外访问相对于计划内访问很少时，标志着推销区域管理良好。

（2）工作时间和时间分配。

因为工作时间和时间分配这两个指标能够直接用来考评推销人员与客户联系的程度，所以在许多企业，工作的天数以及每天访问的次数（或者说推销访问频率），已经成为评价推销人员工作努力程度的例行考核指标。如果某推销人员与客户的联系较少，原因可能有两种：一是该推销人员工作时间不够；二是虽然时间足够，但时间使用效率不高，访问频率太低。

通过考察推销人员在推销访问、旅行和办公室事务处理上的时间分配，可以判断该推销人员的工作效率。一般说来，企业希望推销人员尽可能地多花时间与客户进行面对面的交流，而尽可能地在无效旅行上少花时间。为此企业可以要求推销人员提供关于其时间分配的详细信息。不过，进行如此仔细的时间与责任分析，成本太高，只有在带来的利益大于所花费的成本时，才有必要这样做。

（3）费用。

推销费用核算是通过记录、计算推销费用的使用情况，来反映推销和经营活动中活劳动和物化劳动消耗的动态，达到节支增收的目的。因此同样加以重视的还有与推销努力相关的费用支出。许多企业对推销费用都有详细记录。企业既可以根据这些费用的总额来进行考评，也可以根据费用占其完成的推销额或定额的百分比来进行考评。

推销费用的内容因企业性质不同而异，工业企业推销费用包括开展沟通扩大推销渠道、向用户宣传介绍产品、激发市场需求、开辟新市场、使本企业产品在市场上保持强大竞争能力等一系列推销活动所耗费的人力、物力、财力的货币表现形式。具体有以下几种。

• 推销经费

推销费用包括推销人员的工资、差旅费、邮电费、接待费、仓库管理费、推销调研费、联营联销费，参加有关部门召开的订货会、展销会及企业自办的各种类型推销会的会议费等。

• 宣传广告费

它是指组织和参加产品展销会、博览会、示范表演、印制产品样本、产品目录和通过各种广告媒体进行产品推销宣传所支出的费用。

• 推销服务费

它包括技术培训费，编印产品使用说明书、建立用户档案费用，为用户检修、安装产品费用、设置服务网点、购置服务用车和各种低值易耗品（如工具、器材）等费用。

• 包装费

它主要是指发运产品的二次包装装潢和宣传用包装的费用。对保护产品质量和外形的包装物，由于它与产品实体有不可分割的联系，所以这类包装的费用一般直接计入产品的产成品成本内，而不列为推销费用。

• 运输费

它是指按照合同规定的在买方所在地供货而由供方送货上门的运输费和产品在供方企业保存期间的移动费用。如果产品是在供方所在地交货，则产品由供方所在地运至需方所在地的运输费，属于垫付性质，不应算作推销费用。

• 其他推销费

它具体包括商标注册设计费，购买推销用器材和工具的费用，补充产品在保管期内的自然损耗和仓库租赁费用，等等。

推销费用核算要贯穿于推销费用的预算、发生和结果全过程中。为了做好推销费用的核算工作，要做好以下几项基础工作。

①加强原始记录管理。对于发生的每一笔推销费用，都要做好原始记录。原始记录要完整、准确。

②建立和健全必要的监督考察制度。要用文字、条例和流程图等方式，将推销费用核算的内容和程序固定化、规范化，并纳入岗位责任制中，使考核工作有健全的制度和明确的标准。

③做好报表的审查工作。推销费用最终反映在会计报表上，会计报表中的推销费用科目是检查核算推销费用的重要资料。要认真审查会计报表，从中发现和解决问题。

④通过推销费用的核算，可以对每一项开支的用途、时间和作用等因素进行审查和控制，检查其是否按照预算项目开支，是否及时合理，是否出现了乱用或违反财经纪律的情况。

(4) 非推销活动。

除了评价推销人员与客户直接接触的努力外，一些企业还对非直接接触的努力进行考核。运用的考核指标主要有：发出推销信件的数量、拨打推销电话的次数、向企业提出合理推销建议的次数等。

在许多行业，推销人员还承担为客户服务的责任。这些责任也许并不能称为一般意义上的推销活动。企业也试图对这些责任的完成情况予以评价。一般采用的评价指标有：举办促销或广告展示会的次数、召开经销商会议的次数、为经销商开办培训班的次数、访问经销商的次数、进行服务访问的次数、收到客户意见的数量以及收回的逾期欠款数额等。其中有的信息可以直接从推销访问报告中获悉，其他的信息则需要对企业的其他推销资料进行系统的处理才能得到。

表 14－1 归纳了一些常用的考评推销人员个人业绩的投入与产出指标。

3. 比率指标

将各种投入与产出指标以特定方式相结合（通常是比率关系），可以得到其他一些有用信息。

表 14－1　个人业绩考评常用的投入与产出指标

一、产出指标	二、投入指标
（一）订单与推销量 1. 订单数量 2. 取消的订单数量 3. 推销量 4. 推销收入 （二）客户 1. 现有客户数 2. 新客户数 3. 流失的客户数 4. 逾期不付货款的客户数 5. 预期潜在客户数	（一）推销访问 1. 访问次数 2. 计划内访问次数 3. 计划外访问次数 （二）工作时间及时间分配 1. 工作天数 2. 每天推销访问次数 3. 推销时间与非推销时间 4. 推销费用占推销定额百分比 （三）费用 1. 总费用 2. 明细费用 3. 费用占产品推销额的百分比 4. 费用占推销定额的百分比 5. 推销经费 6. 宣传广告费 7. 推销服务费 8. 包装费 9. 运输费 10. 其他推销费 （四）非推销活动 1. 推销信的数量 2. 推销电话的数量 3. 提出正式推销建议的次数 4. 举办广告展示会的次数 5. 与分销商/经销商会晤次数 6. 访问分销商/经销商的次数 7. 为分销商/经销商开办培训班次数 8. 服务访问的次数 9. 收到客户意见的数量 10. 收到逾期欠款的数额

（1）费用比率。

推销费用比率是指将推销人员的投入与产出相比的结果。推销人员可以通过增加推销或控制费用来调整这一比率。这种比率也可以用来分析各种费用与推销的关系。比如，当推销/交通费比率升高时，可能意味着该推销人员推销访问的效率较低。但是，在比较这些费用比率时，必须意识到推销区域之间的差异。如果一个推销区域内客户相对分散，推销人员的费用比率会显得比较高一些。

表 14-2　考评推销人员个人业绩的常用比率指标

• 费用比率
(1) 推销费用比率 = 费用/推销额
(2) 每次访问的平均费用 = 费用/访问次数
• 客户开发与服务比率
(1) 客户渗透率 = 购货客户数/所有潜在客户数
(2) 新客户转化率 = 新客户数/客户总数
(3) 流失的客户比率 = 未购货的老客户数/客户总数
(4) 客户平均推销比率 = 推销额/客户总数
(5) 订单平均规模 = 推销额/订单总数
(6) 订单取消比率 = 被取消的订单数/订单总数
(7) 新用户开发率 = 新开发订货用户数/访问新用户数
(8) 接待顾客率 = 接待总次数/访问总次数
(9) 实际工作率 = 交谈总时间/实际工作时间
• 访问比率
(1) 每天访问次数 = 访问次数/工作天数
(2) 客户平均访问次数 = 访问次数/客户总数
(3) 击中率 = 订单总数/访问次数
(4) 每次推销平均推销额 = 实际推销额/访问总次数
(5) 顾客访问完成率 = 实际访问顾客次数/计划访问顾客次数
或：= 实际访问顾客人数/计划访问顾客人数
• 推销比率
(1) 推销计划完成率 = 实际推销额/计划推销额
(2) 推销计划增长率 = 本期推销额/前期推销额
(3) 推销毛利率 = 推销毛利/实际推销额
(4) 货款回收率 = 本期回收额/（前期未回收的应收款 + 本期推销额）
(5) 推销额对减价额比率 = 减价退款项/实际推销额
(6) 索赔发生率 = 索赔总件数/购买总件数

每次访问的平均费用是推销费用与推销访问次数之比。这个比率可以采用总费用或各种明细费用做基数，计算每次访问平均费用或每次访问平均旅行费用等。这些比率不仅可以在企业内部各推销人员之间进行比较，也可以用于与行业其他企业之间的横向比较。

(2) 客户开发与服务比率。

客户开发与服务比率反映推销人员抓住商机的能力，这类比率包括客户渗透率、新客户转化率以及流失客户比率等。客户渗透率是指推销人员获得订单的客户占整个推销区域内潜在客户的比率；新客户转化率用于考评推销人员将预期客户转化为现实客户的能力；用流失客户比率衡量推销人员是否能留住已有客户。

此外，还有客户平均推销比率、订单平均规模、订单取消比率、新用户开发率、接待顾客率、实际工作率等指标。客户平均推销比率反映每个客户的平均购买额。这一比率越低就表示推销人员花在那些赢利性差的客户上的时间越多，而对大客户的访问时间不够。我们可以按客户等级来计算客户平均推销比率，这样可以看出每位推销人员的优势和劣势。如果某位推销人员的 A 等客户的平均推销比率很低，那就需要对之进行培训，因为 A 等客户对企业最重要。订单平均规模能显示推销人员访问客户的方式，同样是很重要的。订单数目的泛滥可能意味着每笔订单规模很小，说明推销人员可能时间管理不合理，将大量时间用于访问小顾客上，忽视了对大主顾多下功夫。

（3）访问比率。

访问比率衡量推销人员投入到访问活动上的努力与访问成果之间的关系。访问比率可以用每天访问次数、客户平均访问次数或推销访问总次数表示。计划内访问比率用于评价推销人员是否有合理的推销访问计划。每次访问所获得的订单数则反映了推销人员的访问效率，这一比率有时也被形象地称为击中率。

顾客访问完成率指标是指一定时期（如 1 年、1 月）内，推销人员实际访问顾客的次数或顾客与计划规定的标准访问次数或顾客数的比例。计算公式为：

顾客访问完成率 = 实际访问顾客次数/计划访问顾客次数

或

顾客访问完成率 = 实际访问顾客人数/计划访问顾客人数

访问顾客是推销人员的职责之一，也是推销工作的一项基本内容。顾客访问完成率的高低，可以反映推销人员工作态度的好坏，即顾客访问完成率高，说明推销人员工作积极性高，工作态度好；相反，则说明推销人员工作积极性不高，工作态度差。

（4）推销比率。

推销行为是以回收货款之后才告结束，推销人员也在完成货款的回笼之后，其业绩才受到评价。因此，应将推销产品→回收货款视为推销行为的一个循环。

对企业而言，将推销的产品全部视为赊卖货款，或许账册上可能出现利润，但这并不能说明企业有很好的经济效益。只有完全回笼货款之后，企业才能真正获得利润，货款回收率是可以反映企业真实效益的一个指标。货款回收率是指在一定时期内（如 1 个月、1 年）企业所推销产品的已收货款与应收货款之比值。其计算公式为：

货款回收率 = 本期回收额/（前期未回收的应收款 + 本期推销额）

货款回收率越高，说明资金周转快，企业经济效益也越好；相反，则说明资金周转慢，企业的经济效益也会越不理想。

从表 14－1 和表 14－2 中不难看出，可以用多种客观的投入、产出以及比率指标来考评推销人员的个人业绩。但是也不难发现其中有些考评指标相互重复，显得多余。比如：

推销额 = 工作天数 ×（访问次数/工作天数）×
（订单总数/访问次数）×（推销额/订单总数）
= 工作天数 × 每天访问次数 × 击中率 × 订单平均规模

在这个公式中，既有投入指标如工作天数，又有产出指标如每天访问次数、击中率与订单平均规模，而推销额本身又是一个产出指标。可见，一个指标可以由其他的各种投入、产出或比率指标组织而成。上面的公式很好地表明了推销人员提高推销额的几种方法：增加工作天数；增加客户访问次数；提高访问获得订单的成功率；提高订单平均规模。

但是，这一等式只强调了推销人员努力的结果，而忽视了这些努力所付出的成本。

4. 推销利润指标

满足社会需要和获得较好的经济效益是企业生产经营的目的。企业经济效益究竟如何，可通过推销利润的核算来加以明确。

所谓推销利润核算，就是在推销量或推销收入核算与推销费用核算的基础上，通过对两者的对比分析来反映企业推销业务和经营活动的经济效益。

在我国，工业企业的推销利润由两部分构成：一部分是产品推销利润，即企业出售自制产品、半成品及对外承做工业性作业所取得的利润。其计算公式为：

产品推销利润 = 产品推销收入 - 产品推销成本 - 产品推销税金

其中：

产品推销收入 = 产品推销数量 × 产品单价

= (期初产品结存量 + 本期产品产量 - 期末产品结存量) × 产品单价

产品推销成本 = (期初产品结存量 × 上期末单位产品生产成本) +

[(本期产品产量 - 期末产品结存量) ×

本期单位产品生产成本] + 本期推销费用

产品推销税金 = 产品推销收入 × 税率

推销利润的另一部分叫其他推销利润，它是指企业推销多余材料、外购件和非工业性劳务所取得的利润。其计算方式为：

其他推销利润 = 其他推销收入 - 其他推销成本 - 其他推销税金

推销利润是企业生产经营成果，特别是推销成果的集中体现，加强推销利润的核算，可以促使企业根据国家计划和市场需要，生产适销对路产品，提高推销量，降低推销费用，增加推销利润。

14.2.3　推销人员业绩考评的方法

推销人员业绩考核的方法很多，下面主要介绍三种方法。

1. 纵向比较法

纵向比较法即把一个推销员现在和过去的业绩进行比较，包括对诸如销售额、销售费用、新增客户数、失去客户数、每个客户平均销售额等数量指标的分析。这种方法有利于衡量推销人员工作的改善情况。某公司评价推销人员业绩的方法如表 14 - 3 所示。

表 14 - 3　推销人员业绩考评表

地区：广州　　推销人员：王小华　　时间：2006 - 12 - 31

年　份	2003 年	2004 年	2005 年	2006 年
1. 产品 A 销售额/元	251 300	253 200	270 000	263 100
2. 产品 B 销售额/元	423 200	439 200	553 900	561 900
3. 全年总销售额/元	674 500	692 400	823 900	825 000
4. 占产品 A 定额的百分比/%	95.6	92.0	88.0	84.7
5. 占产品 B 定额的百分比/%	120.4	122.3	134.9	130.8
6. 产品 A 总利润/元	50 260	50 640	54 000	52 620
7. 产品 B 总利润/元	42 320	43 920	55 390	56 190
8. 总利润/元	92 580	94 560	109 390	108 810
9. 销售费用/元	10 200	11 100	11 600	13 200

续上表

年　　份	2003 年	2004 年	2005 年	2006 年
10. 销售费用占年销售额比例/%	1.5	1.6	1.4	1.6
11. 访问次数/次	1 675	1 700	1 680	1 660
12. 每次访问成本/元	6.09	6.53	6.90	7.95
13. 平均客户数/个	320	324	328	334
14. 新客户数/个	13	14	15	20
15. 失去客户数/个	8	10	11	14
16. 每个客户平均销售额/元	2 108	2 137	2 512	2 470
17. 每个客户平均利润/元	289	292	334	326

资料来源：李红梅. 现代推销实务［M］. 2 版. 北京：电子工业出版社，2006. 编者有改动.

从表 14－3 中可以发现，总销售额每年都在增长（第 3 行），但这并不能说明他的工作做得好。这个推销员销售产品 A 的数量下降，表明和产品 B 相比，他更能推动产品 B 的销售（第 1 行至第 2 行）。根据他的两种产品的定额（第 4 行和第 5 行），他提高 B 产品销售额的成功是以牺牲产品 A 的销售为代价的，他促进的是销售较大但毛利较低的产品的销售。尽管从 2005 年至 2006 年，他的销售总额提高了 1 100 元（第 3 行），但他的销售中利润实际上却下降了 580 元（第 8 行）。销售费用（第 9 行）在上升。尽管总费用占总销售额的百分比控制住了（第 10 行）。他的销售费用上升看来不能用访问次数（第 11 行）的增加来解释，可能是由于他成功开发了一些新客户，也可能是在寻找新客户时，忽视了现有客户，这可以从每年失去客户数量呈上升趋势看出（第 15 行）。

表 14－3 中最后两行表明对每个客户平均利润总额的水平与趋势。当与企业评价水平相比时这些数据才会更有意义。如果他的每个客户平均利润总额低于公司水平，则他可能选错了客户或没有花足够的时间访问每个客户。对他的年访问次数（第 11 行）的回顾，表明他可能每年访问次数比一般推销员低。如果他的地区距离和别人的相仿，这又表明他可能没有全天工作，或他不善于做销售计划和路线制定，或是他对某些客户花了太多的时间。

2. 横向比较法

横向比较法是一种对不同推销人员的业绩加以比较并排序的方法。但这种方法在推销人员工作存在异质性时，可能产生误导。只有在地区市场潜力、工作负荷、竞争、公司促销工作等方面一致时，比较销售业绩才有意义。另外，横向比较法容易陷入评价目标单一化、简单化的问题。比如说，现阶段销售额不是唯一的推销员业绩指标。管理层还应注意每个推销员为净利润所做的贡献，这就要求审核各个推销员与推销产品的组成和销售费用。更重要的是，找出他们的服务是如何满足客户的。

3. 尺度考评法

尺度考评法是一种将考评的各个项目都建立一定的考评尺度，制作出一份考评比例表加以考评的方法。在考评表中，可以将每项考评因素划分出不同的等级考评标准，然后根据每个推销员的表现按相关的标准评分，如表 14－4 所示。

表 14-4 尺度考评法

考评内容	优	良	中	差
资料齐全				
工作可靠，总能按时完成所布置的任务				
脾气好，从不与人争吵				
成交快				
能够给公司提供好建议				
与同事合作协作，相处融洽				

本章小结

激励在推销管理中被界定为一种精神力量或状态，起加强、激发和推动作用，并指引推销队伍的行为指向目标。由于推销人员是企业中最重要的群体，工作性质决定他们从事的是一项十分艰巨而又意义重大的工作，因此，没有特别的激励来支撑他们的推销行为，是很难保证企业经营成功的。

推销人员的考评是对计划的有效性及执行的质量进行评价，以便管理者能及时采取必要的行动，使管理更富有效率，保证企业推销目标的完成。考评也是给予推销人员报酬和提升的依据。考评应坚持实事求是、突出重点和奖优罚劣的原则。

重要概念

激励　客户渗透率　业绩考评

复习思考题

1. 对推销人员的激励方式主要有哪些？
2. 推销人员的业绩考评有哪些指标？

角色扮演

假设你是某品牌汽车公司的销售员，你希望公司制定怎样的业绩考核制度，既能激励大家提高业绩，又能确保人员的稳定。

延伸阅读

1. V. Kumar, Sarang Sunder, and Robert P. Leone. Measuring and managing a salesperson's future value to the firm. JMR, 2014.

对销售人员能力的评估往往依赖于其销售量、收益以及上司评价等。但是，现在的市场已经从产品中心转换为顾客中心导向，因此，销售人员结构与评价也应该适应市场变化。本文采用了前瞻性以及利润导向的度量方法来评价销售人员不同训练方式和激励机制对销售人员未来价值的影响。

2. Noah Lim, Hua Chen. When do group incentives for salespeople work? JMR, 2014.

什么时候管理者应该采用群体激励而非个人激励来促进他们的销售人员？本文采用经济学实验发现，两人一组的群体激励比个人激励更好，而且，群体激励的相对有效性取决于三个重要的因素：群体成员的社会联结强度、群体激励的设计以及群体成员所接收到的信息反馈。

课堂自测题

一、判断题

1. 推销人员激励的基本模型表明，对推销人员的激励越大，他做出的努力也就越大。(　　)

2. 年龄较大、任期较长的推销人员对金钱奖励最不重视。(　　)

3. 交货后退回修理的产品，如果修复后不变原用途而另行销售的，不用冲减推销量。(　　)

4. 产品的推销成本 = 产品推销数量 × 产品单价。(　　)

5. 横向比较法是一种对不同推销人员的业绩加以比较并排序的方法。(　　)

6. 客户渗透率 = 所有潜在客户数 ÷ 购货客户数。(　　)

二、选择题

7. 企业对推销人员进行激励时，必须遵循管理的弹性原理灵活选择。下列几种激励组合模式中，最不符合管理的弹性原理的是（　　）。

A. 自我欣赏型——任务激励组合模式

B. 成熟型——工作激励组合模式

C. 明星型——榜样激励组合模式

D. 竞争型——竞赛激励组合模式

8. 推销人员业绩考评在推销管理过程中的作用不包括（　　）。

A. 业绩考评是企业制定营销政策和战略的参考

B. 业绩考评是完成推销目标的有力保障

C. 业绩考评会干扰推销活动

D. 业绩考评是发掘、甄选、培训推销人员以及做人事决策的重要依据

9. 推销费用的核算要贯穿于推销费用的预算、发生和结果全过程中。为了做好推销费用的核算工作，要做好的基础工作不包括（　　）。

A. 不必保留费用的原始记录　　B. 建立和健全必要的监督考察制度

C. 做好报表的审查工作　　D. 及时核算推销费用

10. 推销人员推销业绩的考评指标没有（　　）。

A. 产出指标

B. 经费指标

C. 比率指标

D. 推销利润指标

课堂自测题答案

案例分析

确立合理的激励方案

永威摩托车有限公司营销系统采取底薪加提成的方式对推销员的业绩进行激励。一般的做法是，底薪是固定不变的，公司根据推销业绩（销售量）对各个区域按照事先定好的提成比例提取报酬，这部分报酬包括推销人员的推销费用。区域内的推销员按照一定的比例提取报酬，区域总提成的20%归区域经理。数字下达后，由区域经理按照规定进行分配，区域经理要把每个推销员应得的数字报给营销公司财务部，营销总经理签字批准后，由财务部发放到推销员的账户上。2003 年 7 月底，总经理发现广东片区经理夏海报上来的数据有些问题，就把夏海找来问明情况。夏海认为 7 月份马鸣的业绩非常突出，一个人就可以拿到 20 000 多元的提成，而其他人则只拿到 5 000 多元的提成，个别人还只能得到 2 000 多元，夏海认为，这里面存在着不公平的因素，每个人每天都在努力工作，马鸣所管辖的网络比较成熟，他所得到的提成并不能反映他的付出，应该减少马鸣的提成比例，增加其他网络推销人员的提成比例。总经理认为马鸣是非常优秀的推销人员，他的网络是他努力开发的结果，如果把马鸣的应得报酬划给别人，不但是鼓励后进，也会挫伤马鸣的积极性。

总经理需要找人商量如何做才是比较合理的方案。

思考讨论题

1. 你认为夏海的做法可取吗？请说明理由。
2. 如果你是总经理，你将采取什么措施？
3. 你觉得除了按量提取报酬外，还应该增加什么指标？

参考文献

[1] 吴健安，等. 现代推销学 [M]. 大连：东北财经大学出版社，2000.

[2] 徐育斐. 推销技巧 [M]. 北京：中国商业出版社，1998.

[3] 刘君茹. 销售实务 [M]. 北京：中国物资出版社，2002.

[4] 张照禄，等. 谈判与推销技巧 [M]. 成都：西南财经大学出版社，2000.

[5] 欧阳卓，等. 现代推销学 [M]. 北京：经济科学出版社，1997.

[6] 张冬梅，牟丰勋. 推销策略与技巧 [M]. 青岛：中国海洋大学出版社，1997.

[7] 小唐纳德·W. 杰克逊. 推销——市场营销中的个人力量 [M]. 王雪松，译. 北京：中国经济出版社，1996.

[8] 徐育斐. 商品推销实务 [M]. 大连：东北财经大学出版社，2000.

[9] 王洪耘. 谈判与推销技巧 [M]. 北京：中国人民大学出版社，2000.

[10] 马俊英，等. 推销员实战书 [M]. 北京：海潮出版社，2002.

[11] 孙鹤翎. 推销员口才训练 [M]. 北京：中国纺织出版社，2002.

[12] 景斓. 成交百分百 [M]. 北京：海潮出版社，2003.

[13] 张云起. 销售业务与潜能开发 [M]. 北京：中国经济出版社，2000.

[14] 欧阳小珍. 销售管理 [M]. 武汉：武汉大学出版社，2003.

[15] 冯建国. 销售人员管理技巧 [M]. 北京：中国国际广播出版社，2003.

[16] 张伟. 塑造销售高手 [M]. 北京：企业管理出版社，2002.

[17] 吴金法. 现代推销理论与实务 [M]. 大连：东北财经大学出版社，2002.

[18] 史蒂芬·谢夫曼 [M]. 卓越销售打造杰出销售人员. 刘浩华，李巧兰，译. 北京：电子工业出版社，2002.

[19] 何培秋，何伟俊，卢兆麟. 现代企业产品推销学 [M]. 广州：暨南大学出版社，1995.

[20] 伍德. 原一平行销谋略 [M]. 北京：中国人事出版社，1997.

[21] 祝春阳，林连成. 成功推销技巧 [M]. 深圳：海天出版社，2000.

[22] 庄国强，刘粤荣. 推销学 [M]. 广州：中山大学出版社，1988.

[23] 陈安之. 超级推销学 [M]. 北京：知识出版社，2002.

[24] 陈企华. 最成功的推销实例 [M]. 北京：中国纺织出版社，2003.

[25] 雷蒙·A. 施莱辛斯基. 推销员的三条金律 [M]. 卢小生，译. 北京：经济管理出版社，2002.

[26] 夏年喜. 世界上最成功的推销员 [M]. 北京：工商出版社，1996.

[27] 张伟. 双向销售管理 [M]. 北京：企业管理出版社，2001.

[28] 李桂荣. 现代推销学 [M]. 2 版. 广州：中山大学出版社，1998.

[29] 熊银解. 销售管理 [M]. 北京：高等教育出版社，2001.

［30］迈克·斯图尔特. 你想谈成更多买卖吗［M］. 袁履庄，译. 上海：上海人民出版社，2001.

［31］船井综合研究所. 推销员入门［M］. 日本经济新闻社，1998.

［32］桥本勲. 销售管理论［M］. 日本通文馆，1983.

［33］二见道夫. 日本推销员秘诀百条［M］. 杨廷梓，宋维炳，译. 北京：北京出版社，1991.

［34］RALPH W. JACKSON，ROBERT D. HISRICH. Sales and sales management［M］. 李扣庆，等，译. 北京：中国人民大学出版社，2001.

［35］RONALD B. MARKS. Personal selling［M］. 郭毅，江林，等译. 北京：中国人民大学出版社，2002.

［36］乔什·戈登. 推销员成功之道［M］. 上海：上海人民出版社，1999.

［37］CHARLES M. FUTRELL. Fundamentals of selling［M］. 苏丽文，主译. 大连：东北财经大学出版，2000.

推荐网址

1. 推销课堂　http://o2o. 8u8. com/chjdan. htm
2. 成功100　http://www. cg100. com/100 - tom. htm
3. 推销课堂　http://o2o. jahee. com
4. 商道资讯　http://www. sttt. net
5. 华文企管网　http://www. chinamgt. com
6. 春秋在线　http://www. market168. 8u8. com
7. 销售123　http://vip. 6to23. com/naizi/XS/xs 01. html
8. 中国当代营销网　http://www. chinayx. org/tuixiao
9. 雷鸣工作室　http://www. t-m-t. net
10. 博锐管理沙龙　http://www. boraid. com/download/index. asp
11. 加油啊　http://www. jiayoua. com
12. 销售太空站　http://272812930. qzone. qq. com

致老师

各位选用《现代推销学》作为教材的老师：

在此深深感谢您对本书的厚爱。通过您选用本书作为上课的教材，不但建立了您的学生与我们之间的联系，也建立了我们与您的联系。尽管我们在编写本书时十分认真，十分谨慎，但还是免不了会出现各种各样的疏漏，衷心希望您能够把对本书的意见和建议告诉我们，特别是在结构安排、案例分析等方面的意见和建议，更加希望您能够把您在教学中使用效果好的案例、资料提供给我们，以便再版时进行修订，更加有利于我们建立互动的“现代推销学”课程的教学研究资料，共享网络。在进行第3版的修订时，我们将重点把网页搜索替换成销售太空站。关于销售太空站的建设，还请各位老师献计献策，大力提供支持。

另外，为了更好地配合教材的使用，我们还制作了一些辅助资料，这些辅助资料可能有助于您的备课，减轻您的一些准备工作量。这些资料包括教学大纲、考试大纲、复习提纲、电子课件（PPT）等。如有需要，请与我联系，经过确认后，我将提供给您作为参考。

特此

致谢！

刘志超

2011年4月

联系方式如下：

单位：华南理工大学工商管理学院

地址：广州市天河区五山

邮编：510640

电邮：bmzcliu@ scut. edu. cn 或 272812930@ qq. com